企业内部控制知识培训教程

国网内蒙古东部电力有限公司 编写

东北财经大学出版社
Dongbei University of Finance & Economics Press
大连

图书在版编目（CIP）数据

企业内部控制知识培训教程／国网内蒙古东部电力有限公司编写．—大连：东北财经大学出版社，2014.7
ISBN 978-7-5654-1563-0

Ⅰ．企…　Ⅱ．国…　Ⅲ．企业内部管理-教材　Ⅳ．F270

中国版本图书馆 CIP 数据核字（2014）第 120043 号

东北财经大学出版社出版
（大连市黑石礁尖山街 217 号　邮政编码　116025）
教学支持：（0411）84710309
营 销 部：（0411）84710711
总 编 室：（0411）84710523
网　　址：http://www.dufep.cn
读者信箱：dufep@dufe.edu.cn

大连图腾彩色印刷有限公司印刷　　东北财经大学出版社发行

幅面尺寸：170mm×240mm　　字数：271 千字　　印张：15 1/2
2014 年 7 月第 1 版　　2014 年 7 月第 1 次印刷

责任编辑：李智慧　李　栋　　责任校对：王　娟　刘　洋
封面设计：张智波　　版式设计：钟福建

ISBN 978-7-5654-1563-0
定价：48.00 元

编委会

前　言

自2008年以来，财政部等五部委相继联合发布了《企业内部控制基本规范》及配套指引，逐步加强了对企业内部控制建设的规范和指导。2012年5月国资委下发了《关于加快构建中央企业内部控制体系有关事项的通知》，要求中央企业在2013年年底前建成规范的内部控制体系，并从2014年起每年向国资委报送内部控制评价报告。

为了贯彻落实国资委相关要求，按照国家电网公司的统一部署，国家电网内蒙古东部电力有限公司高度重视、积极准备、科学规划，于2013年8月启动了内部控制建设实施工作。经过半年多的努力，现已圆满完成各项建设任务，建成了具有组织架构扁平化、业务流程标准化、内部控制责任岗位化、控制手段信息化、监督评价常态化等特征的内部控制体系。

天下大事，必作于细；成之不易，用之更难。相对于内部控制体系建设，推进内部控制体系规范实施更具艰巨性和复杂性。为了普及内部控制知识，增强全员内部控制意识，推进内部控制的有效实施，全面提升内部控制管理水平，公司特组织编写本书。

本书的主要内容共分为三部分。第一部分全面介绍我国内部控制监管的相关法律法规及最新通知要求，便于读者熟悉并掌握我国内部控制管理的相关要求以及内部控制管理体系的主要内容，夯实内部控制基础知识。第二部分全面介绍国家电网公司内部控制建设管理思路、建设方案以及建设成果等内容，旨在便于读者较为全面地了解国家电网公司内部控制管理现状，充分掌握国家电网公司内部控制管理的工作思路和基本要求。第三部分全面介绍国家电网公司内部控制标准管理体系相关内容，便于读者从总体上了解国家电网公司内部控制管理要求，指导实际工作，同时通过真题练习加深对国家电网公司内部控制管理的了解和认识。

作为一本注重理论联系实务的培训教材，本书体现了以下特点：

一是基础知识内容全面。本书对内部控制基础知识进行了全面梳理，涵盖了财政部、证监会等五部委2008年以来下发的内部控制基本规范、配套指引、实施中相关问题解释等一系列制度指引，以及国资委下发的关于加快构建中央企业内部控制体系的一系列文件，基础知识内容全面、丰富，可以作为系统学习内部控制基础知识的工具书。

二是实务应用紧贴实际。本书实务应用部分紧贴国家电网公司内部控制建设实际，介绍了国家电网公司内部控制建设的整体思路、建设内容与方案、建设成果，并分类对财务、电力交易、电网基建、大修技改、物资管理等业务环节的内部控制进行了详细讲解，便于读者了解、掌握电网企业内部控制业务。

三是注重激发学习兴趣。本书在介绍内部控制基础知识和国家电网公司内部控制建设实务的同时，还增设了扩展阅读，介绍国内外内部控制监管法规、中央企业内部控制基本规范应用案例等内容，有助于扩展读者的知识面，激发学习兴趣。同时，本书还包含考试真题和模拟试题，便于读者检测学习效果。

由于编者水平有限，书中难免有疏漏或不当之处，恳请广大读者批评指正。

编　者

2014 年 4 月

目　录

第一部分　内部控制基础

第二部分　国家电网公司内部控制知识

第三部分　内部控制实操

第一部分　内部控制基础

第一章

总　论

第一节　学习目的

本部分内容旨在全面介绍我国内部控制（简称“内控”）监管的相关法律法规及最新的通知要求，便于公司员工熟悉并初步掌握我国内部控制管理的相关要求以及内控管理体系的主要内容，提升公司员工内控基础水平。

第二节　基本内容

一、内部控制监管法规

重点围绕《中央企业全面风险管理指引》、《企业内部控制基本规范》、《关于加快构建中央企业内部控制体系有关事项的通知》以及内部控制最新的通知等相关内容，全面介绍我国内部控制监管的相关法规，便于公司员工全面掌握我国内部控制监管的相关法规事宜。

二、内部控制基本概念

重点介绍企业风险管理、内部管理中的相关定义、内容、分类以及管理原则等基础内容，便于员工充分了解和掌握企业内部控制的基础知识和主要内容。

三、内部控制配套指引

围绕《企业内部控制应用指引》（18 项内容）、《企业内部控制评价指引》、《企业内部控制审计指引》，重点介绍每项指引的具体内容，便于员工充分掌握企业内部控制管理中内部控制应用、内部控制评价、内部控制审计的相关内容和政策要求。

第三节 重点掌握内容

一、内部控制监管法规

1. 我国内部控制主要政策法规文件名称；

2. 我国内部控制主要政策法规内容；

3. 内部控制最新通知，包括《2012 年财政部下发有关企业内部控制规范体系实施中相关问题解释第 1 号文件》和《2012 年财政部在针对于企业内部控制规范体系实施中相关问题解释第 2 号文件》中的相关内容。

二、内部控制基本概念

1. 风险的概念、风险的分类、国家电网一级风险分类、风险管理三道防线、风险管理基本程序、风险管理遵循的原则、风险评估步骤、风险管理策略。

2. 内部控制定义、内部控制目标、内部控制要素、内部控制措施。

三、内部控制配套指引

1. 18 项内部控制应用指引的相关内容，包括定义、主要风险和风险控制措施相关内容。

2. 内部控制评价指引的相关原则、内部控制评价的内容、内部控制评价的程序、内部控制缺陷的认定、内部控制评价报告的内容。

第四节 内容来源

我国内部控制相关内容的来源包括：

1.《中央企业全面风险管理指引》（国资发改革［2006］108 号）。

2.《关于加快构建中央企业内部控制体系有关事项的通知》。

3.《企业内部控制基本规范》。

4. 2012 年财政部下发《企业内部控制规范体系实施中相关问题解释第 1 号》（财会［2012］3 号）文件。

5. 2012 年财政部下发《企业内部控制规范体系实施中相关问题解释第 2 号》（财会［2012］18 号）文件。

6.《国家电网公司风险管理规范（试行）》。

7.《关于印发企业内部控制配套指引的通知 财会［2010］11号——企业内部控制应用指引》。

8.《关于印发企业内部控制配套指引的通知 财会［2010］11号——企业内部控制评价指引》。

9.《关于印发企业内部控制配套指引的通知 财会［2010］11号——企业内部控制审计指引》。

第二章

企业内部控制监管法规

第一节　我国内部控制方面的主要政策法规

一、《中央企业全面风险管理指引》

2006 年 6 月，国资委发布《中央企业全面风险管理指引》，要求中央企业建立内部控制岗位授权制度、内部控制报告制度、内部控制责任制度、内部控制检查制度等，实施不相容职责分离，并定期向国资委报送全面风险管理报告。

《中央企业全面风险管理指引》主要的法规要点包括：

第三条　本指引所称企业风险，指未来的不确定性对企业实现其经营目标的影响。企业风险一般可分为战略风险、财务风险、市场风险、运营风险、法律风险等；也可以能否为企业带来盈利等机会为标志，将风险分为纯粹风险（只有带来损失一种可能性）和机会风险（带来损失和盈利的可能性并存）。

第五条　本指引所称风险管理基本流程包括以下主要工作：

（一）收集风险管理初始信息；

（二）进行风险评估；

（三）制定风险管理策略；

（四）提出和实施风险管理解决方案；

（五）风险管理的监督与改进。

第六条　本指引所称内部控制系统，指围绕风险管理策略目标，针对企业战略、规划、产品研发、投融资、市场运营、财务、内部审计、法律事务、人力资源、采购、加工制造、销售、物流、质量、安全生产、环境保护等各项业务管理及其重要业务流程，通过执行风险管理基本流程，制定并执行的规章制度、程序和措施。

二、《企业内部控制基本规范》及配套指引

2008 年 6 月，财政部等五部委联合发布《企业内部控制基本规范》，要求上市公司和国有大中型企业制定内部控制制度，建立内部控制激励约束机制，编制内部管理手册，明确权责分配，并定期报送内部控制评价报告。2010 年 4 月，财政部等五部委联合发布《企业内部控制配套指引》，为企业内部控制工作提供了更加详细的操作指南。

根据《企业内部控制基本规范》，企业建立与实施内部控制，应当遵循下列原则：

1. 全面性原则。
2. 重要性原则。
3. 制衡性原则。
4. 适应性原则。
5. 成本效益原则。

内部控制指引包括 18 个方面，具体如下：

1. 企业内部控制应用指引第 1 号——组织架构。
2. 企业内部控制应用指引第 2 号——发展战略。
3. 企业内部控制应用指引第 3 号——人力资源。
4. 企业内部控制应用指引第 4 号——社会责任。
5. 企业内部控制应用指引第 5 号——企业文化。
6. 企业内部控制应用指引第 6 号——资金活动。
7. 企业内部控制应用指引第 7 号——采购业务。
8. 企业内部控制应用指引第 8 号——资产管理。
9. 企业内部控制应用指引第 9 号——销售业务。
10. 企业内部控制应用指引第 10 号——研究与开发。
11. 企业内部控制应用指引第 11 号——工程项目。
12. 企业内部控制应用指引第 12 号——担保业务。
13. 企业内部控制应用指引第 13 号——业务外包。
14. 企业内部控制应用指引第 14 号——财务报告。
15. 企业内部控制应用指引第 15 号——全面预算。
16. 企业内部控制应用指引第 16 号——合同管理。
17. 企业内部控制应用指引第 17 号——内部信息传递。
18. 企业内部控制应用指引第 18 号——信息系统。

三、关于加快构建中央企业内部控制体系有关事项的通知

2012 年 5 月，国资委发布《关于加快构建中央企业内部控制体系有关事项的通知》，要求中央企业 2013 年年底前建成覆盖全集团规范的内部控制体系，并从 2014 年起国资委每年开展内部控制监督检查，若发现内部控制存在重大缺陷，将根据其性质或影响程度在业绩考核中给予扣分或降级处理。通知的部分内容如下：

为推动中央企业扎实开展管理提升活动，加快构建内部控制体系，夯实基础管理工作，促进实现做强做优、培育具有国际竞争力的世界一流企业的发展目标，经研究，现将有关事项通知如下：

（一）提高思想认识，切实加强对内部控制工作的组织领导。

（二）分类分步推进，全面启动内部控制建设与实施工作。

（三）立足企业实际，建立健全内部控制体系。

（四）采取得力措施，确保内部控制有效执行。

（五）加强评价与审计，促进内部控制持续改进与优化。

（六）按时报送评价报告，加强出资人监督检查。

各中央企业要高度重视内部控制工作，统筹协调，周密部署，抓紧推进内部控制建设与实施工作，采取有力措施保证内部控制有效执行，推动经营管理水平不断提升。

第二节　近期我国内部控制方面的主要文件

一、2012 年财政部下发《企业内部控制规范体系实施中相关问题解释第 1 号》（财会［2012］3 号）文件

该文件的主要内容如下：

1. 如何把握企业内部控制规范体系的强制性与指导性的关系？

答：《企业内部控制基本规范》是内部控制建设与实施应该遵循的基本原则和总体要求，具有强制性，纳入实施范围的企业应当遵照逐条执行。

2. 已经完全按照境外监管机构要求建设与实施内部控制的境内外同时上市的公司，是否需要执行我国的企业内部控制规范体系？

答：我国企业内部控制规范体系在充分借鉴国际上先进经验和做法的同时，更多地适应了我国国情，尤其是充分考虑了我国目前法律法规体系、公司治理结构、企业管理体制、风险管控实务等具体情况，境内外同时上市的公司应当在满足境外监管机构要求的基础上，对照我国企业内部控制规范体

系，特别是应当围绕《企业内部控制基本规范》提出的内部控制五目标，对相关控制措施进行适当调整或补充完善。

3. 企业按照企业内部控制规范体系建设与实施内部控制，是否还需要遵守我国行业主管部门和市场监管部门对内部控制的有关要求？

答：企业应当按照《企业内部控制基本规范》及其配套指引规定和行业管理、市场监管的要求，建设与实施内部控制。

4. 如何协调好内部控制与风险管理的关系？

答：《企业内部控制基本规范》及其配套指引，充分吸收了全面风险管理的理念和方法，强调了内部控制与风险管理的统一。内部控制的目标就是防范和控制风险，促进企业实现发展战略，风险管理的目标也是促进企业实现发展战略，二者都要求将风险控制在可承受范围之内。因此，内部控制与风险管理二者不是对立的，而是协调统一的整体。

5. 对于《企业内部控制配套指引》尚未规范的领域，应如何处理？

答：对于《企业内部控制配套指引》尚未规范的业务领域，企业应当遵循《企业内部控制基本规范》的原则和要求，按照内部控制建设与实施的基本原理和一般方法，从企业经营目标出发，识别和评估相关风险，梳理关键业务流程，根据风险评估的结果，制定和执行相应控制措施。

6. 如何权衡内部控制的实施成本与预期效益？

答：建设与实施内部控制应当从提高企业长期效益出发，从促进企业可持续发展出发，将内部控制作为一项常规性工作，贯穿于企业管理之中，加大投入。同时，应当按照重要性原则，关注重要业务事项和高风险领域，抓住关键风险控制点。集团性企业可以采取分类试点、逐步推广的方式，选择下属不同类型的企业试点，形成范本，减少重复建设。

7. 如何协调好内部控制与其他管理体系的关系？

答：内部控制贯穿于整个企业管理，与其他管理体系相辅相成、密不可分，是企业管理的重要组成部分。企业现有管理体系的设计、运行以及审核认证需要遵循已经发布的国家标准或行业标准。这些标准与企业内部控制规范体系的原则和要求并不矛盾。

8. 企业如何确定内部控制缺陷的认定标准？

答：企业可以根据《企业内部基本规范》及其配套指引，结合企业规模、行业特征、风险水平等因素，研究确定适合本企业的内部控制重大缺陷、重要缺陷和一般缺陷的具体认定标准。企业确定的内部控制缺陷标准应当从定性和定量的角度综合考虑，并保持相对稳定。通过不断的实践，总结经验，形成一套行之有效的内部控制缺陷认定方法。

企业在开展内部控制监督检查中，对发现的内部控制缺陷，应当及时分析缺陷性质和产生原因，并提出整改方案，采取适当形式向董事会、监事会或者管理层报告。对于重大缺陷，企业应当在内部控制评价报告中进行披露。

9. 实施《企业内部控制基本规范》及其配套指引的企业，是否需要设置专门的内部控制机构？

答：根据《企业内部控制基本规范》的规定，企业董事会负责内部控制的建立健全和有效实施。为便于董事会履行好企业内部控制规范体系的设计、建立、运行与改进方面的职责，董事会应当指定专门委员会负责指导内部控制建设与实施工作。一般情况下企业应当成立专门机构负责组织协调内部控制的建立实施及日常工作。

10. 如何编制和披露企业内部控制评价报告？

答：企业内部控制评价是企业董事会对内部控制有效性进行全面评价、形成评价结论、出具评价报告的过程。开展内部控制评价，可以及时发现和纠正企业内部控制建设与实施中存在的问题，并持续自我完善。企业可以独立开展内部控制评价工作，也可以委托不承担本企业内部控制审计的中介机构协助开展内部控制评价工作。

内部控制有效性的自我评价包括以下内容：

1. 董事会声明。
2. 内部控制评价工作的总体情况。
3. 内部控制评价的范围。
4. 内部控制评价的程序和方法。
5. 内部控制缺陷及其认定。
6. 内部控制缺陷的整改情况。
7. 内部控制有效性的结论。

二、2012年财政部在《企业内部控制规范体系实施中相关问题解释第2号》（财会［2012］18号）文件

财政部在该文件中更新了以下几个问题：

1. 企业应如何正确把握内部控制的组织实施工作？

答：企业在开始实施内部控制时，应当按照《企业内部控制基本规范》（财会〔2008〕7号）（以下简称基本规范）确定的内部控制目标、要素、原则和具体要求开展工作，结合实际，制定内部控制体系建设的分阶段目标，围绕内部控制的五个要素扎实开展工作。随着实施工作的不断深入，企业应当加强内部控制全员、全面、全过程管理，进一步推动管理创新，不断提升管理水平，有效防控经营风险，保证实现价值目标，最终促进企业实现

发展战略。

2. 不同的企业应如何把握好内部控制实施工作的进度和重点?

答：对于即将启动或刚刚启动内部控制实施工作的上市公司、国有企业和集团企业，应按照相关业务主管部门、监管部门等的要求加快推动，并根据企业实际全面实施；对于已经在部分下属分公司和子公司建立了较为完善的内部控制体系的企业，应当总结和借鉴已经开展内部控制建设的分公司和子公司的经验和做法，将其推广至全公司范围；对于已经在全公司范围内建立起覆盖全过程、各层级内部控制体系的企业，应将工作重心放在内部控制的持续改进上，充分运用内部控制自我评价的方法和手段，按照有关要求对实施情况进行常规、持续的监督检查，查找实施中的缺陷与不足，促进内部控制的持续改进和不断优化。

对于非上市的企业或企业集团，应从实际情况出发，根据下属公司的经营性质、业务规模等特点制定切实可行的内部控制实施方案，分类分步推进，全面启动内部控制建设与实施工作。企业集团也可以根据业务板块、管理特点等，先在部分企业建立起较为完善的内部控制体系，再逐步建立覆盖企业集团的内部控制体系，体现集团管控的要求。

3. 企业应如何改善内部控制专业人才缺乏的状况?

答：为解决企业内部控制专业人才紧缺状况，企业可以抽调财会、审计和生产管理等业务骨干开展内部控制管理工作，同时应当有计划地培养内部控制专业人才。一是通过参加政府部门、中介机构、企业内部举办的培训学习等，促使内控人员掌握相关知识；二是让从事内部控制的专业人员，在工作实践中不断探索学习，以内部控制基础理论、基本规范及配套指引为指针，借鉴其他企业的经验，结合实际，自我学习、自我积累，探索创新，不断提升个人的业务能力和企业的内控管理水平；三是在聘请中介机构开展内部控制咨询、审计服务时，充分利用中介机构的专业力量，通过业务沟通交流和参与实际运作来锻炼培养企业专业人才队伍。

4. 集团性企业应如何确定内部控制评价的范围?

答：重要业务单位一般以资产、收入、利润等作为判定标准。包括集团总部、资产占合并资产总额比例较高的分公司和子公司，营业收入占合并营业收入比例较高的分公司和子公司以及利润占合并利润比例较高的分公司和子公司等。

重大事项一般是指重大投资决策项目，兼并重组、资产调整、产权转让项目，期权、期货等金融衍生业务，融资、担保项目，重大的生产经营安排，重要设备和技术引进，采购大宗物资和购买服务，重大工程建设项目，年度预算内大额度资金调动和使用，以及其他大额度资金运作事项等。

高风险业务一般是指经过风险评估后确定为较高或高风险的业务，也包括特殊行业及特殊业务，国家法律、法规有特殊管制或监管要求的业务等。

5. 企业在选择中介机构协助开展内部控制体系建设与实施工作时，应重点考虑哪些因素？

答：如果企业确有需要选择中介机构协助开展工作，可重点考虑以下几个因素：一是中介机构的专业性，如内控咨询团队的专业知识及项目管理经验等；二是服务内容与企业需求的匹配程度，如实施方案是否符合企业实际情况等；三是团队的配置水平，如人员数量是否适当、团队的整体知识结构、过去的成功案例情况及客户评价等；四是服务报价合理性等，企业对收费明显偏离合理性的中介机构，应防范服务质量风险。企业在聘请中介机构协助开展内部控制体系建设与实施工作中，应当采取有效的方式保护企业核心商业秘密和国家机密，防范泄密风险。

6. 企业应采用何种组织形式开展内部控制评价工作？

答：企业可以授权内部审计机构具体实施内部控制有效性的定期评价工作。由于内部审计机构在企业内部处于相对独立的地位，该机构的工作内容、性质和人员的业务专长与内部控制评价工作有着密切的关联，因此内部审计机构可以负责内部控制评价的具体实施工作。

成立了专门的内部控制机构的企业，由内部控制机构负责组织协调内部控制的建立实施及日常管理工作，其工作直接向董事会或类似权力机构负责。企业的内部控制机构可以组织实施内部控制评价工作。内部控制机构可以组织审计、财务、生产管理等专业人员，对内部控制全面或某一方面进行日常和专项检查评价，也可以对认定的重大风险进行专项监督，定期出具内部控制评价报告，报董事会或类似权力机构审核。

7. 企业应如何对待内部控制评价中发现的缺陷？

答：内部控制缺陷按照成因分为设计缺陷和运行缺陷。对于设计缺陷，应从企业内部的管理制度入手查找原因，需要更新、调整、废止的制度要及时进行处理，并同时改进内部控制体系的设计，弥补设计缺陷的漏洞。对于运行缺陷，则应分析出现的原因，查清责任人，并有针对性地进行整改。

内部控制缺陷按照影响程度分为重大缺陷、重要缺陷和一般缺陷。对于重大缺陷，应当由董事会予以最终认定，企业要及时采取应对策略，切实将风险控制在可承受度之内。对于重要缺陷和一般缺陷，企业应当及时采取措施，避免发生损失。

8. 如果会计师事务所将其内部控制咨询业务和内部控制审计业务进行分离后，是否可以为同一企业提供内部控制审计和咨询服务？

答：会计师事务所在受聘为企业提供有关内部控制咨询或审计服务时，

应坚持独立性原则，严格遵守《中国注册会计师职业道德守则》要求，不得与具有网络关系的中介机构同时为同一企业提供内部控制咨询和审计服务。

有的会计师事务所采取内部隔离方式，即在内部成立咨询部门和审计部门，两个部门之间相互独立，人员不交叉使用，在形式上建立了内部的“防火墙”。这种方式难以有效地将内部控制咨询和内部控制审计业务进行分离，不符合独立性要求。也有会计师事务所新设立了具有法人资格的咨询机构，如果新设立的咨询机构与原事务所构成网络关系，则违反独立性原则，也不能同时为同一家企业提供内控咨询和审计服务。

9. 注册会计师在开展内部控制审计时应如何安排时间？

答：按照配套指引中《企业内部控制审计指引》的要求，注册会计师在确定测试的时间安排时，应当尽量在接近企业内部控制自我评价基准日实施测试，实施的测试需要涵盖足够长的时间。在连续进行内部控制审计的过程中，注册会计师应当考虑以前年度执行内部控制审计时所了解的情况以及当年企业发生的相关变化，在此基础上确定适当的内部控制审计工作方案和时间安排。

10. 与大、中型企业相比，小型企业在实施内部控制时应有哪些特殊的考虑？

答：小型企业通常是指具有业务比较单一、所有权和管理权集中、管理层级较少、部门设置简单等特征的企业。小型企业根据基本规范及配套指引实施内部控制时，在保证有效性的基础上，可结合企业特点进行适当调整。

小型企业的管理层级一般较少，所有权、决策权和管理权较为集中，治理层通常密切参与公司日常经营及管理活动，使企业的控制力和执行力得到了提高，但也容易导致决策失误或舞弊风险，因此要提高董事会的集体决策能力，加强企业决策过程的控制。

小型企业应明确内部控制目标，准确评估经营风险，建立健全各项制度，将决策过程和各项业务流程制度化、规范化；明确不同层级部门和人员的权限和职责，强化岗位制衡，做到适度授权和分权；重点关注与企业资金、资产、资本、财务报告等关键业务有关的风险的控制。

小型企业应提高财务、会计和审计人员的素质，培养和聘用内部控制专业人才，加强对财务会计工作和财务报告的重视程度。小型企业的机构设置简单，管理资源易于整合，可以根据企业所面临的主要风险和相关控制的效果，适当简化内部控制体系建设，灵活设计、选择控制流程和控制活动，达到有效控制风险和防范舞弊的目的。

基于效率的考虑，小型企业应当提高信息技术的应用，结合业务风险和信息系统风险评估，加强信息系统控制的应用，采取手工控制与自动控制相结合的方式，将风险控制在可承受度之内。

小型企业应建立健全内部控制的监督机制，持续监控和定期评价内部控制的有效性，尤其要对会计信息、资金运转、资产安全、采购及销售等方面加强监控，及时发现和纠正缺陷，确保内部控制在企业不同成长阶段、不同环境下的持续有效改进。

2011年证监会下发《上市公司实施企业内部控制规范体系监管问题解答》（2011年第1期，总第1期）文件，主要汇总了财务报告内部控制的定义、公开发行证券的公司年度报告要求、发生并购交易可豁免本年度对被并购企业财务报告内部控制有效性的评价，并规定，有关公司核心商业秘密的财务报告内部控制发生重大变化或出现重大缺陷的，可豁免披露。

根据财政部、证监会、审计署、银监会、保监会联合印发的《关于印发企业内部控制配套指引的通知》（财会［2010］11号）规定，自2012年1月1日起在上海证券交易所、深圳证券交易所主板上市公司开始实施《企业内部控制基本规范》（财会［2008］7号）和《企业内部控制配套指引》（财会［2010］11号）（以下简称“企业内部控制规范体系”）。为稳步推进主板上市公司有效实施企业内部控制规范体系，确保内控体系建设落到实处、取得实效，防止出现走过场的情况，财政部会同证监会在充分考虑上市公司的公司治理基础、市值规模、业务成熟度、盈利能力等方面差异的情况下，决定在主板上市公司分类分批推进实施企业内部控制规范体系。

为规范公开发行证券的公司的内部控制信息披露行为，保护投资者的合法权益，依据《公司法》、《证券法》、《企业内部控制基本规范》及其配套指引，以及中国证券监督管理委员会有关规定，制定《公开发行证券的公司信息披露编报规则第21号——年度内部控制评价报告的一般规定》，其主要内容包括年度内部控制评价报告披露参考格式、内部控制评价结论、内部控制评价工作情况、其他相关重大事项说明等。

第三节　拓展阅读：美国及中国香港内部控制监管法规

一、美国

2001年12月安然公司作为美国最大的能源公司之一，突然申请破产保护，此后上市公司和证券市场中丑闻不断传出，特别是2002年6月的“世界通信公司会计丑闻”事件，彻底打击了投资者对资本市场的信心。美国国会和政府加速通过了《2002年公众公司会计改革和投资者保护法案》（或称《萨班斯法案》）。该法案以图改变这一局面。法案的第一句话是："遵守证券法律以提高公司披露的准确性和可靠性，从而保护投资者及其他目的。"

时任美国总统的乔治·沃克·布什在签署该法案的新闻发布会上称："这是自罗斯福总统以来美国商业界影响最为深远的改革法案。"《萨班斯法案》最初于 2002 年 2 月 14 日提交给国会众议院金融服务委员会，到同年 7 月 25 日国会参众两院最终通过，先后经历了 6 个版本的修改过程，才最终定稿。

最后修订完稿的《萨班斯法案》共分 11 章，第 1 至第 6 章主要涉及对会计职业及公司行为的监管，包括：

1. 建立一个独立的公众公司会计监管委员会（Public Company Accounting Oversight Board，PCAOB），对上市公司审计进行监管。

2. 通过负责合伙人轮换制度以及咨询与审计服务不兼容等提高审计的独立性。

3. 限定公司高管人员的行为，改善公司治理结构等，以增进公司的报告责任。

4. 加强财务报告的披露。

5. 通过增加拨款和雇员等来提高美国证监会的执法能力。

第 8 至第 11 章主要是提高对公司高层主管及白领犯罪行为的刑事责任，比如：

第一，针对安达信销毁安然审计档案事件制定法规，销毁审计档案的违法行为最高可判 10 年监禁，在联邦调查及破产事件中销毁档案的违法行为最高可判 20 年监禁。

第二，强化公司高管层对财务报告的责任，公司高管必须对财务报告的真实性宣誓，提供不实财务报告将获 10 年或 20 年监禁。

法案第 7 章要求相关部门在该法案正式生效后的指定日期内（一般都在 6 个月至 9 个月内）提交若干份研究报告，包括：会计师事务所合并、信贷评等机构、市场违规者、（法律的）执行、投资银行等研究报告，以供相关执行机构参考，并作为未来立法的参照。

美国 2001 年至 2002 年度所爆发的各项公司丑闻中，企业管理阶层无疑应当负有最主要的责任，因而该法案的主要内容之一就是明确公司管理阶层的责任（如对公司内部控制进行评估等），尤其是对股东所承担的受托责任，同时，加大对公司管理阶层及白领犯罪的刑事处罚力度。企业会计人员以及外部审计人员在这些事件中的负面作用不容否定，比如，安然公司通过特殊目的主体的安排，虚构利润、隐瞒债务，而世界通讯公司则是在赤裸裸地做假账，提高财务报告的可靠性，成为该法案的另一个主要内容，法案的要求包括：

1. 建立一个独立机构来监管上市公司审计。

2. 审计师定期轮换。

3. 全面修订会计准则。

4. 制定关于审计委员会成员构成的标准。

5. 要求管理层及时评估内部控制，更及时地提供财务报告。

6. 对审计时提供咨询服务的行为进行限制等。

《萨班斯法案》标志着美国证券法律根本思想的转变：从披露转向实质性管制。尽管该法案立法匆忙，但它仍然经历了将近20次公开听证，同时，美国国会相关人员对该法案展开了较充分的争论，并尽可能地限制该法案对经济运行的负面影响。比如，针对格拉姆（Gramm）提出的小型企业问题，法案保留了由PCAOB按个案审批豁免的权力。

二、中国香港

香港联合交易所在内部控制方面出台了两份重要文件，即《企业管制常规守则》和《内部监控与风险管理指引》。

1.《企业管制常规守则》

2004年11月，香港联合交易所颁布了《企业管制常规守则》（以下简称《守则》或《新守则》）和《企业管制报告》，并分别纳入了《主板上市规则》和《创业板上市规则》中。《守则》于2005年1月1日生效，就此替代了《香港联合交易所有限公司证券上市规则》（以下简称《上市规则》）附录14所载之最佳应用守则（即《旧守则》）。《守则》以英国的《良好企业治理的原则及最佳实务》为基础，并且吸收了欧美关于公司治理方面的最新实务，要求香港上市公司必须建立有效的内部控制制度，也规定董事必须至少每年审查其内部控制制度的有效性，审查内容应覆盖公司内部所有重大的控制，包括财务、业务、合法合规性以及风险管理职能等方面。

香港的这份《守则》主要包括两个层面的建议，即《企业管制常规守则》“守则条文”和《企业管制常规守则》“建议最佳常规”。其中，“守则条文”要求企业须在中期及年报报告中做出解释及披露，而“建议最佳常规”则只具有指引性质。

2.《内部监控与风险管理指引》

2005年6月，香港会计师公会（HKCPA）受香港联交所之邀，发布了《内部监控与风险管理指引》，对内部控制制度做了适当调整以适应当前新的状况。制定《内部监控与风险管理指引》的主要目的是针对内部监控与风险管理的基本架构提供一般指引及建议。在基本层面上，该指引强调，有效监控的首要条件是公司必须确保拥有清晰的、经董事会同意且高级管理层及雇员清楚了解的目标。另外，公司应对可能妨碍其达到目标的风险进行识别、评估，并且按优先次序排列，然后制定程序，进行有效管理。最后，鉴于经营情况不断改变，必须对内部监控系统进行持续的监察和检查修正。

第四节　巩固强化：记忆·练习·思考

一、记忆点

1.《中央企业全面风险管理指引》阐述了企业风险和风险管理的基本流程。

2. 内部控制模块有 18 个指引，包括组织架构、发展战略、人力资源、社会责任、企业文化、资金活动、采购业务、资产管理、销售业务、研究与开发、工程项目、担保业务、业务外包、财务报告、全面预算、合同管理、内部信息传递和信息系统。

3. 内部控制最新通知中包括根据企业类型把握内控进度和重点企业内部控制规范体系的建设具有强制性；我国企业内部控制规范体系不仅借鉴了国际先进经验也考虑了我国目前法律法规体系、公司治理结构、企业管理体制、风险管控实务等具体情况。

4. 小型企业在内部控制方面需考虑业务单一、所有权和管理权集中、管理层级较少、部门设置简单等特征，并明确内部控制目标，提高财务、会计和审计人员的素质，提高信息技术的应用，建立健全内部控制的监督机制，持续监控和定期评价内部控制的有效性。

二、练习题

（一）选择题（每题有一个或多个正确答案）

1. 以下各项中，不属于内部控制系统的其中一个指引的是（　　）。

A. 组织架构　　　　B. 人力资源

C. 销售业务　　　　D. 岗位职责

2. 企业建立与实施内部控制，应当遵循下列哪些原则（多选）（　　）。

A. 全面性原则　　　　B. 完整性原则

C. 制衡性原则　　　　D. 适应性原则

E. 成本最低原则　　　　F. 重要性原则

3. 企业需要根据《企业内部控制基本规范》及其配套指引的规定需要逐条执行，体现了内部控制的什么性质？（　　）

A. 强制性　　B. 示范性

C. 指导性　　D. 监督性

4. 我国企业内部控制规范体系在充分借鉴国际上先进经验和做法的同时，也充分考虑了我国哪些方面情况？（多选）（　　）

A. 目前法律法规体系　　B. 公司治理结构

C. 企业管理体制　　D. 风险管控实务

5. 内部控制的有效性的自我评价不包括以下哪项内容？（　　）

A. 董事会声明　　B. 内部控制评价工作的总体情况

C. 内部控制评价的范围　　D. 内部控制缺陷的整改情况

E. 内部控制风险评估　　F. 内部控制评价的程序和方法

G. 内部控制有效性的结论

（二）判断题

结合企业规模、行业特征、风险水平等因素，研究确定适合本企业的内部控制重大缺陷、重要缺陷和一般缺陷的具体认定标准。（　　）

（三）简答题

1. 对于即将启动或刚刚启动内部控制实施工作的上市公司、国有企业和集团企业，应如何开展内部控制工作？

2. 非上市的企业和集团，应该如何开展内部控制管理工作？

3. 企业如何解决专业人才紧缺的问题？

（四）论述题

与大、中型企业相比，小型企业在开展内控工作时要考虑什么样的因素？

练习题参考答案

（一）选择题

1. D　2. ACDEF　3. A　4. ABCD　5. E

（二）判断题

√

（三）简答题

1. 答：对于即将启动或刚刚启动内部控制实施工作的上市公司、国有企业和企业集团，应按照相关业务主管部门、监管部门等的要求加快推动，并根据企业实际全面实施；对于已经在部分下属分公司和子公司建立了较为完善的内部控制体系的企业，应当总结和借鉴已经开展内部控制建设的分公司和子公司的经验和做法，将其推广至全公司；对于已经在全公司范围内建立起覆盖全过程、各层级内部控制体系的企业，应将工作重心放在内部控制的持续改进上，充分运用内部控制自我评价的方法和手段，按照有关要求对实施情况进行常规、持续的监督检查，查找实施过程中的缺陷与不足，促进内部控制的持续改进和不断优化。

2. 答：对于非上市的企业或企业集团，应从实际情况出发，根据下属公司的经营性质、业务规模等特点制定切实可行的内部控制实施方案，分类分步推进，全面启动内部控制建设与实施工作。企业集团也可以根据业务板块、管理特点等，先在部分企业建立起较为完善的内部控制体系，再逐步建立覆盖企业集团的内部控制体系，体现集团管控的要求。

3. 答：为解决企业内部控制专业人才紧缺的状况，企业可以抽调财会、审计和生产管理等部门的业务骨干开展内部控制管理工作，同时应当有计划地培养内部控制专业人才。一是通过参加政府部门、中介机构以及企业内部举办的培训学习等，促使内控人员掌握相关知识；二是让从事内部控制的专业人员，在工作实践中不断探索学习，以内部控制基础理论、基本规范及配套指引为指针，借鉴其他企业的经验，结合实际，自我学习、自我积累，探索创新，不断提升个人的业务能力和企业的内控管理水平；三是在聘请中介机构开展内部控制咨询、审计服务时，充分利用中介机构的专业力量，通过业务交流和参与实际运作等方式来锻炼、培养企业专业人才队伍。

（四）论述题

答：小型企业通常是指具有业务比较单一、所有权和管理权集中、管理层级较少、部门设置简单等特征的企业。小型企业根据基本规范及配套指引实施内部控制时，在保证有效性的基础上，可结合企业特点进行适当调整。

小型企业的管理层级一般较少，所有权、决策权和管理权较为集中，治理层通常密切参与公司日常经营及管理活动，使企业的控制力和执行力得到了提高，但也容易导致决策失误或舞弊行为的产生，因此要提高董事会的集体决策能力，加强企业决策过程的控制。

小型企业应明确内部控制目标，准确评估经营风险，建立健全各项制度，将决策过程和各项业务流程制度化、规范化；明确不同层级部门和人员的权限和职责，强化岗位制衡，做到适度授权和分权；重点关注与企业资金、资产、资本、财务报告等关键业务有关的风险的控制。

小型企业应提高财务、会计和审计人员的素质，培养和聘用内部控制专业人才，加强对财务会计工作和财务报告的重视程度。小型企业的机构设置简单，管理资源易于整合，可以根据企业所面临的主要风险和相关控制的效果，适当简化内部控制体系建设，灵活设计、选择控制流程和控制活动，达到有效控制风险和防范舞弊的目的。

基于效率的考虑，小型企业应当提高信息技术的应用，结合业务风险和信息系统风险评估，加强信息系统控制的应用，采取手工控制与自动控制相结合的方式，将风险控制在可承受的范围之内。

小型企业应建立健全内部控制的监督机制，持续监控和定期评价内部控制的有效性，尤其要对会计信息、资金运转、资产安全、采购及销售等方面加强监控，及时发现和纠正缺陷，确保内部控制在企业不同成长阶段、不同环境下的持续有效改进。

第三章

内部控制基本概念

第一节　风险管理基础

一、风险的概念

风险大致有两种定义，一种定义强调了风险表现为不确定性，而另一种定义则强调风险表现为损失的不确定性。

《中央企业全面风险管理指引》（国资发改革［2006］108 号）（以下简称“风险指引”）中所称的企业风险，指未来的不确定性对企业实现其经营目标的影响。它突出了以下几个方面：

1. 风险是关于“未来的不确定性”。过去和现在属于已发生和正在发生的领域，没有风险，但所有的人都不确定将来的事情，因此，将来存在风险。为了准确度量和管理风险，风险总是定义在未来的某一个时间段内的。比如，企业职工有人身安全的风险，为此企业要为职工购买人身安全保险，保险合同总是在一段时间内有效的。又如，企业的财务报表反映的都是已发生的经济行为，而现金流预测作为投资决策的基础评估方法之一，是对未来一定期间内的预测净现金流入用贴现系数来计算的现值，这里表现的风险包括时间价值的概念，还包括风险的贴现。

2. 风险与企业经营目标紧密相关。一般来说，企业目标定得越高风险就越大，目标定得越低风险就越小。例如，企业的目标是跻身于世界五百强还是维持盈亏平衡，其所需承担的风险大小是不一样的。

3. 风险对企业经营目标的影响表现在实际的行为可能与我们的目标有差距。这种差距可能不仅表现在最后结果的差距（如盈利额的差距、损益值），还可能表现在路径的差距，即如何实现最后的结果，同样是不确定性的影响，人们对稳定的、可预期的表现要更看重一些，因为不确定性越大，风险成本就越高。

需要注意的是，风险对实现企业的经营目标有好处，也可能有坏处。所谓好坏（或正面负面）都是相对于结果的判断而言的，风险本身无所谓好坏。把风险看做纯粹负面的东西，有利于专注防范风险带来的负面效应，但同时有可能忽略风险中蕴藏的机会。因此，企业对风险正面、负面影响的考虑应该结合在一起，这和“没有风险就没有回报，高回报蕴含着高风险”的观点是一致的，收益是对承担风险的补偿。事实上，在没有交易成本等的无摩擦、无套利机会的理想市场，在负面风险和正面风险之间存在确定的平价关系（call-put parity）。如果只考虑风险的负面影响，势必会影响人们的决策而忽视正面风险的存在，向风险规避倾斜。

《国家电网公司风险管理规范（试行）》中所指的风险，是指在公司发展过程中，影响未来公司战略及经营目标实现的各种不确定性。

二、风险的分类

风险的分类标准不是绝对的，《中央企业全面风险管理指引》把风险分为：战略风险、财务风险、市场风险、运营风险和法律风险。

战略风险是指不确定因素对企业实现战略发展目标和实施发展规划的影响。为减少这些影响，企业要结合市场情况保持企业的核心竞争优势，选择合适的产品组合，抓住发展机会，规避市场损失等方面的风险因素。

财务风险包括利率和汇率的变动、原材料或产品价格波动、信用政策等不确定因素对企业现金流的影响，以及公司在理财方面的行为对企业财务目标的影响。

市场风险是指未来市场价格（利率、汇率、股票价格和商品价格）的不确定性对企业实现其既定目标的影响。市场风险可以分为利率风险、汇率风险、股票价格风险和商品价格风险，这些市场因素可能直接对企业产生影响，也可能是通过对其竞争者、供应商或者消费者间接对企业产生影响。

运营风险是指包括供应链的管理、运营资源的合理调配、关键人员的流动、法律合规性、监督检查等在内的涉及公司运营方面的不确定性因素对公司运营目标的影响。

法律风险是指不同国家或地区法律法规环境的差异性、具体法律法规的制定和变更给企业带来的影响。

同时，《中央企业全面风险管理指引》中也指出了以风险能否为企业带来盈利机会等为标志，又分为纯粹风险和机会风险。纯粹风险指不含盈利可能性的风险，如灾害性风险，大多数运营风险；机会风险是盈利与损失的可能性并存的风险，如战略风险，市场风险等。

《国家电网公司风险管理规范（试行）》将公司一级风险主要分为以下几类：

“1. 战略风险是指由于宏观经济形势变化、国家法律法规或行业标准调整、政策变动、体制改革等因素，可能导致公司战略目标难以实现的风险。

2. 投资风险是指由于海外运营、电网建设、股权投资等决策不当，可能导致公司无法达到投资目的或获得预期投资收益，甚至遭受投资损失的风险。

3. 财务风险是指由于会计政策变更、会计核算不规范、预算管控不严、利率汇率变动、货币政策变化等因素，可能导致公司资本结构不合理、财务状况恶化、财务报表信息失真的风险。

4. 营销风险是指由于市场占有率波动、市场供求关系失衡、执行电价政策不严格、客户服务不到位、客户信用状况恶化等因素，可能对产品销售、货款回收或客户关系管理等方面产生不利影响的风险。

5. 电力交易风险是指由于电力市场相关政策变化、电力交易规则变化、电力交易违约、跨区跨省输电阻塞等因素，可能对公司组织电力市场交易和购电管理产生不利影响的风险。

6. 法律合规风险是指由于无法满足或违反法律要求、监管政策规定，可能导致公司面临法律诉讼、监管机构处罚，或因法律纠纷和诉讼处理不当造成损失的风险。

7. 安全生产风险是指由于设施质量、人员行为、自然灾害、外力破坏等因素，可能造成生产事故、设备损坏或人身伤害的风险。

8. 工程建设风险是指由于工程项目前期规划不当、设计不合理、建设监管不严、物资供应不及时等因素，可能对项目质量、工程成本、建设进度、工程安全产生不利影响的风险。

9. 人力资源风险是指由于劳动政策变化、人力资源政策不当、绩效管理不到位等因素，可能造成劳动力成本大幅上升、人员结构不合理、队伍不稳定的风险。

10. 物资管理风险是指由于采购安排不合理、市场预测不准确、供应商管理不当、招投标管理不规范、采购验收不严格等因素，可能造成库存短缺或积压、物资质次价高、资金长期占用或财产损失的风险。

11. 信息风险是指由于信息系统规划与业务需求不匹配、建设运维管理不当、信息安全防护不到位等因素，可能造成运维成本上升、系统运行不稳定、信息传递不及时或泄密的风险。

12. 科研风险是指由于科研规划不合理、项目管理不到位、成果验收不规范、专利保护不当等因素，可能造成科研项目开发失败或科研成果无法应用的风险。

13. 公司形象风险是指由于对突发事件反应不及时、舆情应对不到位、危机公关处理不当等因素，可能造成公司经营环境恶化、声誉及品牌形象受损的风险。

14. 维稳风险是指由于历史遗留原因、经营管理决策不当引发信访问题，或信访事件处置不及时、不妥当，可能导致群体性事件等扰乱社会秩序行为，给公司造成不利社会影响的风险。

15. 廉政风险是指由于警示教育不够、制度不健全、监督不到位或干部、员工不能廉洁自律等因素，可能产生不廉洁行为的风险。

16. 其他风险是指上述风险之外的风险。"

此外，风险按其来源分为外部风险和内部风险。企业的外部风险来自企业经营的外部环境，包括外部环境本身和外部环境的变化对企业目标的影响，如社会政治风险、供应链风险、市场风险、竞争对手风险、技术革新风险、法律法规风险、自然地理环境风险、灾害风险等。企业的内部风险则表现在企业的决策和经营活动中。

在评价风险管理的有效性时，人们还会用到固有风险和剩余风险的概念。前者与后者是相对于某一风险管理手段的应用实施而言的。也就是说，在没有实施该风险管理手段时的风险称为固有风险，而实施该风险管理手段后的风险称为剩余风险。应当指出，在给定风险管理的现状时，固有风险和剩余风险是一样的。

三、全面风险管理

（一）全面风险管理的含义

全面风险管理，指企业围绕总体经营目标，通过在企业管理的各个环节和经营过程中执行风险管理的基本流程，培育良好的风险管理文化，建立健全全面风险管理体系，包括风险管理策略、风险理财措施、风险管理的组织职能体系、风险管理信息系统和内部控制系统，从而为实现风险管理的总体目标提供合理保证的过程和方法。

企业应建立风险管理三道防线，即各有关职能部门和业务单位为第一道防线，风险管理职能部门和董事会下设的风险管理委员会为第二道防线，内部审计部门和董事会下设的审计委员会为第三道防线。

（二）全面风险管理的程序

全面风险管理的基本程序主要包括收集风险信息、开展风险评估、制定风险管理策略、提出和实施风险应对措施、编制风险管理报告、风险管理的监督与改进等工作。

（三）全面风险管理的原则

公司风险管理应遵循以下原则：

1. 全面性原则。风险管理应覆盖公司所有业务、部门和人员，贯穿决策、执行、监督、反馈全过程。

2. 重要性原则。在全面管理基础上，应特别关注重要、特殊业务事项和高风险领域，制定风险应对措施，防范重大风险。

3. 成本效益原则。风险管理应合理平衡实施成本与预期效益，力争用最少的成本实现风险管控的目标。

4. 系统性原则。风险管理应系统考虑风险因素之间的相关性及相互影响，不能孤立或片面地开展风险应对工作。

（四）关于风险评估

风险评估包括风险辨识、风险分析、风险评价三个步骤。进行风险辨识、分析、评价，应将定性与定量方法相结合。定性方法可采用问卷调查、集体讨论、专家咨询、情景分析、政策分析、行业标杆比较、管理层访谈、由专人主持的工作访谈和调查研究等。定量方法可采用统计推论（如集中趋势法）、计算机模拟（如蒙特卡罗分析法）、失效模式与影响分析、事件树分析等。

（五）全面风险管理策略

全面风险管理策略主要包括以下几类：

1. 风险规避。是公司对超出风险承受度的风险，通过放弃或者停止与该风险相关的业务活动，避免和减轻损失的策略。

2. 风险控制。是公司在权衡成本收益后，采取适当的控制措施降低风险或者减轻损失，将风险控制在可承受范围内的策略。

3. 风险转移。是公司采取业务分包、购买保险等方式将风险及其可能造成的损失全部或部分转移给他人的策略。

4. 风险承担。是公司对风险承受度之内的风险，在权衡成本效益之后，不采取控制措施降低风险或者减轻损失的策略。

5. 风险对冲。是指通过投资或购买与标的资产收益波动负相关的某种资产或衍生产品，冲销标的资产潜在风险损失的策略。

6. 风险补偿。是指对于无法通过风险控制、风险转移或风险对冲进行管理，而且又无法规避、不得不承担的风险，公司可通过提高风险回报的方式，获取风险承担的补偿的策略。

第二节 内部控制基础

一、内部控制的定义

从本质上讲，内部控制是企业的制度性安排，这项制度性安排不是静态的，而是动态的过程。

1949 年，美国会计师协会的审计程序委员会（CPA）首次对内部控制做出权威性的定义："内部控制包括组织机构的设计和企业内部采取的所有相互协调的方法和措施。这些方法和措施的目的在于保护企业的资产，检查会计数据的准确性，提高经营效率，促进企业执行既定的管理政策"。

1992 年，COSO 委员会在《内部控制——整体框架》中指出：内部控制是受企业董事会、管理当局和其他职员的影响，旨在提升经营效果和效率、财务报告的可靠性、遵循适当的法规等而提供合理保证的一种过程。2002 年，中国内部审计协会常务理事李凤鸣教授在《内部控制学》一书中指出，内部控制是指组织为了提高经营效率并充分而有效地获取和使用各种资源，达到既定的管理目标，而在内部实施的各种制约和调节的组织、计划、方法和程序。

2004 年，COSO 委员会在 1992 年报告基础上发布了《企业风险管理——整合框架》（ERM 框架），即企业风险管理整合框架。该框架认为"企业风险管理是一个过程，它是由一个主体的董事会、管理当局和其他人员实施，应用于战略制定并贯穿于企业中，旨在识别可能会影响主体的潜在事项，管理风险以使其在主体的风险容量之内，并为主体目标的实现提供合理保证。

在借鉴和吸收国内外监管新理念的背景下，财政部等五部委联合发布了《企业内部控制基本规范》，明确提出"内部控制，是由企业董事会、监事会、经理层和全体员工实施的、旨在实现控制目标的过程"，并作为我国上市公司和非上市大中型企业内部控制的规范性文件。

二、内部控制的目标

依据《企业内部控制基本规范》，内部控制的目标包括企业经营管理合法合规、资产安全、财务报告及相关信息真实完整、提高企业经营管理效率和效果、促进企业实现发展战略。

1. 企业经营管理合法合规

企业经营管理合法合规强调的是企业要在法律允许的经营范围内开展经营活动，严禁违法经营、非法获利。

2. 资产安全

资产安全主要是防止资产流失。要确保企业的各项存款等货币资金的安全，防止被挪用、转移、侵占、盗窃。同时还要保护实物资产，防止低价出售，要充分发挥资产效能，提高资产管理水平。

3. 财务报告及相关信息真实完整

财务报告及相关信息真实完整是指财务报告反映企业的过去与现状，并可预测企业的未来发展，是投资人进行投资决策、债权人进行信贷决策、管理者进行管理决策和宏观经济调控部门进行政策决策的重要依据。

4. 提高经营管理效率和效果

企业建立和实施内部控制的内在要求之一是相互制衡、相互监督，这一要求看似与提高效率、效果相矛盾，实际上是协调一致的。因为忽略对内部控制的经营管理，可能导致企业重大风险的发生，从而造成企业难以为继，最终降低了经营的效率效果。

5. 促进企业实现发展战略

企业加强内部控制管理，切实保证经营管理合法合规、资产安全完整、财务报告及相关信息真实可靠、经营效率效果稳步提高，就有利于提高核心竞争力，促进企业战略目标的实现。

在上述五个控制目标中，企业经营管理合法合规、资产安全、财务报告及相关信息真实完整是内部控制的基础目标，提高经营管理效率和效果构成企业内部控制的重要目标，促进企业实现发展战略是内部控制的最高目标，也是终极目标。内部控制目标的具体关系如图 3-1 所示。

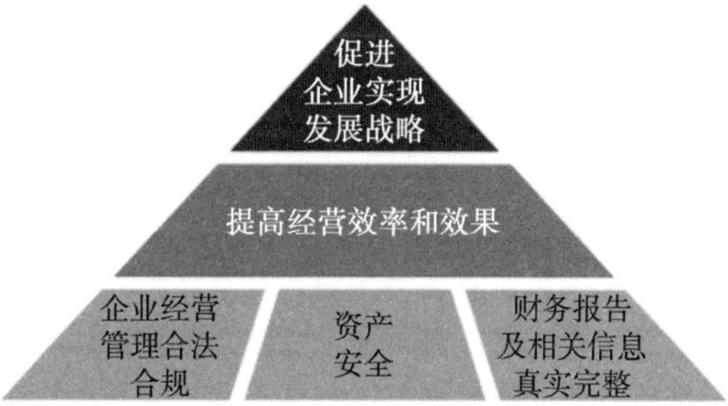

图 3-1 内部控制目标关系图

三、内部控制的要素

依据《企业内部控制基本规范》，企业建立与实施有效的内部控制，应当包括下列五个要素：

1. 内部环境

内部环境是企业建立和实施内部控制的基础，一般包括治理结构、机构设置、权责分配、内部审计、人力资源政策、企业文化等。内部环境影响着企业内部控制的方方面面，是内部控制其他四个构成要素的基础，在企业内部控制建立与实施中发挥着基础性作用。

2. 风险评估

风险评估是企业及时识别、系统分析经营活动中与实现内部控制目标相关的风险，合理确定风险应对策略。风险评估由目标设定、风险识别、风险分析和风险应对构成，是内部控制的重要环节，在企业生产经营过程中，只有进行科学的风险评估，自觉地将风险控制在可承受范围之内，才能实现企业的可持续发展。

3. 控制活动

控制活动是企业根据风险评估结果，通过手工控制与自动控制、预防性控制与发现性控制相结合的方法，采用相应的控制措施，将风险控制在可承受范围之内。控制措施一般包括：不相容职务分离控制、授权审批控制、会计系统控制、财产保护控制、预算控制、运营分析控制、绩效考评控制等。

4. 信息与沟通

信息与沟通是企业及时、准确地收集、传递与内部控制相关的信息，确保信息在企业内部与外部之间进行有效沟通。信息与沟通贯穿于内部环境、风险评估、控制活动、内部监督四个基本要素，同时又是四个基本要素的重要工具，为企业内部控制的有效运行提供信息保证，从而有助于提高企业内部控制的效率和效果。

5. 内部监督

内部监督是指企业对内部控制的建立与实施情况进行监督检查，以评价内部控制的有效性，发现内部控制缺陷，并及时加以改进。内部监督与内部控制其他要素相互联系，互为补充，共同促进企业实现控制目标，是企业内部控制得以有效实施的机制保障。

内部控制的五要素之间，内部环境是基础，风险评估是依据，控制活动是手段，信息与沟通是载体，内部监督是保证。具体如图 3-2 所示。

四、内部控制的主要程序

内部控制功能具体体现在积极获取各项经营管理活动中出现的偏差信息，积极采取有力措施，限制偏差积累，即将实际绩效与计划目标加以比较，发现潜在的和现实的错误或问题并进行处理，有利于确保组织实现预计的目标。内部控制的主要程序分为 5 个步骤：

1. 制定或修订控制目标、控制标准

确定控制目标是控制工作得以开展的前提，是检查和衡量实际工作的依据和尺度，如果没有控制目标，便无法衡量实际工作，控制也就失去了目的性。控制标准是控制目标的表现形式，是测定实际工作绩效的基础。对照控制标准，管理人员可以对工作绩效的好坏作出判断。

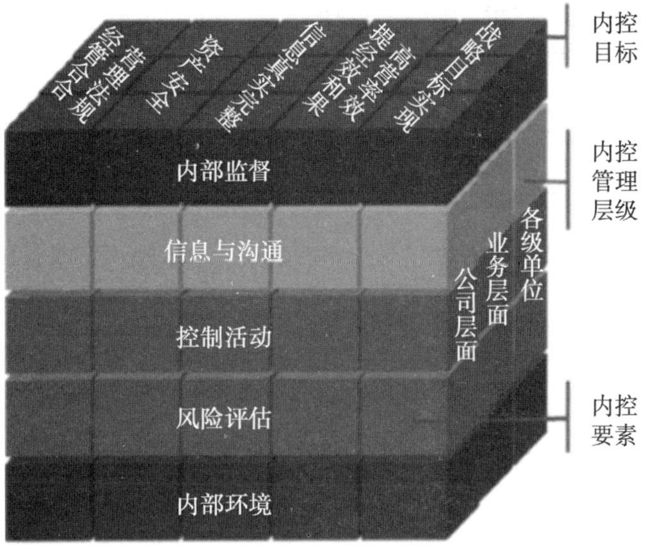

图 3-2　内部控制五要素关系图

2. 衡量控制结果

衡量控制结果是用预定的控制目标或者标准对实际控制情况进行检查和比较，衡量所指定任务的执行轨迹和实际完成状况，及时反映偏差信息。衡量的关键是要正确地计量内部控制目标的实际执行结果，然后将信息及时、准确地提供给单位主管人员和有关业务部门，以便采取纠正措施。

3. 分析控制差异

在衡量实际工作结果之后，就可以将衡量结果与控制目标或标准进行比较了。如果有较大差异，则要分析造成差异的原因和严重程度以便于采取矫正措施。差异是指控制目标与实际执行结果的差额或差距，或者说是执行结果偏离控制目标的现象。

4. 采取补偿措施

制度本身就是一种纠正偏差、保证目标实现的措施，但这只是一种预测防范的措施，如果不履行已规定的制度，还会同样出现偏差。控制应该根据标准衡量绩效的方法，通过差异的分析，找出客观上和主观上的原因，即问题发生的所在，然后引导出纠正的办法。

5. 追踪检查、评价与反馈

追踪检查、评价与反馈是指对内部控制实施的全过程的检查与评价，也就是对确立标准、计量结果、分析差异、采取措施等过程进行全面检查和评价。实质上包括了健全性测试、符合性测试和综合性评价三个阶段，即首先要查明目标、制度的完善情况；其次要查明目标、制度在实际经营活动中是否得到了严格的贯彻执行，其符合程度如何；最后将上述两种检查结果进行评价，特别是要注重对内部控制的强点和弱点的评价。

内部控制主要程序如图 3-3 所示。

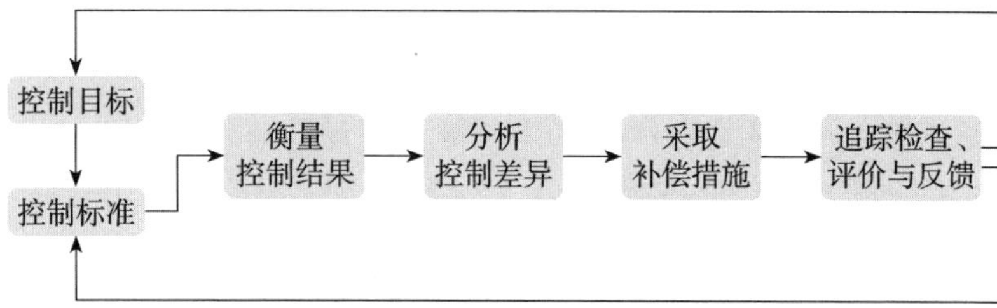

图 3-3　内部控制主要程序图

五、内部控制的措施

企业应当根据内部控制目标，结合风险评估结果及相应的风险应对策略，通过手工控制与自动控制、预防性控制与发现性控制相结合的方法，综合运用控制措施，对各种业务和事项实施有效控制，将风险控制在可承受范围之内。控制措施一般有以下 8 种类型：

1. 不相容职务分离控制

不相容职务分离控制要求企业全面而系统地分析、梳理业务流程中所涉及的不相容职务，实施相应的分离措施，形成各司其职、各负其责、相互制约的工作机制。

2. 授权审批控制

授权审批控制要求企业根据常规授权和特别授权的规定，明确各岗位办理业务和事项的权限范围、审批程序和相应责任。企业应当编制常规授权是指企业在日常经营管理活动中按照既定的职责和程序进行的授权。特别授权是指企业在特殊情况、特定条件下进行的授权，通常是临时性的。

3. 会计系统控制

会计系统控制要求企业严格执行国家统一的会计准则和会计制度，加强会计基础工作，明确会计凭证、会计账簿和财务会计报告的处理程序，保证会计资料真实完整。

4. 财产保护控制

财产保护控制要求企业建立财产日常管理制度和定期清查制度，采取财产记录、实物保管、定期盘点、账实核对等措施，确保财产安全。企业应当严格限制未经授权的人员接触和处置财产。

5. 预算控制

预算控制要求企业实施全面预算管理制度，明确各责任单位在预算管理中的职责权限，规范预算的编制、审定、下达和执行程序，强化预算约束。

6. 运营分析控制

运营分析控制要求企业建立运营情况分析制度，经理层应当综合运用生产、购销、投资、筹资、财务等方面的信息，通过因素分析、对比分析，趋势分析等方法，定期开展运营情况分析，发现存在的问题，及时查明原因并加以改进。

7. 绩效考评控制

绩效考评控制要求企业建立和实施绩效考评制度，科学设置考核指标体系，对企业内部各责任单位和全体员工的业绩进行定期考核和客观评价，将考评结果作为确定员工薪酬以及职务晋升、评优、降级、调岗、辞退等的依据。

8. 重大风险预警机制和突发事件应急处理机制控制

企业应当建立重大风险预警机制和突发事件应急处理机制，明确风险预警标准，对可能发生的重大风险或突发事件，制订应急预案、明确责任人员、规范处置程序，确保突发事件得到及时、妥善的处理。

第三节　拓展阅读

一、国外现代内部控制理论发展历程

随着“公司”这一微观经济组织形式的出现，早期朴素的内部控制思想逐渐演进、发展，形成了系统的理论体系。

1. 1940 年以前：内部牵制阶段

在 20 世纪 40 年代以前，人们习惯使用“内部牵制”这一概念，作为现代内部控制的雏形，内部牵制制度最基本的目的就是查错防弊。1905 年，L. R. Dicksee 最早提出内部牵制这个概念，并认为内部牵制由职责分工、会计记录、人员轮换三个要素构成。1930 年，George. E. Bennett 在《会计制度：原则与问题的确定》一书中对内部牵制进行了完整的定义，进一步发展了“内部牵制”这一概念。

2. 1940—1970 年：内部控制制度阶段

20 世纪 30 年代，迈可森—罗宾斯公司破产案件深入影响了内部控制理论的发展，美国证券交易委员会在调查报告中指出，内部牵制系统不应局限于特定的会计职能，而应对交易方式进行全面了解，由此促进了内部会计控制和内部管理控制概念的提出。1949 年，美国注册会计师协会所属的审计程序委员会在《内部控制，协调系统诸要素及其对管理部门和内审人员的重要性》报告中首次对内部控制做了权威性定义。1958 年，美国审计程序

委员会在《审计程序公告第29号》中将内部控制分为内部会计控制和内部管理控制，形成内部控制的“制度二分法”。

3. 1980—1990年：内部控制结构阶段

随着市场全球化以及信息技术高速发展，企业组织形式与经济业务不断演变，内部控制的研究也逐步深化，控制环境作为一项重要内容，与会计制度、控制程序一起被纳入内部控制结构之中，并且不再区分内部会计控制和内部管理控制。

1988年，美国会计师学会发布《审计准则公告第55号》，在公告中以“内部控制结构”的概念替代了内部控制制度，公告认为内部控制结构应由控制环境、会计制度、控制程序三个要素组成。

4. 1990—2000年：COSO框架控制阶段

20世纪70年代，“水门事件”和许多公司破产清算行为促使美国联邦政府开始关注内部控制问题。1977年，美国国会通过《反国外贿赂法案》，企业开始将内部控制的重视程度提升至法律层次。1992年，美国COSO委员会发布《内部控制——整体框架》，扩大了内部控制的涵盖范围，增加了与保障资产安全有关的控制，得到了美国审计署的认可。唯一令人遗憾的是，尽管COSO委员会的《内部控制——整体框架》涵盖了组织运营的效率、法规遵循和编报可靠财务报告等与目标相关的过程，却仍然主要代表着财务、会计、审计方面的观点。

5. 21世纪：全面风险管理阶段

2000年，安然会计舞弊案、世通会计舞弊案的发生暴露了公司内部控制存在的缺陷，2002年美国国会通过了著名的《萨班斯法案》，强调上市公司不但要有内部控制，CEO和CFO要对财务相关的内部有效性作出声明，而且要向投资者证明这个控制是有效的，一旦出现问题，CEO和CFO将为此承担罚款和刑事责任。2004年，美国COSO委员会发布《企业风险管理——整合框架》，提出了企业风险管理整合框架的概念，将内部控制五要素拓展成八要素，同时将内部控制与风险管理理念贯穿其中，实现了内部控制和风险管理的融合。

从内部控制历史发展的线索看，内部控制最初是基于某种管理的需要，此后，在企业管理的发展和外部审计活动的不断推动下，内部控制的理论和实务得到进一步的深化和丰富；从发展趋势看，内部控制正在逐步突破审计行业或者专业的限制，开始向企业管理和企业治理进一步拓展。

二、我国内部控制理论的发展

通过广泛吸收世界各国理论与实践经验，中国内部控制理论逐步完善，经历了三个发展阶段。

1. 内部控制萌芽阶段

20世纪90年代，我国开始由计划经济向市场经济转型，并设立股份公司和资本市场，在改革开放的同时开始借鉴西方的公司治理及监管措施，一系列跟公司内部控制有关的法律法规陆续出台。1996年，中国注册会计师协会发布了《独立审计具体准则第9号——内部控制与审计风险》，明确内部控制是为了保证业务、资产、会计资料的相关要求而制定和实施的政策与程序，包括控制环境、会计系统和控制程序。1999年修订、2000年实施的新《会计法》是我国第一部体现内部会计控制要求的法律，该法对内部控制需达到的目标、内部会计控制的内容以及运用方法作出具体要求。

2. 内部控制规范的形成

2001年6月起，财政部发布了《内部会计控制规范——基本规范》、《内部会计控制规范——货币资金》等专项规范，对单位内部会计控制和会计相关的控制进行了详细的规范，并指出“内部会计控制是指单位为了提高会计信息质量，保护资产的安全、完整，确保有关法律法规和规章制度的贯彻执行等而制定和实施的一系列控制方法、措施和程序”。会计控制是内部控制的重要内容而不是其全部内容，但是《内部会计控制基本规范》未对“内部会计控制”作出界定，也未涉及“内部会计控制”和“内部控制”的关系，造成“内部会计控制”和“内部控制”两个概念的混用。

3. 中国版《萨班斯法案》——《企业内部控制基本规范》

近年来，我国上市公司频繁出现会计信息失真、大股东侵占上市公司资金、上市公司违规担保等问题，严重影响了资本市场的健康发展，恶化了中国的金融环境。2006年，财政部牵头成立我国“企业内部控制标准委员会”，研究制定我国企业内部控制规范。2008年，财政部等五部委联合发布了《企业内部控制基本规范》，并于2009年7月在上市公司范围内执行，这标志着中国版《萨班斯法案》的正式启动。2010年，财政部等五部委联合发布了《企业内部控制配套指引》，并规定自2011年起在境内外同时上市的公司执行。《企业内部控制评价指引》连同此前发布的《企业内部控制基本规范》，标志着适合我国企业的内部控制规范体系已基本建成。

三、内部控制案例

1. 中航油（新加坡）事件——内部控制监督机制失效

中国航油（新加坡）股份有限公司（简称“中航油（新加坡）”），是在新加坡上市的航空燃料供应商。由于董事会内部控制监督机制长期缺位，致使总经理陈久霖违规开展大额期货市场投机交易，导致亏损5.5亿美元而申请破产保护。

2. 巴林银行事件——不相容职责未分离

巴林银行，英国最老牌的银行。由于未实现有效的不相容职责分离，新加坡分行总经理里森身兼交易和结算两个部门的负责人，在从事日经指数期货套期对冲和债券买卖活动中多次舞弊，致使公司累计亏损超过 10 亿美元而破产。

3. 胶济铁路事件——风险响应不及时

由于列车调度员忽视风险的存在，风险信息传递不及时，风险应对措施不到位，导致 T195 次列车司机未及时收到降速指令，随即致使列车因超速脱轨并与正常行使的 5034 次列车相撞，造成 71 人死亡，416 人受伤。

4. 通用电气公司（简称“GE 公司”）采取扁平化、“无边界”的管理模式，通过六西格玛工具不断改善影响企业内部控制的管理机制，并特别关注如何让员工参与到日常的内部控制管理体系中。日常管理中，公司每项管理变化均会在员工手册和标准流程手册中被固化，直接落实到流程，落实到责任，并将业务流程在信息系统中固化，实现关键控制点的自动监控。

5. 沃尔玛公司在其战略中明确通过建立以风险为导向的内部控制流程，保障股东利益、应对外部监管，提升管理效力与价值。公司按照“人员—采购—物流—信息系统—运营—战略规划”，以流程管理作为联系日常操作以及企业战略的纽带，将风险应对措施落到内部控制流程，细化至岗位，强调总部管理要求的有效执行，强调人在执行过程中的重要性。

第四章

企业内部控制配套指引

第一节　企业内部控制应用指引

2010 年 4 月 15 日，财政部、证监会、审计署、银监会、保监会联合发布了“关于印发企业内部控制配套指引的通知（财会［2010］11 号）”，在其附件中包括了《企业内部控制应用指引》，其主要内容如下：

一、企业内部控制应用指引第 1 号——组织架构

（一）组织架构的定义

组织架构是指企业按照国家有关法律法规、股东（大）会决议和企业章程，结合本企业实际，明确董事会、监事会、经理层和企业内部各层级机构设置、人员编制、职责权限、工作程序和相关要求的制度安排。

（二）组织架构设计与运行的主要风险

1. 治理结构形同虚设，缺乏科学决策和良性运行机制，可能导致企业经营失败，难以实现发展战略。

2. 组织架构设计不合理，权责分配不合理，可能导致机构重叠、职能交叉、推诿扯皮，运行效率低下。

（三）组织架构设计的风险控制

根据国家有关法律法规的规定，明确董事会、监事会和经理层的职责权限、任职条件、议事规则和工作程序，确保决策、执行和监督相互分离，形成制衡。

重大决策、重大事项、重要人事任免及大额资金支付业务等，应当实行集体决策审批或者联签制度，任何个人不得单独进行决策或者擅自改变集体决策意见。

合理设置内部职能机构，明确各机构的职责权限，避免业务重复或职能交叉，形成各司其职、各负其责、相互制约、相互协调的工作机制。

各机构的职能进行科学合理的分解，确定各具体职位的名称、职责、岗位要求和工作内容等，明确各个岗位的职责权限和相互关系。

在设置岗位时体现不相容职务相互分离的要求。不相容职务通常包括：

可行性研究与决策审批，决策审批与执行，执行与监督检查等。

企业应当制定组织结构图、员工手册、业务流程图、岗（职）位说明书和权限指引等内部管理制度或相关文件，使企业员工了解和掌握组织架构设计及权责分配情况，正确履行职责。

二、企业内部控制应用指引第2号——发展战略

（一）发展战略的定义

企业的发展战略是指企业在对现实状况和未来趋势进行综合分析和科学预测的基础上，制定并实施的长远发展目标与战略规划。

（二）制定与实施发展战略的主要风险

1. 缺乏明确的发展战略或实施不到位，可能导致企业盲目发展，丧失发展机遇、动力和后劲。

2. 发展战略过于激进，脱离企业实际或偏离主业，可能导致企业过度扩张或经营失败。

3. 发展战略因主观原因频繁变动，可能损害企业发展的连续性或导致资源浪费。

（三）发展战略制定的风险控制

在充分调查研究、科学分析预测和广泛征求意见的基础上制定发展目标。企业在制定发展目标过程中，应当综合考虑宏观经济政策、国内外市场需求变化、技术发展趋势、可利用资源水平和自身优势等情况。

战略规划应当明确发展的阶段性和发展程度，确定每个发展阶段的具体目标和工作任务。

应当在董事会下设立战略委员会，制定战略委员会的议事规则和决策程序，同时指定相关机构负责具体工作，履行相应职责。

董事会应当严格审议战略委员会提交的发展战略建议方案，重点关注其可行性，企业的发展目标和战略规划方案经董事会审议通过后，报经股东（大）会批准实施。

三、企业内部控制应用指引第3号——人力资源

（一）人力资源的定义

人力资源是指企业组织生产经营活动而任用的各种人员，包括董事、监事、高级管理人员和全体员工。

（二）企业人力资源管理的主要风险

1. 人力资源缺乏或过剩、结构不合理、开发机制不健全，可能导致企业发展战略难以实现。

2. 人力资源激励约束制度不合理、关键岗位人员管理不完善，可能导致人才流失、经营效率低下或关键技术泄密。

3. 人力资源退出机制不当，可能导致法律诉讼或企业声誉受损。

（三）人力资源管理的风险控制

企业应当重视人力资源建设，根据企业发展战略，结合人力资源现状和未来需求预测，建立人力资源发展目标，制定人力资源总体规划和能力框架体系，优化人力资源整体布局，明确人力资源的引进、开发、使用、退出等管理要求，实现人力资源的合理配置，全面提升企业核心竞争力。

四、企业内部控制应用指引第4号——社会责任

（一）社会责任的定义

社会责任是指企业在发展过程中应当履行的社会职责和义务，主要包括安全生产、产品质量（含服务，下同）、环境保护、资源节约、促进就业、员工权益保护等。

（二）履行社会责任方面的主要风险

1. 安全生产措施不到位，责任不落实，可能导致企业发生安全事故。

2. 产品质量低劣，侵害消费者利益，可能导致企业巨额赔偿、形象受损甚至破产。

3. 环境保护投入不足，资源耗费大，造成环境污染或资源枯竭，可能导致企业巨额赔偿、缺乏发展后劲或停业。

4. 促进就业和员工权益保护不够，可能导致员工积极性受挫，影响企业发展。

（三）履行社会责任的风险控制

1. 安全生产。企业应当根据国家有关安全生产的规定，结合本企业实际情况，建立严格的安全生产管理体系、操作规范和应急预案，强化安全生产责任追究制度，切实做到安全生产。企业应当设立安全生产工作组或指定相关机构负责安全生产的日常管理工作。

2. 产品质量方面。企业应当根据国家和行业相关产品质量的要求，从事生产经营活动，切实提高产品质量和服务水平，努力为社会提供优质安全健康的产品和服务，最大限度地满足消费者的需求，对社会和公众负责，接受社会监督，承担社会责任。

3. 环境保护与资源节约方面。企业应当按照国家有关环境保护与资源节约的规定，结合本企业实际情况，建立环境保护与资源节约制度，认真落实节能减排责任，积极开发和使用节能产品，发展循环经济，降低污染物排放，提高资源综合利用效率。

4. 促进就业与员工权益保护方面。企业应当依法保护员工的合法权益，贯彻人力资源政策，保护员工依法享有劳动权利和履行劳动义务，保持工作岗位相对稳定，积极促进充分就业，切实履行社会责任。企业应当避免正常经营情况下批量辞退员工，增加社会负担。

五、企业内部控制应用指引第5号——企业文化

（一）企业文化的定义

企业文化是指企业在生产经营实践中逐步形成的、为整体团队所认同并遵守的价值观、经营理念和企业精神，以及在此基础上形成的行为规范的总称。

（二）企业文化的主要风险

1. 缺乏积极向上的企业文化，可能导致员工丧失对企业的认同感，企业缺乏竞争力。

2. 缺乏开拓创新、团队协作和风险意识，可能导致企业发展目标难以实现，影响可持续发展。

3. 忽视企业并购重组中的文化差异和理念冲突，可能导致并购重组失败。

（三）企业文化的风险控制

1. 企业文化的培育：企业应当采取切实有效的措施，积极培育具有自身特色的企业文化，引导和规范员工行为，打造主业品牌，形成整体团队的向心力，促进企业长远发展。

2. 企业文化的评估：企业应当建立文化评估制度，明确评估的内容、程序和方法，落实责任制，避免文化建设流于形式。

六、企业内部控制应用指引第6号——资金活动

（一）资金活动的定义

资金活动是指企业筹资、投资和资金营运等活动的总称。

（二）企业资金活动的主要风险

1. 投融资决策失误，引发盲目扩张或丧失发展机遇，可能导致投资效益低下、流动性不足或资金链断裂。

2. 资金调度不合理、营运不畅，可能导致企业陷入财务困境。

3. 资金活动管控不严，可能导致资金被挪用、侵占、抽逃或遭受欺诈。

（三）资金活动的风险控制

1. 筹资。企业应当根据融资战略目标和规划，结合年度经营计划和预算安排，拟订筹资方案，明确筹资用途、规模、结构和方式等相关内容，对筹资成本和潜在风险作出充分估计。境外筹资还应考虑所在地的政治、经济、法律、市场等因素。

2. 投资。企业应当根据投资战略目标和规划，合理安排资金投放结构，科学确定投资项目，拟订投资方案，重点关注投资项目的收益和风险。企业选择投资项目应当突出主业，谨慎从事股票投资或衍生金融产品投资。境外投资还应考虑政治等因素的影响。企业采用并购方式进行投资的，应当严格控制并购风险，重点关注并购对象的隐性债务、可持续发展能力、员工状况及其与本企业管理层的关联关系，合理确定支付对价，确保实现并购目标。

3. 营运。企业应当加强资金营运全过程的管理，统筹协调内部各机构在生产经营过程中的资金需求，切实做好资金在采购、生产、销售等各环节的综合平衡，做到实物流和资金流的相互协调，全面提升资金营运效率。

七、企业内部控制应用指引第 7 号——采购业务

（一）采购业务的定义

采购业务是指购买物资（或劳务）及支付款项等相关活动。

（二）采购业务的主要风险

1. 采购计划安排不合理，市场变化预测不准确，造成库存短缺或积压，可能导致企业生产停滞或资源浪费。

2. 供应商选择不当，采购定价机制不合理，可能导致采购物资质次价高，出现舞弊或遭受欺诈。

3. 采购验收不规范，付款审核不严，可能导致采购物资、资金损失或信用受损。

（三）采购业务的风险控制

企业应当结合实际情况，全面梳理采购业务流程，建立和完善与采购业务相关的管理制度和办法，统筹安排采购计划，明确请购、审批、购买、验收、付款等环节的职责和审批权限，按照规定的审批权限和程序办理采购业务，定期检查和评价采购过程中的薄弱环节，采取有效控制措施，确保物资采购满足企业生产经营需要。

八、企业内部控制应用指引第 8 号——资产管理

（一）资产管理的定义

资产管理是指企业拥有或控制的存货、固定资产和无形资产。

（二）资产管理的主要风险

1. 存货积压或短缺，可能导致流动性不足、存货价值贬损或生产中断。

2. 固定资产更新改造不够、使用效能低下、维护不当，可能导致企业缺乏核心竞争力、资产价值贬损、安全事故或停产。

3. 无形资产技术落后、权属不清，可能导致企业法律纠纷、缺乏可持续发展能力。

（三）资产管理的风险控制

企业应当从国内外市场、同行业技术水平和现代化管理角度，分析本企业资产管理现状，全面梳理各项资产管理中的薄弱环节，切实采取有效措施加以改进，不断提高企业资产管理水平。

九、企业内部控制应用指引第9号——销售业务

（一）销售业务的定义

销售业务是指企业出售商品（或提供劳务）及收取款项等相关活动。

（二）销售业务的主要风险

1. 销售政策和策略不合理、市场变化预测不准确、销售渠道维护不够等，可能导致销售不畅、库存积压、经营难以为继。

2. 客户调查不到位，结算方式选择不当，可能导致销售款项不能收回或遭受欺诈。

3. 销售过程存在舞弊行为，可能导致企业利益受损。

（三）销售业务的风险控制

企业应当结合实际情况，全面梳理销售业务流程，建立和完善与销售业务相关的管理制度和办法，确定良好的销售政策和策略，明确销售、发货、收款等环节的职责和审批权限，按照规定的审批权限和程序办理销售业务，定期检查分析销售过程中的薄弱环节，采取有效控制措施，确保实现企业销售目标。

十、企业内部控制应用指引第10号——研究与开发

（一）研究与开发的定义

研究与开发是指企业为获取新产品、新技术、新工艺等所开展的各种研发活动。

（二）研究与开发的主要风险

1. 研究项目未经科学论证或论证不充分，可能导致创新不足或资源浪费。

2. 研发过程管理不善，可能导致研发成本过高、舞弊或研发失败。

3. 研究成果转化利用不足、保护措施不力，可能导致企业利益受损。

（三）研究与开发的风险控制

企业应当重视研发工作，根据发展战略，结合市场开拓和技术进步要求，科学制定研发计划，强化研发全过程管理，规范研发行为，促进研发成果的转化和有效利用，不断提升企业自主创新能力。

十一、企业内部控制应用指引第11号——工程项目

（一）工程项目的定义

工程项目是指企业自行或者委托其他单位所进行的建造、安装活动。

（二）工程项目的主要风险

1. 立项缺乏可行性研究，决策不当，盲目上马，可能导致难以实现预期效益或项目失败。

2. 项目招标暗箱操作，存在商业贿赂，可能导致中标者实质上难以承

担工程项目，以及相关人员涉案。

3. 工程造价信息不对称，概预算脱离实际，可能导致项目投资失控。

4. 工程物资质次价高，工程监理不到位，项目资金不落实，可能导致工程质量低劣，进度延迟或中断。

5. 竣工验收不规范，最终把关不严，可能导致工程交付使用后存在重大隐患。

（三）工程项目的风险控制

企业应当制定和完善工程项目各项管理制度，全面梳理各个环节可能出现的风险点，规范工程立项、招标、造价、建设、验收等环节的工作流程，明确相关机构和岗位的职责权限，确保可行性研究与决策、概预算编制与审核、项目实施与价款支付、竣工决算与审计等不相容职务相互分离和制约，强化工程建设全过程的监控，保证工程项目的质量和进度。

十二、企业内部控制应用指引第12号——担保业务

（一）担保业务的定义

担保业务是指企业按照公平、自愿、互利的原则向被担保人提供一定方式的担保并依法承担相应法律责任的行为。

（二）担保业务的主要风险

1. 对担保申请人的资信状况调查流于形式，审批不严或越权审批，可能导致企业担保决策失误或遭受欺诈。

2. 对被担保人出现财务困难或经营陷入困境等状况监控不力，应对措施不当，可能导致企业承担连带经济责任。

3. 担保过程中存在舞弊行为，可能导致经办审批等相关人员涉案或企业利益受损。

（三）担保业务的风险控制

企业应当依法制定和完善担保业务政策及相关管理制度办法，明确担保的对象、范围、方式、条件、程序、担保限额和禁止担保等事项，规范调查评估、审核批准、担保执行等环节的工作流程，按照政策、制度、流程办理担保业务，定期检查担保政策的执行情况及效果，切实防范担保业务风险。

十三、企业内部控制应用指引第13号——业务外包

（一）业务外包的定义

业务外包是指企业利用专业化分工优势，将日常经营中的部分业务委托给本企业以外的专业服务机构或其他经济组织（以下简称“承包方”）完成的经营行为。

本“指引”不涉及工程项目外包。

（二）业务外包的主要风险

1. 外包范围确定不合理、承包方选择不当，可能导致企业遭受损失。

2. 外包业务监控不严、服务质量低劣，可能导致企业难以发挥业务外包的优势。

3. 业务外包存在商业贿赂等舞弊行为，可能导致企业相关人员涉案。

（三）业务外包的风险控制

企业应当建立和完善业务外包管理制度，规定业务外包的范围、方式、条件、程序和实施等相关内容，明确相关机构和岗位的职责权限，强化业务外包全过程的监控，防范外包风险，充分发挥业务外包的优势。

企业应当综合考虑成本效益原则，权衡利弊，避免将核心业务进行外包。

十四、企业内部控制应用指引第14号——财务报告

（一）财务报告的定义

财务报告是指企业对外提供的反映企业某一特定日期财务状况和某一会计期间经营成果、现金流量的文件，包括财务报表和其他应当在财务报告中披露的相关信息和资料。

（二）企业编制、对外提供和分析利用财务报告的主要风险

1. 财务报告编制过程中违反会计法律法规和国家统一的会计准则及制度，可能导致企业承担法律责任、遭受损失和声誉受损。

2. 对外提供的财务报告审核不严或审计不当，出现报告虚假和重大遗漏，可能误导投资人等报告使用者，造成决策失误，干扰市场秩序。

3. 财务报告未能被充分利用，信息资源浪费，不利于揭示经营管理中的问题，可能导致企业财务和经营风险失控。

（三）企业编制、对外提供和分析利用财务报告的风险控制

企业应当严格执行会计法律法规和国家统一的会计准则及制度，加强对财务报告的编制、对外提供和分析利用全过程的管理，明确相关工作流程和要求，落实责任制，确保财务报告的合法合规、真实完整和有效利用。

企业财会机构负责财务报告的编制工作，其他相关机构应予以积极配合。企业主管会计工作的负责人或总会计师负责组织领导财务报告的编制、对外提供和分析利用等相关工作。

企业负责人对财务报告的真实性、完整性负责。

十五、企业内部控制应用指引第15号——全面预算

（一）全面预算的定义

全面预算是指企业对一定期间经营活动、投资活动、财务活动等作出的预算安排。

（二）全面预算管理的主要风险

1. 缺乏预算或者预算体系不健全，可能导致企业盲目经营。

2. 预算目标不合理、预算编制不合理，可能导致企业资源浪费或发展目标难以实现。

3. 预算缺乏刚性、执行不力、考核不严，可能导致预算管理流于形式。

（三）全面预算管理的风险控制

企业应当加强全面预算工作的组织领导，明确预算管理体制以及各预算执行单位的职责权限、授权批准程序和工作协调机制。

企业应当设立预算管理委员会履行预算管理职责，其成员由企业内部相关部门负责人组成。预算管理委员会主要负责拟定预算目标和预算政策，制定预算管理的具体措施和办法，组织编制、审议、平衡年度等预算草案，下达经批准的年度等预算，协调解决预算编制和执行中的问题，考核预算执行情况，督促完成预算目标。

企业财务部门负责预算编制、执行、考核等全过程的具体工作。

企业总会计师应当协助总经理负责企业预算管理工作的组织领导。

十六、企业内部控制应用指引第16号——合同管理

（一）合同管理的定义

合同管理是指企业与自然人、法人及其他组织等平等主体之间设立、变更、终止民事权利义务关系的协议。

企业与职工签订的劳动合同，不适用本指引。

（二）合同管理的主要风险

1. 未订立合同、合同内容存在重大疏漏，可能导致企业合法权益受到侵害。

2. 合同履行不力或监控不当，可能导致诉讼失败，经济利益受损。

3. 合同纠纷处理不当，可能损害企业信誉和形象。

（三）合同管理的风险控制

企业应当加强合同管理，确定合同归口管理机构，明确合同拟定、审批、执行等环节的程序和要求，定期检查和评价合同管理中的薄弱环节，采取相应控制措施，促进合同有效履行，切实维护企业的合法权益。

十七、企业内部控制应用指引第17号——内部信息传递

（一）内部信息传递的定义

内部信息传递是指企业内部各管理层级之间通过内部报告形式传递生产经营管理信息的过程。

（二）企业内部信息传递的主要风险

1. 内部报告系统不健全，内容不完整，可能对整个生产经营管理造成负面影响。

2. 内部信息传递不及时、不通畅，可能导致决策失误、相关政策措施难以落实。

3. 内部信息传递中泄露商业秘密，可能削弱企业核心竞争力。

（三）企业内部信息传递的风险控制

企业应当加强内部报告管理，全面梳理内部信息传递过程中的薄弱环节，建立科学的内部信息传递机制，明确内部信息传递的内容、保密要求、传递方式以及各管理层级的职责权限等，促进内部报告的有效利用，充分发挥内部报告的作用。

十八、企业内部控制应用指引第18号——信息系统

（一）信息系统的定义

信息系统是指企业利用计算机和通信技术，对内部控制进行集成、转化和提升所形成的信息化管理平台。

（二）信息系统的主要风险

1. 缺乏整体规划或者规划不合理，可能导致企业形成信息孤岛、重复建设、资源浪费。

2. 系统开发不符合内部控制要求，授权管理不当，可能导致无法利用信息技术实施有效控制。

3. 系统运行维护和安全措施不到位，可能导致信息泄漏或毁损，系统无法正常运行。

（三）信息系统的风险控制

企业应当重视信息系统在内部控制建设中的作用，根据企业内部控制要求，结合组织架构、业务范围、地域分布、技术能力等因素，制定信息系统建设整体规划，加大投入力度，有序组织信息系统开发、运行与维护，优化管理流程，防范经营风险，全面提升企业现代化管理水平。

企业应当指定专门机构对信息系统建设实施归口管理，明确相关单位的职责权限，建立有效的工作机制。企业可以委托专业机构从事信息系统的开发、运行和维护工作。

企业负责人对信息系统建设工作负责。

（资料来源：财政部，证监会，审计署，银监会，保监会．关于印发企业内部控制配套指引的通知（财会［2010］11号）——企业内部控制应用指引［EB/OL］．（2010-04-15）．http：//www.docin.com/p-84569714.html？source=www.willlong.com.有改动。）

第二节　企业内部控制评价指引

2010年4月15日，财政部、证监会、审计署、银监会、保监会联合发布了“关于印发企业内部控制配套指引的通知（财会［2010］11号）”，在其附件中包括了《企业内部控制评价指引》，其主要内容如下：

一、总则

为了促进企业全面评价内部控制的设计与运行情况，规范内部控制评价程序和评价报告，揭示和防范风险，根据有关法律法规和《企业内部控制基本规范》，制定本指引。

本“指引”所称内部控制评价，是指企业董事会或类似权力机构对内部控制的有效性进行全面评价、形成评价结论、出具评价报告的过程。

二、企业实施内部控制评价应当遵循的原则

（一）全面性原则

评价工作应当包括内部控制的设计与运行，涵盖企业及其所属单位的各种业务和事项。

（二）重要性原则

评价工作应当在全面评价的基础上，关注重要业务单位、重大业务事项和高风险领域。

（三）客观性原则

评价工作应当准确地揭示经营管理的风险状况，如实反映内部控制设计与运行的有效性。

企业应当根据本评价指引，结合内部控制设计与运行的实际情况，制定具体的内部控制评价办法，规定评价的原则、内容、程序、方法和报告形式等，明确相关机构或岗位的职责权限，落实责任制，按照规定的办法、程序和要求，有序开展内部控制评价工作。企业董事会应当对内部控制评价报告的真实性负责。

三、内部控制评价的内容

企业应当根据《企业内部控制基本规范》、应用指引以及本企业的内部控制制度，围绕内部环境、风险评估、控制活动、信息与沟通、内部监督等要素，确定内部控制评价的具体内容，对内部控制设计与运行情况进行全面评价。

企业组织开展内部环境评价，应当以组织架构、发展战略、人力资源、企业文化、社会责任等应用指引为依据，结合本企业的内部控制制度，对内部环境的设计及实际运行情况进行认定和评价。

企业组织开展风险评估机制评价，应当以《企业内部控制基本规范》有关风险评估的要求，以及各项应用指引中所列主要风险为依据，结合本企业的内部控制制度，对日常经营管理过程中的风险识别、风险分析、应对策略等进行认定和评价。

企业组织开展控制活动评价，应当以《企业内部控制基本规范》和各项应用指引中的控制措施为依据，结合本企业的内部控制制度，对相关控制措施的设计和运行情况进行认定和评价。

企业组织开展信息与沟通评价，应当以内部信息传递、财务报告、信息系统等相关应用指引为依据，结合本企业的内部控制制度，对信息收集、处理和传递的及时性、反舞弊机制的健全性、财务报告的真实性、信息系统的安全性，以及利用信息系统实施内部控制的有效性等进行认定和评价。

四、内部控制评价的程序

企业应当按照内部控制评价办法规定的程序，有序开展内部控制评价工作。内部控制评价程序一般包括：制定评价工作方案、组成评价工作组、实施现场测试、认定控制缺陷、汇总评价结果、编报评价报告等环节。

内部控制评价工作组应当对被评价单位进行现场测试，综合运用个别访谈、调查问卷、专题讨论、穿行测试、实地查验、抽样和比较分析等方法，充分收集被评价单位内部控制设计和运行是否有效的证据，按照评价的具体内容，如实填写评价工作底稿，研究分析内部控制缺陷。

五、内部控制缺陷的认定

内部控制缺陷包括设计缺陷和运行缺陷。企业对内部控制缺陷的认定，应当以日常监督和专项监督为基础，结合年度内部控制评价，由内部控制评价部门进行综合分析后提出认定意见，按照规定的权限和程序进行审核后予以最终认定。

企业在日常监督、专项监督和年度评价工作中，应当充分发挥内部控制评价工作组的作用。内部控制评价工作组应当根据现场测试获取的证据，对内部控制缺陷进行初步认定，并按其影响程度分为重大缺陷、重要缺陷和一般缺陷。

重大缺陷，是指一个或多个控制缺陷的组合，可能导致企业严重偏离控制目标。

重要缺陷，是指一个或多个控制缺陷的组合，其严重程度和经济后果低于重大缺陷，但仍有可能导致企业偏离控制目标。

一般缺陷，是指除重大缺陷、重要缺陷之外的其他缺陷。

重大缺陷、重要缺陷和一般缺陷的具体认定标准，由企业根据上述要求自行确定。

六、内部控制评价报告

企业应当根据《企业内部控制基本规范》、应用指引和本指引，设计内部控制评价报告的种类、格式和内容，明确内部控制评价报告编制程序和要求，按照规定的权限报经批准后对外报出。

内部控制评价报告应当分别内部环境、风险评估、控制活动、信息与沟通、内部监督等要素进行设计，对内部控制评价过程、内部控制缺陷认定及整改情况、内部控制有效性的结论等相关内容作出披露。

1. 内部控制评价报告至少应当披露下列内容：

2. 董事会对内部控制报告真实性的声明。

3. 内部控制评价工作的总体情况。

4. 内部控制评价的依据。

5. 内部控制评价的范围。

6. 内部控制评价的程序和方法。

7. 内部控制缺陷及其认定情况。

8. 内部控制缺陷的整改情况及重大缺陷拟采取的整改措施。

9. 内部控制有效性的结论。

企业内部控制评价部门应当关注自内部控制评价报告基准日至内部控制评价报告发出日之间是否发生影响内部控制有效性的因素，并根据其性质和影响程度对评价结论进行相应调整。

企业应当以12月31日作为年度内部控制评价报告的基准日。

内部控制评价报告应于基准日后4个月内报出。

（资料来源：财政部，证监会，审计署，银监会，保监会. 关于印发企业内部控制配套指引的通知（财会［2010］11号）——企业内部控制评价指引［EB/OL］.（2010-04-15）. http://www. docin. com/p-84569714. html? source=www. willlong. com. 有改动。）

第三节 企业内部控制审计指引

2010年4月15日，财政部、证监会、审计署、银监会、保监会联合发布了“关于印发企业内部控制配套指引的通知（财会［2010］11号）”，在其附件中包括了《企业内部控制审计指引》，其主要内容如下：

一、总则

为了规范注册会计师执行企业内部控制审计业务，明确工作要求，保证执业质量，根据《企业内部控制基本规范》、《中国注册会计师鉴证业务基本准则》及相关执业准则，制定本指引。

本指引所称内部控制审计，是指会计师事务所接受委托，对特定基准日内部控制设计与运行的有效性进行审计。

建立健全和有效实施内部控制，评价内部控制的有效性是企业董事会的责任。按照本指引的要求，在实施审计工作的基础上对内部控制的有效性发表审计意见，是注册会计师的责任。

注册会计师执行内部控制审计工作，应当获取充分、适当的证据，为发表内部控制审计意见提供合理保证。

注册会计师应当对财务报告内部控制的有效性发表审计意见，并对内部控制审计过程中注意到的非财务报告内部控制的重大缺陷，在内部控制审计报告中增加“非财务报告内部控制重大缺陷描述段”予以披露。

注册会计师可以单独进行内部控制审计，也可将内部控制审计与财务报表审计整合进行（以下简称“整合审计”）。

在整合审计中，注册会计师应当对内部控制设计与运行的有效性进行测试，以同时实现下列目标：

1. 获取充分、适当的证据，支持其在内部控制审计中对内部控制有效性发表的意见。

2. 获取充分、适当的证据，支持其在财务报表审计中对控制风险的评估结果。

二、计划审计工作

在计划审计工作时，注册会计师应当评价下列事项对内部控制、财务报表以及审计工作的影响：

1. 与企业相关的风险。
2. 相关法律法规和行业概况。
3. 企业组织结构、经营特点和资本结构等相关重要事项。
4. 企业内部控制最近发生变化的程度。
5. 与企业沟通过的内部控制缺陷。
6. 重要性、风险等与确定内部控制重大缺陷相关的因素。
7. 对内部控制有效性的初步判断。
8. 可获取的、与内部控制有效性相关的证据的类型和范围。

三、实施审计工作

注册会计师应当按照自上而下的方法实施审计工作。自上而下的方法是注册会计师识别风险、选择拟测试控制的基本思路。注册会计师在实施审计工作时，可以将企业层面控制和业务层面控制的测试结合进行。

注册会计师测试企业层面控制，应当把握重要性原则，至少应当关注：

1. 与内部环境相关的控制。
2. 针对董事会、经理层凌驾于控制之上的风险而设计的控制。

3. 企业的风险评估过程。

4. 对内部信息传递和财务报告流程的控制。

5. 对控制有效性的内部监督和自我评价。

注册会计师在确定测试的时间安排时，应当在下列两个因素之间作出平衡，以获取充分、适当的证据：

1. 尽量在接近企业内部控制自我评价基准日实施测试。

2. 实施的测试需要涵盖足够长的期间。

注册会计师对于内部控制运行偏离设计的情况（即控制偏差），应当确定该偏差对相关风险评估、需要获取的证据以及控制运行有效性结论的影响。

在连续审计中，注册会计师在确定测试的性质、时间安排和范围时，应当考虑以前年度执行内部控制审计时了解的情况。

四、评价控制缺陷

内部控制缺陷按其成因分为设计缺陷和运行缺陷，按其影响程度分为重大缺陷、重要缺陷和一般缺陷。

注册会计师应当评价其识别的各项内部控制缺陷的严重程度，以确定这些缺陷单独或组合起来，是否构成重大缺陷。

在确定一项内部控制缺陷或多项内部控制缺陷的组合是否构成重大缺陷时，注册会计师应当评价补偿性控制（替代性控制）的影响。企业执行的补偿性控制应当具有同样的效果。

表明内部控制可能存在重大缺陷的迹象，主要包括：

1. 注册会计师发现董事、监事和高级管理人员舞弊。

2. 企业更正已经公布的财务报表。

3. 注册会计师发现当期财务报表存在重大错报，而内部控制在运行过程中未能发现该错报。

4. 企业审计委员会和内部审计机构对内部控制的监督无效。

五、完成审计工作

注册会计师完成审计工作后，应当取得经企业签署的书面声明。书面声明应当包括下列内容：

1. 企业董事会认可其对建立健全和有效实施内部控制负责。

2. 企业已对内部控制的有效性作出自我评价，并说明评价时采用的标准以及得出的结论。

3. 企业没有利用注册会计师执行的审计程序及其结果作为自我评价的基础。

4. 企业已向注册会计师披露识别出的所有内部控制缺陷，并单独披露其中的重大缺陷和重要缺陷。

5. 企业对于注册会计师在以前年度审计中识别的重大缺陷和重要缺陷，是否已经采取措施予以解决。

6. 企业在内部控制自我评价基准日后，内部控制是否发生重大变化，或者存在对内部控制具有重要影响的其他因素。

企业如果拒绝提供或以其他不当理由回避书面声明，注册会计师应当将其视为审计范围受到限制，解除业务约定或出具无法意见的内部控制审计报告。

注册会计师应当与企业沟通审计过程中识别的所有控制缺陷。对于其中的重大缺陷和重要缺陷，应当以书面形式与董事会和经理层沟通。

注册会计师认为审计委员会和内部审计机构对内部控制的监督无效的，应当就此以书面形式直接与董事会和经理层沟通。

书面沟通应当在注册会计师出具内部控制审计报告之前进行。

注册会计师应当对获取的证据进行评价，形成对内部控制有效性的意见。

六、出具审计报告

注册会计师在完成内部控制审计工作后，应当出具内部控制审计报告。标准内部控制审计报告应当包括下列要素：

1. 标题。

2. 收件人。

3. 引言段。

4. 企业对内部控制的责任段。

5. 注册会计师的责任段。

6. 内部控制固有局限性的说明段。

7. 财务报告内部控制审计意见段。

8. 非财务报告内部控制重大缺陷描述段。

9. 注册会计师的签名和盖章。

10. 会计师事务所的名称、地址及盖章。

11. 报告日期。

符合下列所有条件的，注册会计师应当对财务报告内部控制出具无保留意见的内部控制审计报告：

1. 企业按照《企业内部控制基本规范》、《企业内部控制应用指引》、《企业内部控制评价指引》以及企业自身内部控制制度的要求，在所有重大方面保持了有效的内部控制。

2. 注册会计师已经按照《企业内部控制审计指引》的要求计划和实施

审计工作，在审计过程中未受到限制。

注册会计师认为财务报告内部控制虽不存在重大缺陷，但仍有一项或者多项重大事项需要提请内部控制审计报告使用者注意的，应当在内部控制审计报告中增加强调事项段予以说明。

注册会计师认为财务报告内部控制存在一项或多项重大缺陷的，除非审计范围受到限制，应当对财务报告内部控制发表否定意见。

注册会计师出具否定意见的内部控制审计报告，还应当包括下列内容：

1. 重大缺陷的定义。

2. 重大缺陷的性质及其对财务报告内部控制的影响程度。

注册会计师对在审计过程中注意到的非财务报告内部控制缺陷，应当区别具体情况予以处理：

1. 注册会计师认为非财务报告内部控制缺陷为一般缺陷的，应当与企业进行沟通，提醒企业加以改进，但无需在内部控制审计报告中说明。

2. 注册会计师认为非财务报告内部控制缺陷为重要缺陷的，应当以书面形式与企业董事会和经理层沟通，提醒企业加以改进，但无需在内部控制审计报告中说明。

3. 注册会计师认为非财务报告内部控制缺陷为重大缺陷的，应当以书面形式与企业董事会和经理层沟通，提醒企业加以改进；同时应当在内部控制审计报告中增加非财务报告内部控制重大缺陷描述段，对重大缺陷的性质及其对实现相关控制目标的影响程度进行披露，提示内部控制审计报告使用者注意相关风险。

七、记录审计工作

注册会计师应当按照《中国注册会计师审计准则第1131号　审计工作底稿》的规定，编制内部控制审计工作底稿，完整记录审计工作情况。

注册会计师应当在审计工作底稿中记录下列内容：

1. 内部控制审计计划及重大修改情况。

2. 相关风险评估和选择拟测试的内部控制的主要过程及结果。

3. 测试内部控制设计与运行有效性的程序及结果。

4. 对识别的控制缺陷的评价。

5. 形成的审计结论和意见。

6. 其他重要事项。

（资料来源：财政部，证监会，审计署，银监会，保监会．关于印发企业内部控制配套指引的通知（财会［2010］11号）——企业内部控制审计指引［EB/OL］．（2010-04-15）．http：//www.docin.com/p-84569714.html？source=www.willlong.com. 有改动。）

第四节　拓展阅读：年度内部控制评价报告披露参考格式

××股份有限公司20××年度内部控制评价报告

××股份有限公司全体股东：

根据《企业内部控制基本规范》及其配套指引的规定和其他内部控制监管要求（以下简称“企业内部控制规范体系”），结合本公司（以下简称“公司”）内部控制制度和评价办法，在内部控制日常监督和专项监督的基础上，我们对公司20××年12月31日（内部控制评价报告基准日）的内部控制有效性进行了评价。

一、重要声明

按照企业内部控制规范体系的规定，建立健全和有效实施内部控制，评价其有效性，并如实披露内部控制评价报告是公司董事会的责任。监事会对董事会建立和实施内部控制进行监督。经理层负责组织领导企业内部控制的日常运行。公司董事会、监事会及董事、监事、高级管理人员保证本报告内容不存在任何虚假记载、误导性陈述或重大遗漏，并对报告内容的真实性、准确性和完整性承担个别及连带法律责任。

公司内部控制的目标是合理保证经营管理合法合规、资产安全、财务报告及相关信息真实完整，提高经营效率和效果，促进实现发展战略。由于内部控制存在的固有局限性，故仅能为实现上述目标提供合理保证。此外，由于情况的变化可能导致内部控制变得不恰当，或对控制政策和程序遵循的程度降低，根据内部控制评价结果推测未来内部控制的有效性具有一定的风险。

二、内部控制评价结论

根据公司财务报告内部控制重大缺陷的认定情况，于内部控制评价报告基准日，不存在财务报告内部控制重大缺陷（由于存在财务报告内部控制重大缺陷），董事会认为，公司已按照企业内部控制规范体系和相关规定的要求在所有重大方面保持了有效的财务报告内部控制（公司未能按照企业内部控制规范体系和相关规定的要求在所有重大方面保持有效的财务报告内部控制）。

根据公司非财务报告内部控制重大缺陷认定情况，于内部控制评价报告基准日，公司未发现（发现　个）非财务报告内部控制重大缺陷。

自内部控制评价报告基准日至内部控制评价报告发出日之间未发生影响内部控制有效性评价结论的因素（若发生影响内部控制有效性评价结论的

因素，则需描述相关因素的性质、对评价结论的影响及董事会拟采取的应对措施）。

三、内部控制评价工作情况

（一）内部控制评价范围

公司按照风险导向原则确定纳入评价范围的主要单位、业务和事项以及高风险领域。纳入评价范围的主要单位包括：（若单位或级次众多，可以考虑按照层级、业务分部、板块等形式披露），纳入评价范围单位资产总额占公司合并财务报表资产总额的____%，营业收入合计占公司合并财务报表营业收入总额的____%；纳入评价范围的主要业务和事项包括：（具体描述纳入评价范围的主要业务和事项）；重点关注的高风险领域主要包括（具体描述重点关注的高风险领域）。

上述纳入评价范围的单位、业务和事项以及高风险领域涵盖了公司经营管理的主要方面，不存在重大遗漏。（如存在重大遗漏）公司本年度由于（原因）未能对构成内部控制重要方面的（具体描述应纳入而未纳入评价范围的主要单位/业务/事项/高风险领域的名称）进行内部控制评价，由于上述评价范围的重大遗漏，（描述对内部控制评价范围完整性及对评价结论的影响）。（如存在法定豁免）本年度，公司根据（法律法规的相关豁免规定），未将（具体描述未纳入评价范围的缘由及涉及单位/业务/事项/高风险领域的名称）纳入内部控制评价范围。

（二）内部控制评价工作依据及内部控制缺陷认定标准

公司依据企业内部控制规范体系及（具体描述除企业内部控制规范体系之外的其他内部控制评价的依据）组织开展内部控制评价工作。

公司董事会根据企业内部控制规范体系对重大缺陷、重要缺陷和一般缺陷的认定要求，结合公司规模、行业特征、风险偏好和风险承受度等因素，区分财务报告内部控制和非财务报告内部控制，研究确定了适用于本公司的内部控制缺陷具体认定标准，并与以前年度保持一致（作出调整的，应描述调整原因，具体调整情况，及调整后标准）。公司确定的内部控制缺陷认定标准如下：

1. 财务报告内部控制缺陷认定标准

公司确定的财务报告内部控制缺陷评价的定量标准如下：

（按照重大缺陷、重要缺陷和一般缺陷分别描述公司财务报告内部控制缺陷的定量标准，若定量标准包括多个量化指标，需指出具体如何应用这些指标，如孰低原则或分别情形适用）

公司确定的财务报告内部控制缺陷评价的定性标准如下：

（按照重大缺陷、重要缺陷和一般缺陷分别描述公司财务报告内部控制

缺陷的定性标准）

2. 非财务报告内部控制缺陷认定标准

公司确定的非财务报告内部控制缺陷评价的定量标准如下：

（按照重大缺陷、重要缺陷和一般缺陷分别描述公司非财务报告内部控制缺陷的定量标准，若定量标准包括多个量化指标，需指出具体如何应用这些指标，如孰低原则或分别情形适用）

公司确定的非财务报告内部控制缺陷评价的定性标准如下：

（按照重大缺陷、重要缺陷和一般缺陷分别描述公司非财务报告内部控制缺陷的定性标准）

（三）内部控制缺陷认定及整改情况

1. 财务报告内部控制缺陷认定及整改情况

根据上述财务报告内部控制缺陷的认定标准，报告期内公司存在（不存在）财务报告内部控制重大缺陷（数量____个）、重要缺陷（数量____个）（若适用）（含上年度末未完成整改的财务报告内部控制重大缺陷、重要缺陷）。

具体的重大和重要缺陷分别为（若适用，重大缺陷与重要缺陷分别披露）：

（1）缺陷性质及影响

（具体描述重大缺陷的具体内容，缺陷分类（设计缺陷/运行缺陷），发生时间、产生原因及对实现控制目标的影响）

（2）缺陷整改情况

（整改开始时间、已采取的整改措施、整改后运行时间、整改后运行有效性的评价结论）

（3）整改计划（适用于内部控制评价报告基准日未完成整改的情况）：

（拟采取的具体整改计划、整改责任人、预计完成时间）

经过上述整改，于内部控制评价报告基准日，公司发现（未发现）未完成整改的财务报告内部控制重大缺陷（数量____个）、重要缺陷（数量____个）。

2. 非财务报告内部控制缺陷认定及整改情况

根据上述非财务报告内部控制缺陷的认定标准，报告期内发现（未发现）公司非财务报告内部控制重大缺陷（数量____个）、重要缺陷（数量____个）（若适用）（含上年度末未完成整改的非财务报告内部控制重大缺陷、重要缺陷）。

具体的重大和重要缺陷分别为（若适用，重大缺陷与重要缺陷分别披露）：

（1）缺陷性质及影响

（具体描述重大缺陷的具体内容，缺陷分类（设计缺陷/运行缺陷），发

生时间、产生原因及对实现控制目标的影响）

（2）缺陷整改情况

（整改开始时间、已采取的整改措施、整改后运行时间、整改后运行有效性的评价结论）

（3）整改计划（适用于内部控制评价报告基准日未完成整改的情况）

（拟采取的具体整改计划、整改责任人、预计完成时间）

经过上述整改，于内部控制评价报告基准日，公司存在（不存在）未完成整改的非财务报告内部控制重大缺陷（数量____个）、重要缺陷（数量____个）。

四、其他内部控制相关重大事项说明

（若适用，需披露可能对投资者理解内部控制评价报告、评价内部控制情况或进行投资决策产生重大影响的其他内部控制信息。与内部控制无关的重大事项不需要在此披露）

董事长（已经董事会授权）：（签名）

（公司签章）

××股份有限公司

20××年××月××日

第五节 巩固强化：记忆·练习·思考

一、记忆点

1. 企业内部控制应用指引

（1）各指引定义。

（2）各指引主要风险。

（3）各指引控制方法。

2. 企业内部控制评价指引

（1）企业实施内部控制评价遵循原则。

（2）企业实施内部控制评价内容。

（3）企业实施内部控制评价程序。

（4）内部控制缺陷的认定。

（5）内部控制评价报告应当披露的内容。

3. 企业内部控制审计指引

（1）企业实施内部控制评价遵循原则。

（2）企业实施内部控制评价内容。

（3）计划审计工作。

（4）实施审计工作。

（5）评价控制缺陷。

（6）完成审计工作。

（7）出具审计报告。

（8）记录审计工作。

（资料来源：财政部，证监会，审计署，银监会，保监会．关于印发企业内部控制配套指引的通知（财会［2010］11号）——企业内部控制审计指引［EB/OL］．（2010-04-15）．http：//www.docin.com/p-84569714.html? source=www.willlong.com. 有改动。）

二、练习题

（一）选择题（每题有一个或多个正确答案）

1. 关于内部控制评价范围，下列说法错误的有（　　）。

A. 运用重要性原则判断应当纳入评估范围的重要业务单位，应以企业整体合并层面的重要性水平为衡量标准

B. 对于纳入内部控制评估范围的下属分、子公司，其所有的业务流程都应当进行内部控制评估

C. 纳入内部控制评估范围的业务流程应与内部控制应用指引所规定的业务流程保持一致

D. 各年度内部控制评估的范围应保持一致，如果评估范围出现变化，应经过公司董事会或授权机构的审批

2. 下列关于中央企业实施企业内部控制规范体系的要求，正确的有（　　）。

A. 中央企业应当按照《企业内部控制基本规范》和配套指引的要求，建立规范、完善的内部控制体系

B. 中央企业在开展内部控制自我评价的同时，必须聘请会计师事务所对财务报告内部控制的有效性进行审计并出具审计报告

C. 中央企业应当建立内部控制重大缺陷追究制度，内部控制评价和审计结果要与履职评估或绩效考核相互结合

D. 中央企业应当自2013年起，于每年4月30日前向国资委报送内部控制评价报告，同时抄送派驻本企业监事会

3. 在财务报告内部控制审计过程中，注册会计师应当向被审计单位获取书面声明。书面声明的内容应当包括（　　）。

A. 被审计单位将足额支付审计费用

B. 被审计单位已向注册会计师披露识别出的所有内部控制缺陷

C. 被审计单位董事会认可其对建立健全和有效实施内部控制负责

D. 被审计单位已向注册会计师披露导致财务报表发生重大错报的所有舞弊，以及其他不会导致财务报表发生重大错报，但涉及管理层和其他在内部控制中具有重要作用的员工的所有舞弊

4. 内部控制评价工作组应当对被评价单位进行现场测试，运用的方法通常包括(　　)。

A. 个别访谈　　B. 实地查验

C. 函证确认　　D. 调查问卷

5. 关于企业内部控制评价中的内部控制缺陷标准认定，下列说法中正确的是(　　)。

A. 重大缺陷，是指一个或多个控制缺陷的组合，可能导致企业严重偏离控制目标

B. 重要缺陷，是指一个或多个控制缺陷的组合，其严重程度和经济后果低于重大缺陷，但仍有可能导致企业偏离控制目标

C. 一般缺陷，是指除重大缺陷、重要缺陷之外的其他缺陷

D. 企业内部控制缺陷的认定标准由外部审计师确定

6. 根据《企业内部控制评价指引》，内部控制的有效性包括(　　)。

A. 设计的有效性　　B. 体制的有效性

C. 运行的有效性　　C. 机制的有效性

（二）判断题

1. 企业应当编制授权的权限指引，严格禁止超出授权指引的授权行为。(　　)

2. 如果会计师事务所在内部成立咨询部门和审计部门，两个部门之间相互独立，人员不交叉使用，则可以为同一企业提供内部控制审计和咨询服务。(　　)

（三）论述题

《企业内部控制应用指引第 13 号——业务外包》中对外包业务的风险和控制措施提供了应用指引。列举该应用指引中提及的外包业务风险中的三项风险，以及可实施的有关控制措施中的五项措施。

练习题参考答案

（一）选择题

1. B　2. ABC　3. BCD　4. ABD　5. ABC　6. AC

（二）判断题

1. √　2. ×

（三）论述题

答：《企业内部控制应用指引第 13 号——业务外包》中提及的外包业务风险中的三项风险：

外包范围和价格确定不合理；承包方选择不当；业务外包监控不严，服务质量低劣；业务外包存在商业贿赂等舞弊行为。

可实施的控制措施包括（以下九条中回答五条就可以）：

1. 明确职责权限，加强过程监控，避免核心业务外包。

2. 建立和完善业务外包管理制度，如重大业务外包决策应由总会计师、分管会计工作负责人参与，报董事会或类似机构审批；明确选择承包方的方式、标准及条件，明确应用于选择承包方的有关保密工作。

3. 应用《企业内部控制应用指引第 15 号——全面预算》中的管控措施确保外包方案的可行性。

4. 应用《企业内部控制应用指引第 16 号——合同管理》中的管控措施明确外包内容、承包方与企业双方的责任与义务，服务和质量标准、保密协议等条款。

5. 建立与承包方的沟通与协调，及时搜集相关信息以便有效地解决业务过程存在的问题。

6. 对重大外包业务或各种意外情况做出预计并建立应急机制。

7. 外包业务的费用结算和会计处理。

8. 对承包方履约能力进行持续评估，若有重大违约行为，应及时终止合同。

9. 应用如同项目工程中的验收工作。

第二部分　国家电网公司内部控制知识

第五章　总　论

第一节　学习目的

本部分内容主要围绕国家电网公司内控建设管理整体思路、建设方案以及建设成果等内容，全面系统地向读者介绍，旨在便于读者较为全面地掌握国家电网公司内控管理实际情况，充分掌握公司层面内控管理的工作思路和基本要求，提升读者对公司内控建设工作的认识水平。

第二节　主要内容

一、国家电网内部控制建设整体思路

重点围绕国家电网公司内部控制建设总体思路以及建设内容和方案，全面地向读者介绍国家电网公司内控管理体系的建设目标、思路、工作步骤以及各阶段的工作内容，便于读者从总体上认知和了解公司内控管理体系的工作要求。

二、内部控制的基本概念

重点介绍国家电网公司内控管理体系的建设成果，主要包括流程管理规范、风险管理规范、授权管理规范和内控评价规范，旨在从最终成果出发围绕公司内部员工的实际工作要求，介绍公司内控的基本要求和工作内容。

三、重点掌握内容

1. 国家电网公司内部控制建设整体思路

（1）国家电网公司内部控制建设整体思路；

（2）国家电网公司内部控制建设原则；

（3）国家电网公司内部环境建设主要工作内容；

（4）国家电网公司风险评估主要工作内容；

（5）国家电网公司控制活动主要工作内容；

（6）国家电网公司信息与沟通主要工作内容；

（7）国家电网公司内部监督主要工作内容；

（8）国家电网公司内部控制建设目标；

（9）国家电网公司内部控制建设阶段主要工作内容、步骤以及成果。

2. 国家电网公司内部控制建设整体成果

（1）国家电网公司流程管理规范，包括内控流程管理原则、内控流程层级等相关内容；

（2）国家电网公司风险管理规范，包括风险管理基本程序、风险管理原则等相关内容；

（3）国家电网公司授权管理规范，包括授权管理原则、授权管理体系等相关内容；

（4）国家电网公司内控评价规范，包括内控评价原则、内控评价方法、内控缺陷分类等相关内容。

四、内容来源

1. 关于印发国家电网公司内部控制建设实施方案及配套材料的通知（国家电网财（2012）1387 号）。

2. 关于印发《国家电网公司内部控制管理办法（试行）》的通知（国家电网企管（2013）2034 号）。

第六章

国家电网公司内部控制建设整体思路①

第一节　国家电网公司内部控制建设整体思路

一、建设思路

按照国资委内部控制体系建设要求，遵循《企业内部控制基本规范》（财会〔2007〕7号）及配套指引规定，以整合提升为主要手段，梳理分析公司现状，对比查找管理差异，整合各业务内控建设成果，健全和完善内部控制体系，推进内部控制由条块化管理向体系化管理转变，由多标准、多形式管理向统一规范管理转变；以经营类业务（投资、融资、工程、采购、营销、研发、国际、金融、产业等）和管控类业务（预算管理、会计核算、合同管理、信息化管理等）为建设突破，逐步建立覆盖公司全业务、全流程的内部控制体系，促进公司“两个转变”持续深化，为实现公司“一强三优”战略目标提供坚强保障。

二、建设原则

（一）统一设计原则

公司总部统一研究制定内部控制体系建设框架、控制标准、控制措施、评价规范等，自上而下，统筹推进；各部门、各单位结合本专业特点和本单位实际情况，做好内部控制体系配套措施建立和具体细化落实工作。

（二）全面覆盖原则

内部控制建设实施覆盖公司各部门、各单位，所有子企业均纳入统一建设范畴；实施跨部门、跨业务端到端的全流程管理，控制措施贯穿决策、执行、监督、反馈等各环节，做到横向到边，纵向到底。

（三）业务融合原则

基于公司经营类和管控类业务，将内部控制要求嵌入业务流程，明确关

① 本部分内容不作为考试重点内容，仅供学习理解。

键控制点、控制措施、控制活动和控制责任，推进内部控制与经营业务有机融合。

（四）协同推进原则

按照统一规划和要求，各部门分工协作，紧密配合，协调推进本业务内部控制建设，做到横向协同；各单位层层落实，周密部署，组织开展本单位内部控制建设实施工作，做到纵向贯通。

（五）持续提升原则

紧密结合外部政策规定、形势变化以及公司管理变革要求，全面归纳、整合、提升、总结前期内部控制成功经验，强化内部控制评价，持续推动改进与完善，逐步建成全员参与、全面覆盖、全程管控的内部控制体系。

（资料来源：国家电网公司．关于印发国家电网公司内部控制建设实施方案及配套材料的通知（财［2012］1387 号）［EB/OL］．（2012 - 10 - 09）．http：//www. sgcc. com. cn. 有改动。）

第二节　国家电网公司内部控制建设内容与方案

一、国家电网公司内部控制建设内容

内部控制是由企业全体员工共同实施的、旨在实现控制目标的过程。财政部等五部委联合颁布的《企业内部控制基本规范》（财会（2007）7 号）及配套指引中，规定了内部控制的总体框架和基本要求，明确了内部控制由内部环境、风险评估、控制活动、信息与沟通、内部监督五大要素构成，内部控制建设目标是合理保证企业经营管理合法合规、资产安全、信息真实完整、提高经营效率和效果、促进企业实现战略目标。

按照国资委内部控制建设与考核要求，公司依据国际通行的 COSO 内控框架，以及《企业内部控制基本规范》（财会［2007］7 号）及配套指引内容要求，从内部控制五要素入手，全面梳理内部控制管理现状，围绕公司的经营类和管控类业务，认真查找内部控制的薄弱环节，明确当前及今后一段时期公司内部控制建设的重点内容和建设目标。内部控制体系架构如图 6-1 所示。

（一）内部环境方面

内部环境是企业实施内部控制的重要基础，一般包括治理结构、机构设置及权责分配、人力资源政策、企业文化、社会责任等内容。下一步重点要做好以下工作：

1. 建立健全内部控制工作机构

公司全面风险管理委员会（以下简称“内控委员会”）负责审定公司

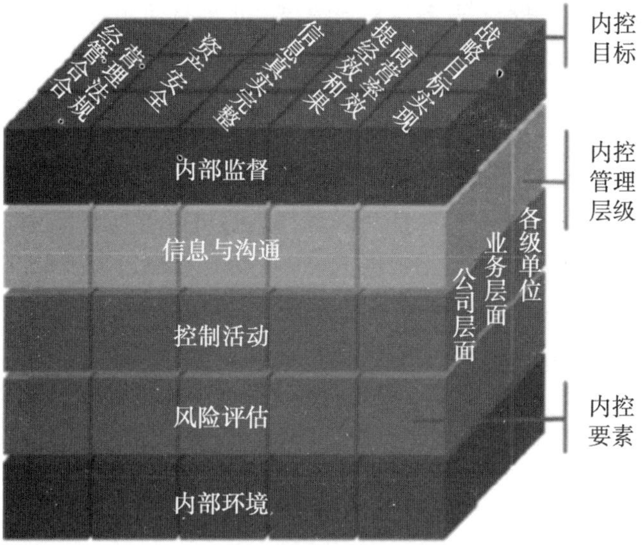

图 6-1　内部控制体系架构

内部控制体系建设方案、组织开展建设实施工作；公司全面风险管理委员会办公室设在财务部（以下简称“内控办公室”），负责内部控制日常组织与协调工作。建立内部控制工作联系制度，各部门指定一名处长作为本部门内部控制工作联系人，配合内控办公室开展本专业内部控制相关工作。组建内部控制建设实施业务组，组长由牵头部门指定一名部门负责人担任，成员由配合部门和咨询机构人员组成，分别负责各业务领域内部控制建设实施工作。

2. 统一规范组织架构

全面梳理公司组织架构，明确各级单位业务管理范围及权限；结合公司法等法律法规要求，规范设立各单位公司治理结构，明确决策、执行、监督等方面的职责权限；压缩管理层级，实施组织架构扁平化管理，电网企业控制在三级以内，产业、金融企业控制在四级以内。

3. 制定统一的岗位授权规范

梳理专业内控权限分配。结合各专业内控要求，依据不相容职务相分离原则，梳理分析业务内容、权限范围、审批程序和工作职责，研究制定专业内控权限指引，明确各岗位办理业务的权限范围。研究制定公司岗位授权规范。基于专业内控权限指引，按照科学、精简、高效、透明、制衡的原则，结合内部控制重点业务流程、关键控制点、控制要求和控制措施，梳理与比对岗位职责，优化授权体系，制定岗位授权规范，明确各岗位在业务处理中决策、计划、执行、监督、评价的权力及承担的责任，确保每位员工掌握内部机构设置、岗位职责、业务流程等情况，正确行使职权。

4. 培育良好的内控文化意识

大力实施文化强企战略，全面落实“五统一”要求，将内部控制文化融入公司“五统一”文化体系建设，加强内控文化传播、落地和评价，增强干部员工自觉落实内控的措施、主动监督内控执行的意识，为内部控制体系持续改进提供强大动力。开设“内部控制与风险管理专栏”，建立内控文化宣传培训与经验交流平台，宣传国家有关内部控制政策规定，普及内部控制基本知识，总结交流各单位内部控制建设经验。

5. 培养专业人才队伍

实施“人才强企”战略，采取外部引进与内部培养相结合的方式，加大内控专业人才引进力度，建立内控专业人才选拔机制，完善内控专业队伍培训体系，实现人员结构优化和素质提升，建立一支风险意识强、专业素养高、业务水平精的内控专业化队伍。同时，积极培育英大长安风险管理咨询公司等机构，构建公司内部专业化的内控专家咨询平台。

（二）风险评估方面

风险评估是企业实施内部控制的重要环节，是指企业及时识别、系统分析经营活动中影响内控目标实现的各类风险，合理确定风险应对策略的过程。下一步重点要做好以下工作：

1. 建立风险信息库

依据公司战略目标和内外部经营环境，以公司层面和业务层面为基准，覆盖经营类和管控类业务，全方位开展风险信息的收集，辨识与电力交易结算、物资招投标管理、仓储、配送、业扩报装、电费核算及回收、工程项目管理、国际、金融及产业等经营类业务相关的风险，以及与预算、资金、资产、股权投资、合同、信息化管理等管控类业务相关的风险，编制各单位、各业务风险列表，明确风险责任部门，提出管理策略和解决方案，与内部控制相关要求对接，建立公司规范统一的风险信息库。

2. 规范风险分类体系

根据风险评估结果，参照国际通用的分类方法，基于公司战略目标，由上而下，层层分解，将公司层、业务层风险与分解细化的各类管理目标相对应，建立公司四级风险分类体系，统一风险分类、定义及评估标准；制定风险分类管理工作规则，明确风险名称变更、类别增减等审批程序。

3. 制定统一的风险评估规范

结合公司风险评估工作需求，参考风险信息库及分类体系，研究制定风险评估规范，明确评估方法、定性与定量风险评估标准，建立风险预警指标库，理清工作界面，细化落实岗位责任，优化工作流程。

（三）控制活动方面

控制活动是企业实施内部控制的重要手段，是指企业根据风险评估结果，结合具体业务和事项，运用相应的控制措施，将风险控制在可承受范围之内。下一步重点要做好以下工作：

1. 制定统一的流程控制规范

构建业务流程框架。对照国资委、财政部内部控制要求，梳理公司经营类和管控类业务，确定实施内部控制的业务框架；结合公司层和业务层重大风险，构建分业务、分单位覆盖经营类和管控类业务的流程框架。

2. 实施与应用控制措施

依据流程控制规范，将控制措施与业务管理实现有效融合，实施不相容职务分离控制、授权审批控制、全面预算控制、运营分析控制、财务控制。

3. 完善制度（标准）规范

结合公司经营业务流程架构和控制要求，查找现行制度（标准）中可能存在的重叠、缺失等缺陷，对各项制度（标准）进行重新修订与整合，构建与业务流程相配套的公司“一本制度”，确保制度与流程、岗位职责、控制要求相统一，为制度的有效执行提供保障。

（四）信息与沟通方面

信息与沟通是企业实施内部控制的重要条件，它是指企业及时、准确地收集、传递与内部控制相关的信息，确保信息在企业内部、企业与外部之间实现有效沟通，主要包括信息沟通机制建立和信息化建设。下一步重点要做好以下工作：

1. 建立内控信息沟通机制

建立年度风险管理报告与内控评价报告制度，对外定期按监管部门要求报送风险管理报告和内控评价报告，公司各部门、各单位根据公司统一安排编报年度风险管理报告和内控自评报告，并逐步实现半年度、季度报告。建立重大事项报告制度，确定重大事项报告联系人，制定重大事项报告管理规定，明确重大事项报告范围、程序和责任考核等内容。

2. 建设完善信息系统

建设统一的内部控制信息化工作平台。为提高业务信息化、标准化水平，公司总部实施一级部署，建设具备信息在线收集、风险在线评估、重大风险自动预警、内控自动测试等功能的内部控制信息系统。

（五）内部监督方面

内部监督是企业实施内部控制的重要保证，是指企业对内部控制建设与执行情况进行监督检查，评价内部控制设计与执行有效性，发现缺陷并加以改进，包括日常监督、协同监督和内控评价等内容。下一步重点要做好以下工作：

1. 制定统一的执行评价规范

在完善业务流程和岗位授权的基础上，明确公司内部控制评价的管理要求、评价程序、方法、范围、内部控制缺陷的分类及认定方法、与内控执行评价相衔接的绩效考核标准等内容，设计执行评价规范基本框架。按照执行评价规范基本框架要求，组织开展各专业内部控制缺陷认定及抽样测试工作，研究制定统一的执行评价规范，明确缺陷标准、检查方法、检查程序、抽样规则、责任追究、整改程序等内容。

2. 建立内控执行责任机制

建立内控执行岗位责任制度。公司总部和各单位应修订完善内部控制责任考核相关制度，明确单位负责人为内部控制“第一责任人”；分解落实内部控制责任到部门、到专业，明确专业部门的内控职责；细化内部控制责任到岗位，明确员工个人的内控职责，建立全员参与、各司其职、相互配合、齐抓共管的内部控制责任体系。建立内控执行考核制度、内部控制岗位考核制度、内部控制重大缺陷追究制度。

3. 建立内控评价改进机制

建立内部控制自我评价制度、内部控制评价检查制度与内部控制典型经验推广制度。

4. 完善协同监督机制

坚持标本兼治、综合治理、惩防并举、注重预防的方针，统一协调整合审计、监察、财务、法律等内部监督力量，构建协调配合、信息互通、形成合力、监督到位的纵向贯通、横向协同、覆盖全面的协同监督机制，将内部控制执行情况纳入经济责任审计、专项审计、财务稽核、党风廉政建设责任制检查重要内容，划分各级审计、监察、财务、法律等部门在内部控制工作中职责范围，明确内部控制协同监督责任，主动履行内部控制监督职责，强化对重要子企业、重点领域、关键环节的联合监督检查，提高对舞弊、违规、违纪等内部控制风险的防范与控制能力。

概括而言，公司内部控制建设目标是：以战略目标为导向，以经营类和管控类业务为重点，制定“五规范”定标准、建立“四机制”抓执行、建设“三支撑”强保障，建成持续完善提升、具有“五化”特征的内部控制体系。

二、国家电网公司内部控制建设方案

建设实施进度安排：内部控制建设实施分为现状诊断与方案编制、流程梳理与规范建立、规范实施与工作验收、评价提升与持续完善四个阶段。

内部控制建设目标如图 6-2 所示，内部控制建设实施进度安排如图 6-3 所示。

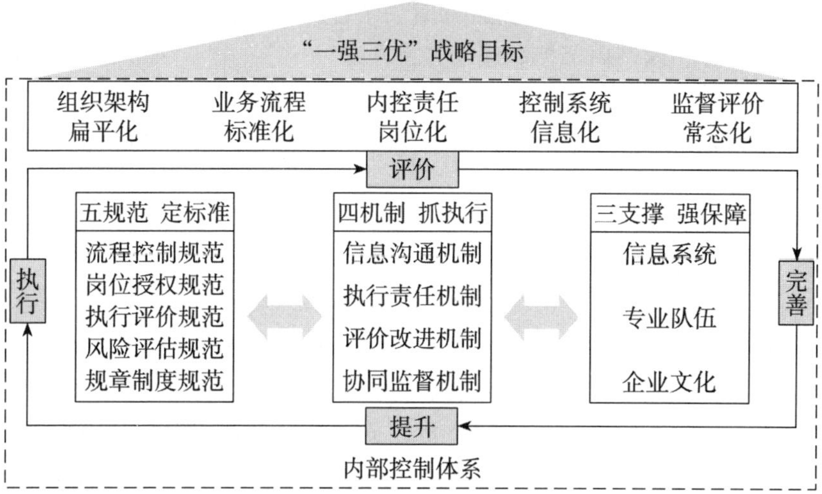

图 6-2 内部控制建设目标

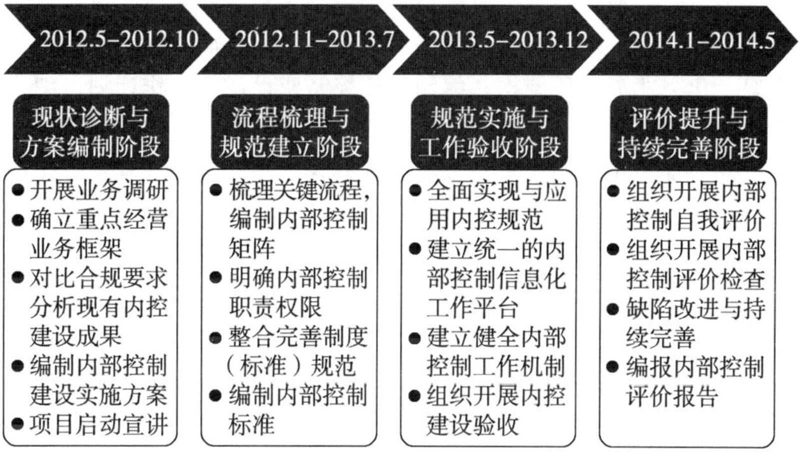

图 6-3 内部控制建设实施进度安排

（一）现状诊断与方案编制阶段

1. 工作任务

（1）开展业务调研。对公司所属上市公司和国资委所属大型央企开展内部控制工作调研，总结实践经验。

（2）确立业务框架。围绕内部控制要求确定实施内部控制的重点业务，参照内部控制应用指引及公司经营业务范围，确立经营业务框架。

（3）对比分析现有内控建设成果。明确内控在组织架构、企业文化、发展战略等的合规要求，分析对比差异，补充和完善现有管理制度，形成内控管理文档。

（4）编制内部控制建设实施方案。结合调研和诊断分析情况，明确建设任务与内容，编制内部控制建设实施方案。

（5）项目启动宣讲。组织召开内部控制建设启动会议，加强内部控制培训与宣传，营造领导重视、全员参与的内部控制建设实施氛围。

2. 工作步骤

（1）公司总部：2012 年 8 月底前，内控办公室组织开展内部控制工作调研，总结实践经验；对照《企业内部控制基本规范》及配套指引，确定实施内部控制的经营业务框架；组织编制内部控制建设实施方案，报经党组会审议批准后，向国资委报备。10 月底前，内控办公室组织召开启动会议，动员部署内部控制建设实施工作，确定六家试点单位（天津公司、浙江公司、江苏公司、青海公司、国际公司、英大泰和财产保险股份有限公司），明确总部各业务组、各部门、各单位职责分工、实施内容、工作步骤和时间安排等要求；各部门将本部门内部控制工作联络人报送内控办公室；各业务组牵头部门组建完成业务组，确定组长、联络人和工作人员，将具体人员名单报送内控办公室。项目管理组组织评估确定公司层面重大风险，细化经营业务框架，建立业务流程架构；编制内部控制建设详细工作计划，细化各阶段的任务与人员安排，开设内部控制专栏网站；内控环境各业务组对比国资委、财政部内部控制合规要求，分析管理差异，补充完善现有管理文件，整合形成公司层面内部控制合规工作所需要的管理文档。

（2）试点单位：2012 年 10 月底前，参照总部内部控制建设实施方案，制定本单位的内部控制建设实施细化方案，内部控制建设实施细化方案经本单位内控委员会审议批准后，上报公司总部内控办公室审核并备案；组建内控项目领导机构，组建与公司总部各业务组对口的业务组；组织召开启动会议，动员部署内部控制建设实施工作，明确各业务组、各部门职责分工、实施内容、工作步骤和时间安排等要求；各业务组牵头部门组建完成业务组，确定组长、联络人和工作人员；按照公司总部各业务组确定的业务流程架构，细化形成本单位的业务流程框架，经本单位内控项目领导机构审核后，上报公司总部对口业务组进行审阅、整合；内控环境各业务组参照公司总部工作成果，对比国资委、财政部内部控制合规要求，分析管理差异，补充完善现有管理文件，整合形成公司层面内部控制合规工作所需要的管理文档，经本单位内控项目领导机构审核后，上报公司总部对口内部环境组进行审阅、整合。

（3）其他单位：2012 年 10 月底前，根据公司总部内部控制建设实施方案，各单位对比分析本单位内部控制建设现状，查找差距与不足，制定本单位内部控制建设实施细化方案；召开本单位内部控制建设实施启动会议，组织开展内部控制建设实施相关培训，做好本单位内部控制建设实施宣传工作。各单位对公司总部及试点单位已经确认的业务流程架构进行差异分析，将其所识别的差异报送公司总部对口业务组，经公司总部对口业务组确认后，整合形成本单位的业务流程架构。内部控制建设实施细化方案经本单位内控委员会审议批准后，上报公司总部内控办公室审核并备案。

3. 工作成果

（1）公司总部：

①完成国家电网公司业务流程架构。

②完成国家电网公司内部控制建设实施方案。

③完成内部控制与风险管理专栏网站。

（2）试点单位：

①完成试点单位业务流程架构。

②完成试点单位内部控制建设实施方案。

（3）其他单位：

①完成各单位内部控制建设实施细化方案。

②完成各单位细化的业务流程管理框架。

（二）流程梳理与规范建立阶段

1. 工作任务

（1）梳理关键流程，编制内部控制矩阵。识别业务层面的风险点和关键控制点，分析业务内容、权限范围、审批程序和工作职责，绘制内部控制矩阵。

（2）明确内部控制职责权限。依据内部控制业务流程、关键控制点、控制要求和控制措施，梳理公司组织架构，开展岗位比对，编制内控岗位授权规范。

（3）整合完善制度（标准）规范。对比查找制度（标准）管理缺陷，完善制度（标准）规范，编制与业务流程相配套的公司“一本制度”。

（4）编制内部控制标准。编制流程控制规范、岗位授权规范、执行评价规范和风险评估规范。

2. 工作步骤

（1）公司总部：

2012 年 12 月底前，基于前期确定的业务流程架构，项目管理组组织各业务组开展流程梳理与优化，识别业务流程重大风险，查找关键控制点，建立风险信息库。2013 年 3 月底前，项目管理组拟定内部控制矩阵模版，各业务组按照模板，编制专业内部控制矩阵和权限指引，报项目管理组审核；项目管理组梳理公司系统组织架构，编制内控岗位授权规范，制定并下发各单位内控矩阵工作模板；编制风险评估规范。

4 月底前，项目管理组拟定流程控制规范模板；各业务组编制完成专业流程控制规范，报项目管理组审核；项目管理组收集整理专业流程控制规范，编制公司流程控制规范。4 月底前，各业务组将现有制度（标准）与流程控制规范及岗位授权规范进行比对，查找制度（标准）管理缺陷，提出制度（标准）完善建议，上报项目管理组；项目管理组分别反馈至相关业务部门，对应部门开展制度（标准）的修订工作；法律部组织各部门结合业务全流程架构，分类整合编制与业务流程相配套的公司“一本制度”。5 月底前，各业务组按照内部控制评价规范模板，编制专业内部控制评价规范和测试缺陷标准；项目管理组整合编制公司内部控制评价规范。

（2）试点单位：2012 年 12 月底前，基于前期确定的业务流程架构，依据项目管理组拟定的风险信息库模版，配合公司总部对口业务组开展流程梳理与优化，识别业务流程重大风险，查找关键控制点；对公司总部已确认的风险信息库进行细化，将细化后的风险信息库报送公司总部对口业务组；经公司总部对口业务组审核后，整合形成本单位的风险信息库。2013 年 3 月底前，依据项目管理组拟定的内部控制矩阵、权限指引及内控岗位授权规范模版，配合公司总部对口业务组编制内部控制矩阵、权限指引及内控岗位授权规范初稿；对公司总部下发的内部控制矩阵、权限指引及内控岗位授权规范初稿进行细化，并将细化后的内部控制矩阵、权限指引及内控岗位授权规范报送公司总部对口业务组进行审核，经公司总部对口业务组审核后，整合形成本单位的内部控制矩阵、权限指引及内控岗位授权规范；参照公司总部的风险评估规范，编制本单位风险评估规范，经本单位内控领导机构审核后报送公司内控办公室审核并备案。4 月底前，依据项目管理组拟定流程控制规范模板，编制本单位的流程控制规范，经公司内控办公室审核后备案。4 月底前，各业务组将现有制度（标准）与流程控制规范及岗位授权规范进行比对，查找制度（标准）管理缺陷，提出制度（标准）完善建议，经本单位内控领导机构审核后，分类整合编制与业务流程相配套的公司“一本制度”。2013 年 5 月底前，按照项目管理组拟定的内部控制评价规范模板，配合公司总部对口业务组编制内控评价规范；依据公司总部下发的内控评价规范编制本单位的内控评价规范。

（3）其他单位：2013 年 4 月底前，对公司总部下发的风险信息库、内控矩阵、流程图、岗位授权规范进行差异分析，将所识别的差异报送公司总部对口业务组，经公司总部对口业务组确认后，整合形成本单位的风险信息库、内控矩阵、岗位授权规范、流程图。2013 年 5 月底前，各单位对公司总部下发的流程控制规范进行差异分析，将所识别的差异报送公司总部对口业务组，经公司总部对口业务组确认后，整合形成本单位的流程控制规范；参照公司总部及试点单位风险评估规范，编制本单位风险评估规范。2013 年 6 月底前，基于本单位业务流程架构，识别制度的有效性和实用性，对比流程控制规范和岗位授权规范，查找制度（标准）缺陷，完善本单位相关制度（标准）的修订；按照公司“一本制度”的要求，结合本单位业务流程，整合编制本单位“一本制度”。2013 年 7 月底前，各单位对公司总部下发的内部控制评价规范进行差异分析，将所识别的差异报送公司总部对口业务组，经公司总部对口业务组确认后，整合形成本单位的内控评价规范。

3. 工作成果

（1）公司总部：

①完成国家电网公司 2012 风险评估报告。

②完成国家电网公司风险评估规范。

③完成国家电网公司内控流程控制规范，包括但不限于：

A. 内部控制矩阵。

B. 内控流程图。

C. 岗位内控责任清单、权限指引表。

④完成国家电网公司内控岗位授权规范。

⑤完成国家电网公司内控制度（标准）规范。

⑥完成国家电网公司内部控制评价规范。

（2）试点单位：

①完成试点单位风险评估规范。

②完成试点单位内控流程控制规范，包括但不限于：

A. 内部控制矩阵。

B. 内控流程图。

C. 岗位内控责任清单、权限指引表。

③完成试点单位内控岗位授权规范。

④完成试点单位内控制度（标准）规范。

⑤完成试点单位内部控制评价规范。

（3）其他单位：

①完成各单位风险评估规范手册。

②完成各单位内控流程控制手册，包括但不限于：

A. 内部控制矩阵。

B. 内控流程图。

C. 岗位内控责任清单、权限指引表。

③完成各单位内控岗位授权手册。

④完成各单位“一本制度”。

⑤完成各单位内部控制评价手册。

（三）规范实施与工作验收阶段

1. 工作任务。

（1）全面实施与应用内控规范。开展内控规范实施应用培训，推进内控规范在业务信息系统固化工作，强化对业务流程关键控制点的自动监控。

（2）建设统一的内部控制信息化工作平台。由公司总部主导，采取试点实施、逐步推广的方式，建设一级部署的内部控制信息系统，满足在线集中开展风险管理与内部控制工作需求。

（3）建立健全内部控制工作机制。建立完善内控信息沟通机制、内控执行责任机制、内控评价改进机制和协同监督机制，确保内部控制有效执行。

（4）组织开展内部控制建设验收。制定内部控制建设验收方案，明确验收方式、验收标准等内容，组织开展自验收和现场验收。

2. 工作步骤。

（1）公司总部。

全面实施与应用内控规范。2013 年 8 月底前，开展内控规范实施应用培训，10 月底前，完成内控规范在业务信息系统固化工作。建设统一的内部控制信息化工作平台。2012 年 6 月底前，进行系统的功能开发；9 月底前，进行系统的试点应用；12 月底前，进行系统的推广实施；2013 年 12 月底前，进行系统的深化与完善。建立健全内部控制工作机制。2013 年 10 月底前，完成与内控信息沟通机制、执行责任机制、评价改进机制和协同监督机制相关的制度完善、岗位调整、人员配备等工作。组织开展内控建设验收。2013 年 8 月底前，内控办公室组制定并下发内部控制建设验收方案；9 月底前，项目管理组组织对各单位上报的自验收材料进行初步审查；10 月底前，内控办公室组建现场验收工作组，开展现场验收；12 月底前，验收结束后，内控办公室根据验收情况撰写内部控制建设验收报告，上报内控委员会，并总结内部控制建设典型经验。

（2）试点单位与其他单位。

全面实施与应用内控规范。2013 年 9 月底前，开展内控规范实施应用培训。10 月底前，完成内控规范在业务信息系统固化工作。配合建设统一的内部控制信息化工作平台，各单位按照公司总部信息系统建设工作部署，梳理并录入风险管理与内部控制业务信息数据，研究提出业务需求，完善信息系统功能，根据风险管理与内部控制工作需要，实施与相关业务系统集成。落实内部控制工作机制。2013 年 10 月底前，完成与内控信息沟通机制、内控执行责任机制、内控评价改进机制和协同监督机制相关的制度完善、岗位调整、人员配备等工作。组织开展内控建设自验收。2013 年 9 月底前，各单位依据公司总部内部控制建设验收方案，对照验收标准，开展自验收工作，上报自验收工作报告及佐证材料，提出验收申请。

3. 工作成果

（1）公司总部。

①完成公司风险管理与内部控制管理信息系统。

②完成国家电网公司内部控制评价与考核相关制度。

③完成国家电网公司内部控制建设验收报告。

（2）试点单位与其他单位。

①完成各单位内部控制评价与考核相关制度。

②完成各单位内部控制建设自验收工作报告。

（四）评价提升与持续完善阶段

1. 工作任务

（1）组织开展内部控制自我评价。公司总部制定下发内部控制评价工作计划，组织各部门、各单位开展自我评价，编制自评报告。

（2）组织开展内部控制评价检查。组建评价工作小组，对各单位执行控制测试、穿行测试等评价程序，确认内部控制缺陷，出具内部控制评价检查意见。

（3）缺陷改进与持续完善。督促各单位做好缺陷整改，及时修订内部控制规范。

（4）编报内部控制评价报告。编制内部控制评价报告，报经公司内控委员会审批后，上报国资委。

2. 工作步骤

（1）公司总部：

2014 年 1 月底前，制订并下发内部控制评价工作计划，启动内部控制评价工作，组织各专业、各单位开展自我评价。2014 年 2 月底前，总部各专业开展内部控制自我评价，编报自评报告。2014 年 5 月底前，内控办公室组建评价小组，组织开展评价检查工作，出具内部控制评价检查意见，编制公司内部控制评价报告，并上报国资委；总结内部控制工作亮点，梳理内部控制缺陷，建立典型经验库和案例库。

（2）试点单位与其他单位：

2014 年 2 月底前，按照公司总部内部控制评价计划，组织开展内部控制自我评价，编报自评报告，经本单位内控委员会审议后，上报公司总部内控办公室。2014 年 3 月底前，各单位依据公司总部下发的检查意见，组织落实内控缺陷整改，编制内控缺陷整改报告，上报公司总部内控办公室。

3. 工作成果

（1）公司总部：

①完成公司总部各专业内部控制自评报告。

②完成国家电网公司内部控制评价报告。

③完成国家电网公司内部控制典型经验库和案例库。

（2）试点单位与其他单位：

①完成各单位内部控制自评报告。

②完成各单位内部控制缺陷整改报告。

三、配套措施要求

（一）选聘内外部专业咨询机构

为更好地推动公司内部控制建设工作，公司总部统一选聘专业咨询机构。拟选聘安永会计师事务所为外部咨询机构，同时选聘英大长安风险管理咨询公司为内部咨询机构，配合外部咨询机构开展工作。公司各单位在公司总部确定的咨询机构的基础上，可以选聘本单位的配合咨询机构。2012 年 8 月底前，公司总部完成外部咨询机构的比选工作，各单位在本单位内部控制建设实施方案报备前，完成本单位配合咨询机构的选聘工作。公司总部和各单位将内部控制建设实施费用统一纳入年度预算。

（二）建立工作进度通报制度

为协调推进各单位内部控制建设实施工作，公司总部统一建立内部控制建设实施进度通报制度，研究制定月度考核指标体系，明确考核方法、程序和内容。按照公司内部控制建设进度及分工要求，公司总部内控办公室协调指导各部门组织开展本专业内部控制建设工作，每月 25 日前收取各部门阶段性建设成果，定期汇总建设实施进展情况，上报公司内控委员会。各单位于每月 25 日前，将本单位内部控制建设实施情况上报总部内控办公室，总部编制内部控制建设工作简报，通报各单位建设实施进度。

（三）明确内部控制考核要求

按照国资委要求，为落实内部控制建设实施工作，加强内部控制执行的考核力度，明确各单位主要负责人为本单位内部控制建设与执行第一负责人。2012 年年底前，公司总部和各单位要修订完善业绩考核办法和全员绩效考核办法，将内部控制建设与执行情况纳入各级年度企业负责人业绩考核和全员绩效考核体系，建立内部控制重大缺陷责任追究制度，完善考核指标和奖惩细则，逐级落实内部控制组织领导责任。

（四）提供可靠的信息技术支撑

加强公司一体化信息平台建设，完善软件技术、硬件环境、网络通道、信息安全等支持保障，推动信息集成的深化应用，确保一级集中部署应用系统的稳定运行。软、硬件配置方面，要保持软件技术的统一性，优化数据库结构，完善硬件配置，提高系统的反应速率和可靠性。数据集成方面，要进一步健全公司一体化企业级信息平台建设，完善数据交换标准，统一数据接口开发规范。安全防备方面，要制定系统整体安全策略，建立病毒防护、入侵检测和安全评估体系，保证信息网络稳定运转和数据安全。

（资料来源：国家电网公司．关于印发国家电网公司内部控制建设实施方案及配套材料的通知（国家电网财［2012］1387 号）［EB/OL］．（2012-10-09）．http：//www.sgcc. com. cn. 有改动。）

第三节　拓展阅读

一、央企内部控制基本规范应用案例

国家电网公司（以下简称“公司”）成立于 2002 年 12 月 29 日，以建设和运营电网为核心业务，承担着保障安全、经济、清洁、可持续的电力供应的基本使命，经营区域覆盖全国 26 个省、直辖市、自治区，覆盖国土面积的 88%，供电人口超过 10 亿人，管理员工超过 150 万人，截至 2010 年年底，公司资产总额 2.21 万亿元。2011 年公司名列《财富》世界企业 500 强第 7 位，是全球最大的公用事业企业。

全面风险管理是企业经营管理的核心，关系到企业战略目标的实现，关系到企业持续、健康、稳定地发展。公司党组一直高度重视全面风险管理工作，围绕建立全面覆盖、全员参与、全程管控、高效协同、防范有力的全面风险管理体系目标，持续推动管理创新，深化风险管理应用，强基固本，控制风险，基本实现了事前防范、事中监控、事后监督，确保了风险可控在控，公司风险防范能力显著提升。

（一）强化“三道防线”职能，建立健全全面风险管理体系

近年来，在国资委的大力支持和帮助下，国家电网公司认真贯彻落实国资委《中央企业全面风险管理指引》等有关文件精神，积极探索管理创新，强化“三道防线”职能，不断推进全面风险管理体系的建设和完善，公司经营工作总体态势良好、经营效益稳步增长，管理效率持续提升，实现了“速度、效益与风险”的内在平衡。

1. 建设五大核心业务架构，强化“第一道防线”职能

公司以集约化、扁平化、专业化为方向，按照效率优先、目标导向、实事求是、安全稳定的原则，强化全业务流程管控和关键风险集中监控，建立“大规划、大建设、大运行、大生产和大营销”五大体系，变革组织架构，压缩管理层级，缩短业务链条，实现企业管理由条块分割向协同统一、分散粗放向集中精益方式的根本性转变，全面提升公司运营效率和风险防控能力。重点是以标准化为基础、信息化为支撑，建立包含各专业、贯穿各层级、覆盖各级电网的大规划体系；建立总部、省公司、地（市）县公司科学分工、分层承担电网建设任务的大建设体系；建立国调分调一体化，输变电设备运行集中监控与电网调度高度融合的大运行体系；建立检修专业化和运维一体化、按电压等级运维检修电网设备的大检修体系；建立市场营销、客户服务和计量检定配送省级集约、24 小时面向客户的大营销体系。

2. 健全风险管理工作体系，强化“第二道防线”职能

健全组织架构。2009 年 3 月，公司成立全面风险管理委员会，公司党组书记、总经理刘振亚同志亲自担任委员会主任。公司所属 53 家单位均相应成立了组织机构。完善管理制度。2010 年以来，公司先后研究制定了《关于开展全面风险管理工作的指导意见》、《全面风险管理与内部控制工作方案》和《公司全面风险管理与内部控制工作管理办法（试行）》。建立报告机制。建立了覆盖全公司的全面风险报告体系，组织公司总部各部门、各单位开展风险编制与评估工作，全面完成各年度全面风险管理报告编报工作。建设信息系统。2010 年，公司启动了风险管理信息系统建设工作，利用 SAP-GRC 成熟技术并结合公司管理实际开发建设专业化的风险管理信息平台，提高了公司风险管理工作效率。试点开展评价。公司深入开展全面风险管理评价体系研究，明确风险管理组织、内部控制、风险管理文化等 10 类考评对象，设置 131 项评价指标及评分标准，构建了公司全面风险管理评价体系，并组织青海、天津公司进行试点测评。

3. 建立协同监督工作机制，强化“第三道防线”职能

公司坚持标本兼治、综合治理、惩防并举、注重预防的方针，统一协调整合审计、监察、财务、法律等内部监督力量，构建了协调配合、信息互通、形成合力、监督到位的协同监督机制，将风险管理与内部控制纳入经济责任审计、专项审计、财务稽核、党风廉政建设责任制检查重要内容，对各部门、单位执行风险管理与内部控制情况进行检查评价，分析挖掘内部控制设计缺陷、执行薄弱环节以及外在显现的风险因素和隐含潜在的风险因子；对跨部门的风险管理与内部控制管理策略、解决方案进行评价，对内控管理职责分工的合理性、管理流程的完备性、风险信息沟通的效率和效果等内容

进行评估分析，及时改进完善风险管理与控制方案和措施。

4. 以集约化管理为基础，强化财务对业务管控力度

公司全面推进“六统一、五集中”财务集约化管理模式，强化对“五大”核心业务风险的监督和管理。一方面，通过实施会计政策、会计科目、信息标准、成本标准、业务流程和组织体系“六统一”，全面推进财务流程标准化建设，实现了各项标准的高度统一，保证了财务基础数据源的唯一性，促进了财务与业务信息的有机衔接，为财务与业务数据的横向集成奠定了基础，夯实了财务风险管理实施基础。另一方面，通过推行会计核算、资金管理、资本运作、预算调控、风险监控“五集中”，优化调整财务管理体制、方法与流程，创新财务风险管理实施机制，实现公司财务资源的统一集中运作和财务与相关业务的集成融合，增强了公司财务管控能力，提升了运营效率和效益。

5. 以制度标准建设为突破，强化风险管理环境基础

公司加大制度基础建设力度，成立了规章制度管理委员会，及时查找制度体系缺失和控制流程薄弱环节，保证了公司制度体系的健全性和时效性。2010年以来，公司先后多次开展规章制度梳理工作，对公司成立以来的652项规章制度逐一分析定性，废止及修订共183项，明确现行有效制度539项，基本建成了“体系完整、结构清晰、内容明确、协同一致”的规章制度体系。同时，公司积极推行标准化建设，成立了标准审定委员会，下属各单位设立了以主要负责人为组长的标准化领导小组，对公司成立以来的各类标准进行清理，共清理各类标准、文件8 389份，提炼电网企业统一业务名录1 647项，梳理业务流程和管理流程5 392个，形成对应的管理流程5 392个，建成了公司标准管理平台SG-9000，其中技术标准体系包含7类基础标准、13个专业模块、109个专业类别，管理标准体系包含4类基础标准、19个管理领域、84个管理类别，工作标准体系包含按岗位序列分类建立的约630个岗位标准。

依托于全面风险管理体系的逐步建立和完善，公司积极推进风险管理工作的深化应用，促进整体管理水平的提升，电网发展和公司发展取得了明显成效。一是依法治企水平明显加强。公司着力构建适应电网发展要求的管理体制，优化调整公司组织架构和管理模式，人财物集约化管理成效显著，“五大”体系建设稳步推进；围绕投资管理、成本管理、供电服务、收入分配等政府监管和社会关注的重点领域，集中开展专项检查，建机制、查隐患、抓整改，努力消除各种“发热点”和“出血点”，清理撤并了一批管理差、问题多、风险大的企业，解决了一批乱投资、乱担保、乱借款等历史遗留问题；推进主辅分离、主多分开，强化农电、多经和集体企业的规范管

理，促进了公司健康发展。二是社会履责能力大大增强。公司立足转变电力发展方式、服务能源和经济发展方式转变，全面加快坚强智能电网建设，一批输电大通道工程、新能源外送工程和科技引领示范工程建成投运，电网优化配置资源能力大幅提升，技术装备水平全面提高。特高压和智能电网纳入国家“十二五”规划纲要，特高压输电创造多项世界纪录，智能电网建设继续走在世界前列，国家电网远距离、大规模输电能力大幅提升。三是经营管理效益显著提升。公司电网规模总体实现翻番，装备水平、科技水平、安全水平进入国际先进行列，开创了世界特高压电网发展新纪元；公司集团化运作格局基本形成，集约化发展成效显著，精益化管理和标准化建设持续推进，初步实现了由传统企业向现代企业的战略转型。2006—2011年，公司累计完成电网投资1.5万亿元，超过新中国成立56年电网投入的总和，投产110千伏及以上输电线路30.9万公里、变电容量15.3亿千伏安，分别增长94%和162%；售电量从1.5万亿千瓦时增加到3.1万亿千瓦时，增长106.7%；资产总额达到22 093亿元，增长88.9%；利润总额533亿元，增长98%；公司业绩考核连续7年被国资委评为A级，世界企业500强排名由2005年的第40位上升至2011年的第7位。

（二）工作创新与亮点

公司以提高风险辨识能力为基础，以增强风险管控能力为重点，积极探索、不断创新、深入总结、广泛推广，逐步形成和确立了“七大创新与亮点”，即以责任考核、业务流程、标准建设、信息系统、量化预警、管理报告、评价改进七大要素为抓手，努力抓好风险管理工作的执行效率和效力，确保风险管理工作“可落地、落实地”。

1. 以责任考核为手段，抓风险管理工作执行

公司紧紧围绕责任制建立和考核体系完善，积极推进风险管理责任岗位化和风险考核常态化工作，努力确保风险管理工作责任到人、考核到位、执行有力。一是强化领导责任。公司总部和各单位在成立全面风险管理委员会基础上，专门发文明确公司总部和各单位“一把手”是本单位全面风险管理委员会主任，是承担本单位全面风险管理工作的“第一责任人”；各部门主要负责人作为全面风险管理委员会成员，是本部门或本专业全面风险管理工作的“第一责任人”。二是强化岗位职责。公司在全面风险管理办公室建立联系人制度，各部门指定专人作为本部门或本专业的风险管理工作联络员，配合全面风险管理办公室承担本专业风险管理牵头协调工作。同时，各部门结合岗位特点和要求，将本部门相关风险落实到具体岗位和工作人员，实现风险责任岗位化管理。三是强化考核约束。公司将各单位风险管理情况纳入企业负责人年度业绩考核范畴，优化考核指标体系，增加重大风险事件

考核权重，增强风险管理考核约束力度。

2. 以业务流程为纽带，抓风险管理措施落地

公司始终坚持整体化建设思路，确立了风险管理为导向、内部控制抓落实的总体原则，紧密融合全面风险管理与内部控制工作，依托于前端业务和流程管控，实现风险的有效防范，促进风险管理工作全面落地。一是实现重大风险与业务流程有效对接。公司运用风险管理知识和技术，围绕企业战略目标，全面开展各专业、各领域的风险辨识和梳理，评估确定公司层面和专业层面重大风险，据此业务流程对接确定重点业务范围和关键控制流程，确保风险管理工作在具体业务流程中落地。二是实现风险管理与流程控制有机融合。在已确定的关键业务流程基础上，将具体风险管理目标和风险控制要求嵌入业务流程，明确业务流程的关键控制点、控制措施、控制活动和控制责任，强化业务流程的过程控制，确保风险管理工作在流程控制中落地。三是实现风险管理与流程监控的动态交互。公司在 SoTower-BAM 平台自主研发设计了流程监控系统，可以实现对流程执行情况的全过程监控。既可以通过流程监控结果为风险管理工作提供初始信息，同时也可以在流程监控系统中部分实现对风险控制功能。

3. 以标准建设为基础，抓风险管理规范统一

公司积极推动风险管理标准化建设，努力确保公司风险辨识、风险评估和风险应对等工作的统一开展。一是建立统一的制度标准。近年来，公司通过强化制度建设和完善，多次开展制度梳理与清理工作，查漏补缺，及时废止，建立了规范统一的制度体系。目前，公司正结合风险管理要求和内控基本流程，积极推进全公司“一本制度”建立工作，有效保证风险管理与内部控制制度标准的统一性和唯一性。二是建立统一的流程标准。风险管理工作离不开标准流程体系的建立。公司标准化建设领导小组以统一的流程标准为基础，推进基础标准、技术标准、管理标准和工作标准建设工作，构建了国家电网公司 SG-9000 标准管理体系。2011 年，公司财务专业采用国际领先的 ARIS 流程管理软件推进标准流程建设工作，制定了《财务管控标准流程手册》，实现了标准流程的规范管理与统一发布。三是建立统一的风险管理标准。2010 年，公司梳理了 13 个一级流程、66 个二级流程和 114 个三级流程，组织编写了《国家电网公司财务内部控制手册》，下属各单位均制定了财务内部控制手册实施细则。2011 年年底，公司组织风险管理专业人员编写完成了近 6 万字的《公司全面风险管理与内部控制业务规范》，形成了 2 类、6 级、18 岗的三维工作界面，统一了 18 个控制表单，构建了 4 级风险分类体系，制定了 5 级、6 个维度的风险损失评估标准，覆盖公司全部核心业务，为风险管理工作提供了统一的标准规范。

4. 以信息系统为支撑，抓风险管理控制效率

风险管理工作需要大量的数据佐证和信息支撑。公司始终将信息化建设作为风险管理工作的重要支撑点，依托现代信息技术和管理手段，不断提高风险管理动态监控和实时分析能力。一是推进 SG-ERP 系统建设与完善，构建丰富的企业风险管理初始信息库。风险管理的大量初始信息来源于业务信息系统。2006 年以来，公司坚持以信息化带动生产自动化和管理信息化，建设完成了 SG-ERP 企业级一体化信息平台，覆盖公司总部、网省（直属单位）和地市县公司，做到纵向贯通、横向集成，实现了公司主营业务应用的全面推广，提高了公司内部信息传递速度和质量，为风险管理初始信息的收集、科学评估创造了物质条件。二是自主开发建设专业化的风险管理信息系统，搭建公司风险管理的综合分析平台。在 SG-ERP 管理平台基础上，公司以风险信息自动收集、整合分析、实时监控和全景展示为需求，选择 ERP-GRC 成熟套装软件为基础平台，结合电网企业特点独立开发全面风险管理信息系统，初步实现了风险信息在线收集、风险状态多维度展示、关键风险自动预警、内部控制在线测试、风险在线报告等功能，大大减少了人工收集信息、风险评估等线下工作量，提高了风险管理工作效率。

5. 以量化工具为依据，抓风险管理自动预警

在传统的风险管理方法和人工分析基础上，公司借助先进的风险管理理念和技术手段，积极探索风险量化管理、人工智能等自动化应用，将风险管理方式从定期评估、整改转向在线监测、预警，提高风险管理工作的说服力和客观性。一是积极探索重大风险量化管理模式。公司运用蒙特卡洛模拟、层次分析、情景分析等量化手段，对重大人身伤亡事故风险、工程质量事故风险、电费回收风险、电价风险、融资风险等 15 项重大风险进行评估、测量，初步建立了成熟的量化分析评估模型，模型展示了风险因素与风险结果之间的数量关系，并将各项风险因素对应到量化的指标，基本实现了对重大风险的量化分析和管理。二是积极构建风险自动预警体系。在积极探索风险量化管理基础上，公司建立了以经营目标为导向，覆盖公司 6 类经营目标、23 项业务活动、13 项一级风险、58 项二级风险、130 项 KRI 风险预警指标的全方位风险预警指标体系，针对风险设定 KRI 风险预警指标，预警指标设定三级警戒值（正常、异常、报警）。指标值依据公司同业对标指标、绩效考核指标和风险责任部门专业经验确定，实行年度更新。同时，设立风险预警应对流程，规范预警信息收集和监控、风险原因分析、响应应急预案、风险信息上报等程序中相关人员的职责、权限和行为，并借助公司全面风险管理与内部控制信息系统，实现了风险的在线预警与处置全过程管理。

6. 以管理报告为载体，抓风险管理应用普及

公司将年度全面风险管理报告编报作为公司年度重点工作开展，在公司总部和下属单位全面开展风险识别、评估和报告工作，推动风险管理理念、知识、文化和技能的广泛普及。一是促进专业部门和基层单位风险管理意识显著增强。2009 年以来，公司逐步扩大风险管理报告编报范围，将公司总部各部门、所属各单位均纳入了报告编报体系，成为公司参与范围最广、涉及人员最多的工作，大量人员参与风险信息收集、分析和评估等工作，促进了风险管理意识的普及和推广，为公司开展风险管理工作奠定了人力基础。2011 年，公司风险管理报告编报工作共涉及总部 31 个部门及其所属的 57 家下属单位，直接参与编报人员超过 5 700 人。二是促进风险管理人员工作技能显著提升。在风险管理报告的编报过程中，公司明确要求各单位尝试和创新风险管理方法、工具和手段，并通过典型经验推广方式鼓励先进，提高了公司风险管理人员工作技能。同时，通过每年参与风险辨识、分析和评估等工作，促进风险管理人员不断积累工作经验，也促进了工作技能的提升，为公司全面风险管理工作开展和风险管理水平的提升奠定了智力基础。

7. 以评价改进为保障，抓风险管理功能提升

公司立足于评价、反馈、改进，不断推进风险管理工作的持续提升。一是建立了风险管理工作评价机制。公司初步完成了全面风险管理评价体系构建工作，制定出台了《财务内部控制评价手册》，明确了 10 类考评对象，131 项评价指标及评分标准。2010 年，公司选择 10 家网省公司本部、95 家地市公司，涉及货币资金、存货等 19 项内容，对 120 个业务流程进行穿行测试和控制测试，发现及整改 750 多个内部控制薄弱点，促进了各单位内控体系的完善和风险应对措施改进。二是建立了经营诊断分析机制。围绕公司重大风险和潜在隐患，公司配套建立了经营诊断分析机制，集中会诊、全面查找、系统分析公司经营风险和管理薄弱，系统提出应对措施和解决方案，督促各单位整改完善，提升经营管理水平。三是建立了风险管理工作对标体系。结合电网企业经营特点和公司发展战略，公司建立了以资产经营同业对标体系为辅助的对标评价体系，其中风险管理工作情况是公司对标评价重要内容之一。通过评比筛选各单位风险管理工作创新形成典型经验，并加以全面推广，促进了公司风险管理工作水平的整体提升。

（三）几点体会

总结国家电网公司近几年在全面风险管理建设中所取得的工作经验和主要做法，有以下几点体会和经验：

一是领导重视是前提，全员参与是基础。从公司外部讲，国资委领导的重视，相关职能部门的专业指导和大力推行，促进了中央企业风险管理水平

提升。从公司内部讲，公司党组高度重视风险管理，成立了一把手负责的组织体系和工作机制，建立了月度、季度工作例会制度，明确风险管理职责分工，强化了责任考核和责任追究，将风险管理的各项措施落实到具体工作流程中，将风险管理的责任落实到各岗位职责中，有力地推动了风险管理工作的顺利开展。

二是方法科学是关键，专业技术是保障。紧密结合公司实际情况，统一规划与部署，先开展课题研究，提前进行调研；再试点实施，充分总结经验；最后全面推广，系统开展实施工作，充分保障了公司风险管理工作的高效开展。同时，在公司全面风险管理体系建设中，公司也非常重视借用外脑力量，积极引入外部管理咨询机构参与全面风险管理体系建设，充分发挥专业机构的技术优势，提升了风险管理工作开展的效率和质量。

三是信息技术是支撑，务求实效是根本。在全面风险管理体系建设中，公司充分利用信息技术手段，逐步将业务流程固化到信息系统中，实现"横向全专业覆盖、纵向全流程贯穿"，确保风险管理与内部控制有机融合和落地执行。同时，将风险管理的先进理论、最佳实践与公司自身的经营管理特点有效结合，坚持科学主导、持续改进，务求实效，开发专门的风险管理信息系统，提升风险管理工作效率，推动风险管理工作常态化。

2012 年是国资委确立的中央企业管理提升活动年，风险管理工作是中央企业管理提升的重要举措。国家电网公司将坚决贯彻落实有关要求，紧密结合管理提升活动，深入推进风险管理体系建设，切实解决制约公司发展的管理短板和瓶颈问题，进一步强基固本，消除可能发生的重大隐患，防范发展中的风险，努力实现公司持续、稳定、健康发展。

（资料来源：国家电网公司．国家电网公司开拓创新深化应用提升管理建立电网特色的全面风险管理体系［EB/OL］．（2012-09-05）．http：//www. sasac. gov. cn/n1180/n14200459/n14417163/n14519674/14816744. html. 有改动。）

第四节　巩固强化：记忆·练习·思考

一、记忆点

1. 国家电网公司内部控制建设整体思路

（1）建设思路。

（2）建设五原则。

2. 国家电网公司内部控制建设内容与方案

（1）内部环境方面内部控制重点内容及建设目标。

（2）风险评估方面内部控制重点内容及建设目标。

（3）控制活动方面内部控制重点内容及建设目标。

（4）信息与沟通方面内部控制重点内容及建设目标。

（5）内部监督方面内部控制重点内容及建设目标。

二、练习题

（一）选择题（每题有一个或多个正确答案）

某企业负责人关于信息化的下列说法中，错误的有（　　）。

A. 公司信息系统建设由信息部领导负全责

B. 信息化要大力推进，各个部门要认真结合业务梳理流程，各自开发自身的业务信息系统

C. 加强信息系统运行与维护的管理，建立和完善信息系统安全保密和泄密责任追究、用户管理、数据定期备份、信息系统安全保密和泄密责任追究等制度，确保系统安全运转

D. 已用的信息系统不适应业务开展的，应由信息部门及时变更

（二）判断题

加强和完善企业内部控制建设可以提高企业经营管理水平和风险防范能力，从而为企业经营目标的实现提供绝对保证。（　　）

（三）思考题

甲公司是一家国有全资电力公司，主要为国内企事业单位和个人提供生产、生活用电。甲公司成立于一百多年前，一直采用煤炭发电。甲公司承担着保持社会稳定发展及民生的责任，为居民提供合理或较低价格水平的电力服务，政府对甲公司产生的亏损提供补贴。为鼓励甲公司提高营运效率，建立符合市场竞争需求的运行模式，政府于 2010 年决定将甲公司改制为股份有限公司，通过公开招股筹集资金并允许其股票上市交易。2011 年，甲公司股票上市后，政府持有甲公司股票的比率由原有的 100% 降至 51%。甲公司上市后，开始着手研究并实行低成本、低碳排放的发电模式，如研究用风力发电、地热发电、天然气发电取代煤炭发电的可能性。同时，甲公司还着手对上市前咨询机构提交的多个境外投资方案进行评估。但当甲公司管理层要求信息技术部提供评估需要的相关数据时，信息技术部反映有关信息系统的一些月度数据被人删除，无法提供。甲公司经调查发现，一名已被甲公司辞退的后勤部职员，在退职后未经允许进入系统删除了有关信息。

问题：

1. 简述信息系统战略的内涵，并指出甲公司为实行低成本、低碳排放发电模式需要获得的基本信息（包含外部信息及内部信息）。

2. 简述甲公司信息系统的日常运行维护应实施的主要工作，并指出甲公司为防止信息被删除应采取的一般控制措施。

练习题参考答案

（一）选择题

ABD

（二）判断题

×

（三）思考题

答：

1. 信息系统战略确定了一家企业的长期信息要求，并且对可能存在的不同信息技术提供了一把“保护伞”。信息系统战略应遵循企业的经营战略，并且必须确保在经营战略实施（如财务、非财务、竞争和人力资源方面的战略实施）的过程中，可获得、保存、共享和使用恰当的信息。

需要获得的基本信息如下：

（1）内部信息，包括会计信息、生产经营信息、资本运作信息、人员变动信息、技术创新信息、综合管理信息。

（2）外部信息，包括政策法规信息、经济形势信息、监管要求信息、市场竞争信息、行业动态信息、客户信用信息、社会文化信息、科技进步信息。

2. 日常运行维护：制定信息系统使用操作程序、信息管理制度以及操作规范、及时跟踪；定期检查在硬件方面的保养和运营状况及更换易耗品；定期审阅账户系统，避免授权不当或存在非授权账户，禁止不相容职务的用户账号交叉操作；设置突发事件（如系统故障）应变机制并配备专业人员负责处理。

为防止信息被删除应采取的一般控制措施包括：甲公司应该加强“人员控制”，取消已离开公司职员所有的访问权限。此外，甲公司还应该将数据备份，以保证业务的连续性。

第七章

国家电网公司内部控制建设整体成果

第一节　内部控制管理办法

一、总　则

第一条　为加强国家电网公司（以下简称“公司”）内控流程管理，建立健全规范统一的内控流程体系，保障各项业务高效协同运转，依据《中央企业全面风险管理指引》（国资发改革［2006］108号）、《企业内部控制基本规范》（财会［2008］7号）及配套指引（财会［2010］11号）等相关规定，特制定本规范。

第二条　本规范所称内控流程，是指为实现公司战略和经营目标，有效防范各类风险，由各级单位、各业务部门和全体员工共同实施的一系列工作程序与控制。

第三条　内控流程管理应遵循以下原则：

1. 风险导向原则。围绕公司既定的战略和经营目标，以风险辨识和评估为切入点，确定业务关键控制环节，制定有效防范风险的控制措施。

2. 标准化原则。统一设计并建立跨专业、跨层级端到端的内控流程体系，集中体现总部管控要求，满足各级单位业务管理需要，实现流程步骤标准化、控制措施标准化和责任岗位标准化。

3. 专业化原则。由业务部门主导，结合日常业务，开展专业内控流程建设与维护，并对其完整性、正确性负责。

4. 协同性原则。加强业务协同，促进内控流程跨专业紧密衔接、跨层级无缝对接，实现横向融合、纵向贯通。

第四条　本规范应与授权管理规范、风险管理规范、规章制度规范及内控评价规范中有关内控流程的规定保持一致，确保公司内控流程有效执行与持续优化。

第五条　本规范适用于公司总（分）部及所属各级分公司、全资、控股单位（以下简称“各级单位”）。公司各级集体企业及代管单位参照本规范执行。

二、职责分工

第六条 国家电网人资部牵头、人事部配合（以下统称“公司内控流程归口管理部门”）负责公司内控流程归口管理工作，主要职责包括：

1. 构建公司跨专业、跨层级端到端的内控流程体系。

2. 组织制定公司内控流程手册。

3. 监督公司内控流程执行情况。

4. 负责公司全面风险管理与内部控制信息系统（简称“风控信息系统”）中内控流程基础信息的发布与维护，并依托系统开展内控流程管理相关工作。

5. 组织开展内控流程联合评审。

6. 配合开展内部控制评价工作。

7. 完成内控流程管理相关的其他事项。

第七条 总部业务部门主要职责包括：

1. 在公司内部控制体系框架下建设和维护本专业内控流程。

2. 制定本专业内控流程手册。

3. 实施本专业内控流程，并在业务信息系统中固化。

4. 监督本专业内控流程执行情况。

5. 依托公司风控信息系统开展本专业内控流程日常管理工作。

6. 完成本专业内控流程管理相关的其他事项。

第八条 公司全面风险管理办公室（设在国家电网财务部）主要职责包括：

1. 制定内控流程规范等相关管理制度。

2. 审核公司内控流程的合规性。

3. 评价内控流程设计与执行情况，向公司内控流程归口管理部门及总部相关业务部门提出缺陷改进建议。

三、内控流程管理

（一）内控流程框架制定

第十条 公司内控流程归口管理部门应基于公司发展战略、组织架构和运行模式，厘清现有各专业、各层级之间的管理逻辑关系，明确公司内控流程四级框架及细化规则。

1. 一级流程是依据业务价值链和管理职能，将公司运营管理体系分解为有机关联、相互作用的若干业务领域，主要反映公司整体管理逻辑和业务运作模式。

2. 二级流程是按照一级流程的业务全生命周期和管理逻辑，细化分解为不同的业务阶段，主要界定不同专业领域和部门职责的关系。

3. 三级流程是依据二级流程的业务活动逻辑关系细化分解为具体业务活动。

4. 四级流程是依据三级流程的业务活动性质、先后次序细化分解不同的工作环节。

（二）内控流程建设

第十三条　按照公司审定发布的内控流程框架，总部各业务部门应组织所属各级单位梳理实际业务，提炼本专业内控流程。

1. 梳理业务基础信息，明确内控流程的起点与终点，按照风险导向和效率最优原则提炼标准化流程步骤。

2. 依据不相容职责、岗位职责最小化等原则，明确本专业关键职责和标准岗位。

3. 将内控流程所涉及的管理层级、部门和标准岗位按职责匹配流程步骤。

4. 明确各流程步骤所涉及的业务系统、流程接口、文档等信息。

5. 与本部门流程中涉及的业务协同部门沟通，厘清工作界面，明确流程横向衔接点。

6. 与本部门流程中涉及的所属各级单位沟通，厘清责任界面，明确流程上下对接点。

第十四条　总部各业务部门应依据《国家电网内控流程管理要素采集表》、《国家电网公司内控流程管理审批表》等基础文档与编制要求，填报风险、岗位、权限、制度、控制措施等信息，并对内控流程信息的完整性、准确性进行审核。

第十五条　总部各业务部门按照内控流程图（模版）及绘制要求，绘制本专业内控流程图。流程图以图例形式展示管理层级、标准岗位、流程步骤、风险点、控制点、涉及信息系统、输入输出文档、跨专业流程衔接接口等。

第十六条　总部各业务部门对照流程图步骤，按照流程说明（模版）及编写要求，分流程、步骤编写流程说明。

第十七条　总部各业务部门按照内控矩阵（模版）及编写要求，识别风险点，确定内控流程控制点及对应控制类型、控制频率，编制内控矩阵。

凡符合以下标准的流程步骤，应作为控制点：

1. 该步骤在业务操作过程中能够降低风险发生概率或减少风险损失。

2. 该步骤的有效执行能够保证控制目标实现以及确保前一步骤的正确性。

第十八条 总部各业务部门汇总流程图、流程说明、内控矩阵等基础信息，编制本专业内控流程手册，提交公司内控流程归口管理部门。内控流程手册应包括以下内容：

1. 一级流程名称、业务概述、适用范围。

2. 一级流程所属流程明细目录、流程间逻辑关系、不相容职责说明。

3. 末端流程涉及的部门职责、工作表单、流程图、流程说明、内控矩阵。

4. 与其他流程的衔接信息。

5. 与流程相关的其他内容。

四、内控流程实施与应用

第二十二条 所属各级单位应根据公司内控流程手册，结合本单位经营实际，选择适用的内控流程，将流程步骤与执行责任落实到实际岗位。

第二十三条 所属各级单位应按照公司内控流程，调整实际业务。如因客观原因确实无法调整的，应将流程差异逐级报公司内控流程归口管理部门批准后方可执行。对允许阶段性存在的流程差异，应在规定时间内调整完成。

第二十四条 所属各级单位应按照公司内控流程手册中的信息系统操作要求，梳理本单位尚未实现系统操作的流程步骤，提出系统固化需求，信通部门应整合业务固化需求并推动实施。

第二十五条 各级单位通过文件、制度、公告等形式正式对内或对外公开的业务流程，应与公司风控信息系统中发布的内控流程一致。

第二十六条 各级单位应通过系统预警、自评价等监督手段监控内控流程执行情况，及时纠正执行偏差。

第二十七条 国家电网财务部定期对内控流程设计与执行有效性进行评价，及时发现缺陷并督促整改。

五、内控流程调整

第二十八条 凡有下列情形之一的，应及时组织修订内控流程：

1. 国家有关法律法规、行业监管政策或公司相关制度等变动，造成本单位内控流程与之不相适应的。

2. 组织机构和岗位、经营业务、工作程序、涉及风险、信息系统等变化，造成内控流程设计依据发生改变的。

3. 因其他内部控制管理手册调整，造成内控流程手册需要调整的。

4. 内部控制评价中发现设计缺陷的。

5. 其他需要修订的情形。

第二十九条 凡有下列情形之一的，应及时废止相应内控流程：

1. 内控流程所对应的业务已被取消。

2. 内控流程所对应的业务管理模式发生根本变化，需要编制新的内控流程。

3. 其他原因导致不能执行相应内控流程。

第三十一条 公司内控流程归口管理部门应组织相关业务部门参与内控流程联合评审，针对内控流程提出评审意见。评审意见包括以下三种：

1. 批准。应根据批准意见调整公司内控流程，主要针对普遍适用的内控流程。

2. 批准暂不调整。主要针对因客观条件制约暂时无法达到标准化要求或暂不具备推广条件的内控流程。

3. 不予批准。应说明不予批准的原因。

第三十二条 公司内控流程归口管理部门应在评审结束后1个月内，下发评审意见。涉及内控流程调整的，应及时组织修订内控流程手册，经公司全面风险管理委员会审批后执行。

六、考核与责任追究

第三十三条 各级单位内控流程归口管理部门负责本单位内控流程管理情况考核，并出具考核意见。各级单位全面风险管理办公室应将内控流程设计与执行情况纳入内控评价范围，出具评价结论，制订缺陷整改计划，督促整改落实。内控流程相关考核意见、评价结果应纳入企业负责人年度业绩考核和全员绩效考核体系。

第三十四条 各级单位应落实内控流程执行责任，未严格执行内控流程导致重大损失的，将依据规定追究责任。

第二节 流程管理规范

内控流程是指为实现公司战略和经营目标，有效防范各类风险，由各级单位、各业务部门和全体员工共同实施的一系列工作程序与控制。

一、内控流程管理遵循的原则

1. 风险导向原则。

2. 标准化原则。

3. 专业化原则。

4. 协同性原则。

二、内控流程层级

国家电网公司内部控制流程体系总共分为四级：

一级流程是依据业务价值链和管理职能，将公司运营管理体系分解为有机关联、相互作用的若干业务领域，主要反映公司整体管理逻辑和业务运作模式。

二级流程是按照一级流程的业务全生命周期和管理逻辑，细化分解为不同的业务阶段，主要界定不同专业领域和部门职责的关系。

三级流程是依据二级流程的业务活动逻辑关系细化分解为具体业务活动。

四级流程是依据三级流程的业务活动性质、先后顺序细化分解为不同的工作环节。

三、内控流程框架

国家电网内控管理流程框架，覆盖业务领域包括：战略与决策、电网投资、电网基建、小型基建、生产性技改、生产性大修、非生产性技改、电力交易、电网调控、设备运检、营销管理、农电管理、国际业务、人力资源管理、财务管理、物资（服务）采购、反舞弊、安健环监督、纪检监察、内部审计、基础管理、信息管理、科研管理、法律事务、合同管理、行政管理、思政及党建、工会管理，总共28个一级流程，全面覆盖公司的各业务管理领域。

四、内控流程图

1. 内控流程图示例

内控流程图，如图7-1所示。

2. 内控流程图例示意

内控流程图例表，见表7-1。

3. 流程步骤说明

流程步骤说明，是对流程图各流程环节进行的相关的内容说明和信息补充，主要内容包括：标准流程步骤、步骤说明、涉及层级、责任部门、责任岗位、输入信息、输入信息提供者、输出信息、涉及系统。流程步骤说明表，见表7-2。

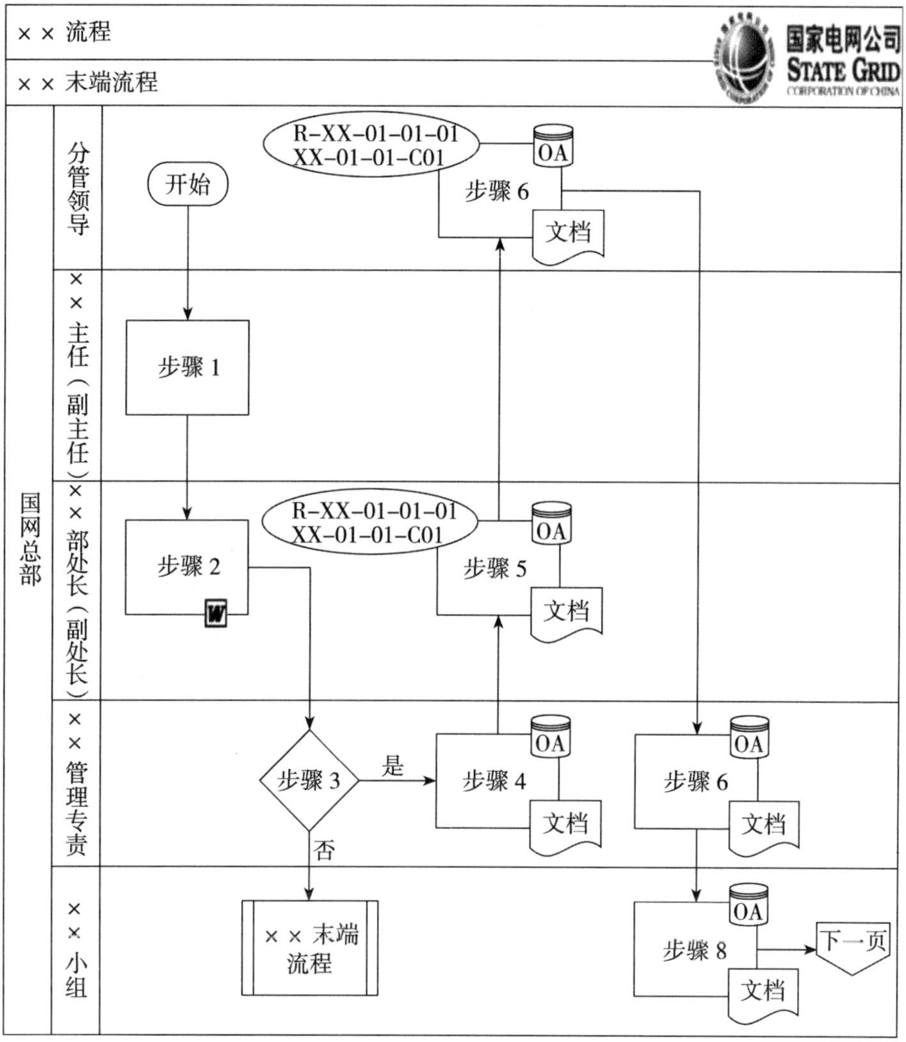

图 7-1　内控流程图

表 7-1　**内控流程图例表**

序号	图形名称	图形
1	非系统流程操作步骤	
2	系统操作流程步骤	

续表

序号	图形名称	图形
3	独立流程	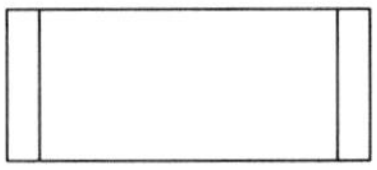
4	系统文件	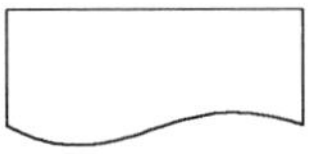
5	文档型实施文档	
6	表格型实施文档	
7	开始	
8	结束	
9	下一页	
10	上一页	
11	同页索引	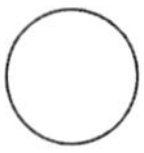
12	系统	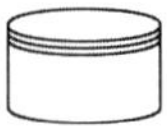
13	连接线	
14	风险点（R）/控制点（C）编号	
15	判断框	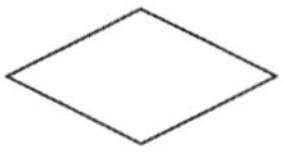

表 7-2 **流程步骤说明表**

步骤编号	标准流程步骤	步骤说明	涉及层级	责任部门	责任岗位	输入信息	输入信息提供者	输出信息	涉及系统
…	…	…	…	…	…	…	…	…	…

五、内控矩阵介绍

国家电网内控管理体系，内控矩阵是在公司内控管理中，对各末端流程运行过程中存在的主要风险以及对应的控制措施进行描述，内控矩阵要素包括：风险点编号、风险点描述、控制点编号、控制点描述、手工/IT/手工依赖 IT 控制、控制频率六个方面。内控矩阵表见表 7-3。

表 7-3　内控矩阵表

步骤编号	风险点编号	风险点描述	控制点编号	控制点描述	手工/IT/手工依赖 IT 控制	控制频率
…	…	…	…	…	…	…

第三节　风险管理规范

风险是指在公司发展过程中，影响未来公司战略及经营目标实现的各种不确定性。

一、风险管理基本程序

主要包括收集风险信息，开展风险评估，制定风险管理策略，提出和实施风险应对措施，编制风险管理报告，风险管理的监督与改进等工作。

二、风险管理遵循原则

1. 全面性原则。
2. 重要性原则。
3. 成本效益原则。
4. 系统性原则。

三、风险分类框架

国家电网公司内控管理体系建立统一的四级风险分类框架。

1. 一级风险是指公司主要业务领域所面临的总体性风险。

2. 二级风险是指在公司各主要业务领域中的具体经营活动和管理行为所产生的风险，是对一级风险的细分。

3. 三级风险是可能导致二级风险发生的主要风险诱因，是对二级风险的细分。

4. 四级风险是指将三级风险与末端流程相匹配，细化落实到流程步骤的风险。

四、国家电网公司一级风险内容

国家电网公司一级风险主要包括：战略风险、投资风险、财务风险、营销风险、电力交易风险、法律合规风险、安全生产风险、工程建设风险、人力资源风险、物资管理风险、信息风险、科研风险、公司形象风险、维稳风险、廉政风险等。具体风险内容详见《关于印发〈国家电网公司内部控制管理办法（试行）〉的通知》（国家电网企管［2013］2034号）。

五、国家电网风险全视图

国家电网风险全视图，如图7-2所示。

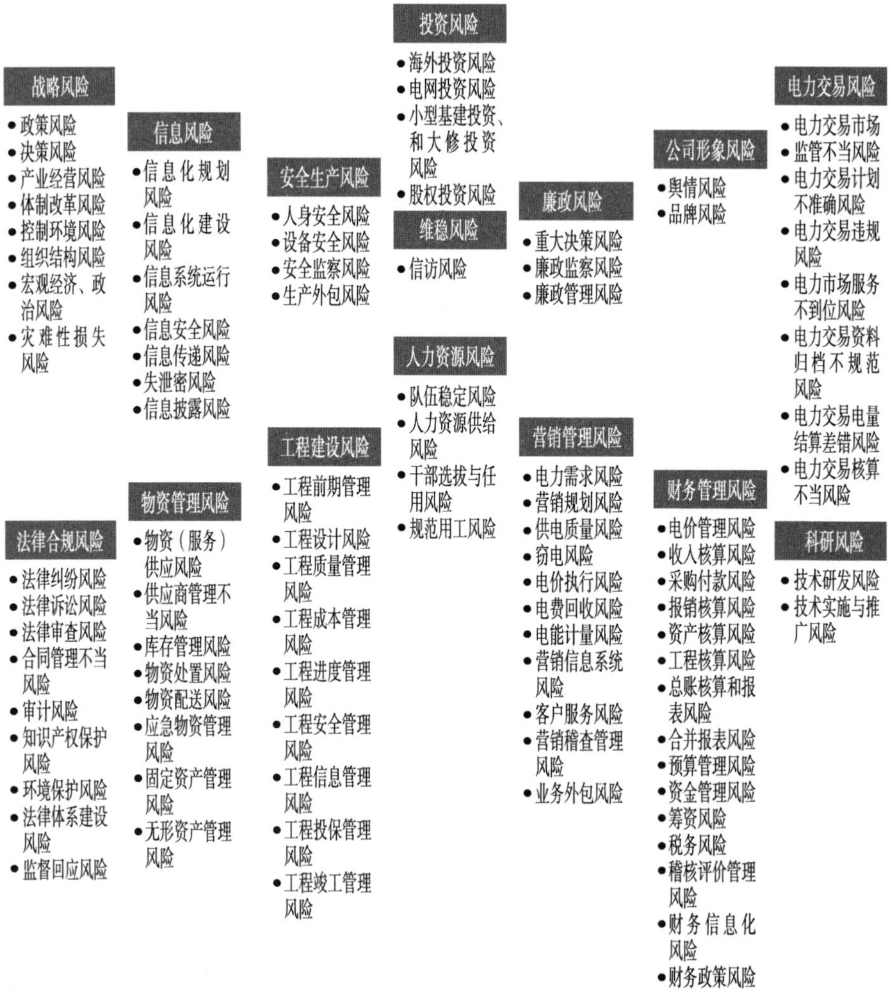

图7-2　国家电网风险全视图

六、国家电网风险评估标准

国家电网风险评估标准表，见表 7-4。

表 7-4 国家电网风险评估标准表

风险评估方法	风险发生的可能性				
	极低	低	中等	高	极高
定量方法（分值）	1	2	3	4	5
定性方法（文字描述）	公司可能每 5 年以上发生该类风险	公司可能每 1 ~5 年发生该类风险	公司可能每年发生该类风险	公司可能每半年发生该类风险	公司可能每月发生该类风险

七、国家电网风险影响程度分类等级

国家电网风险影响程度分类等级表，见表 7-5。

表 7-5 国家电网风险影响程度分类等级表

等级	风险损失度			
	风险损失			
	安全		社会形象	直接经济损失
	电网安全	人员伤亡		
1	符合《国家电网公司安全事故调查规程》的七级及以下级电网事件	无人员死亡和重伤，但有人员轻伤	在县所辖范围内受到影响，但该影响可由所辖公司短期内自行消除	1 000 万元以下
2	符合《国家电网公司安全事故调查规程》的六级电网事件	3 人以下死亡，或者 10 人以下重伤	在地市范围内受到影响，但该影响需要一定时间、付出一定代价消除	1 000 万元及以上、1 亿元以下
3	符合《国家电网公司安全事故调查规程》的五级电网事件	3 人及以上 10 人以下死亡，或者 10 人及以上 50 人以下重伤	在网省范围内受到影响，这种影响需要较长时间、付出较大代价消除	1 亿元以上、10 亿元以下
4	符合《国家电网公司安全事故调查规程》的三、四级电网事件	10 人及以上 30 人以下死亡，或者 50 人及以上 100 人以下重伤	在全国范围内受到影响，这种影响需要通过长时间努力、付出巨额代价消除	10 亿元以上、50 亿元以下
5	符合《国家电网公司安全事故调查规程》的一、二级电网事件	30 人及以上死亡，或者 100 人及以上重伤	在国际范围内受到影响，这种影响难以消除	50 亿元及以上

八、电网安全事故标准说明

表 7-6 电网安全事故标准说明表

序号	安全等级	详细说明
1	七级及以上电网事件	未构成六级以上电网事件，并且符合下列条件之一者定为七级电网事件： （1）35 千伏以上输变电设备异常运行或被迫停止运行，并造成减供负荷 （2）变电站内 35 千伏母线非计划全停 （3）220 千伏以上单一母线非计划停运 （4）110 千伏（含 66 千伏）系统中，一次事件造成同一变电站内两条以上母线或同一输电断面两回以上线路同时停运 （5）110 千伏（含 66 千伏）系统中，开关失灵、继电保护或自动装置不正确动作致使越级跳闸 （6）110 千伏（含 66 千伏）变压器等主设备无主保护，或线路无保护运行 （7）地市级以上地方人民政府有关部门确定的临时性重要电力用户电网侧供电全部中断 未构成七级以上电网事件，符合下列条件之一者定为八级电网事件： （1）10 千伏（含 20 千伏、6 千伏）供电设备（包括母线、直配线）异常运行或被迫停止运行，并造成减供负荷者 （2）10 千伏（含 20 千伏、6 千伏）配电站非计划全停 （3）35 千伏变压器等主设备无主保护，或线路无保护运行
2	六级电网事件	未构成五级以上电网事件，符合下列条件之一者定为六级电网事件： （1）造成电网减供负荷 40 兆瓦以上 100 兆瓦以下者 （2）变电站内 110 千伏（含 66 千伏）母线非计划全停 （3）一次事件造成同一变电站内两台以上 110 千伏（含 66 千伏）主变跳闸 （4）220 千伏（含 330 千伏）系统中，一次事件造成同一变电站内两条以上母线或同输电断面两回以上线路同时停运 （5）220 千伏以上 500 千伏以下系统中，开关失灵、继电保护或自动装置不正确动作致使越级跳闸 （6）电网安全水平降低，出现下列情况之一者： ①区域电网、省（自治区、直辖市）电网实时运行中的备用有功功率不能满足调度规定的备用要求 ②电网输电断面超稳定限额连续运行时间超过 1 小时

续表

序号	安全等级	详细说明
2	六级电网事件	③220千伏以上线路、母线失去主保护 ④互为备用的两套安全自动装置（切机、切负荷、振荡解列）非计划停用时间超过72小时 （7）电网电能质量降低，造成下列后果之一者： ①频率偏差超出以下数值： A. 在装机容量3 000兆瓦以上电网中，频率偏差超出50±0.2赫兹 B. 在装机容量3 000兆瓦以下电网中，频率偏差超出50±0.5赫兹 ②220千伏（含330千伏）电压监视控制点电压偏差超出±5%，延续时间超过30分钟 （8）地市级以上地方人民政府有关部门确定的二级重要电力用户电网侧供电全部中断
3	五级电网事件	未构成一般以上电网事故（四级以上电网事件），符合下列条件之一者定为五级电网事件： （1）造成电网减供负荷100兆瓦以上者 （2）220千伏以上电网非正常解列成三片以上，其中至少有三片每片内解列前发电出力和供电负荷超过100兆瓦 （3）220千伏以上系统中，并列运行的两个或几个电源间的局部电网或全网引起振荡，并且振荡超过一个周期（功角超360度），不论时间长短，或是否拉入同步 （4）变电站内220千伏以上任一电压等级母线非计划全停 （5）220千伏以上系统中，一次事件造成同一变电站内两台以上主变跳闸 （6）500千伏以上系统中，一次事件造成同一输电断面两回以上线路同时停运 （7）500千伏以上系统中，开关失灵、继电保护或自动装置不正确动作致使越级跳闸 （8）电网电能质量降低，造成下列后果之一者： ①频率偏差超出以下数值： A. 在装机容量3 000兆瓦以上电网，频率偏差超出50±0.2赫兹，延续时间30分钟以上 B. 在装机容量3 000兆瓦以下电网，频率偏差超出50±0.5赫兹，延续时间30分钟以上 ②500千伏以上电压监视控制点电压偏差超出±5%，延续时间超过1小时 （9）一次事件风电机组脱网容量500兆瓦以上 （10）地市级以上地方人民政府有关部门确定的特级或一级重要电力用户电网侧供电全部中断

续表

序号	安全等级	详细说明
4	三、四级电网事件	有下列情形之一者，为一般电网事故（四级电网事件）： （1）造成区域性电网减供负荷4%以上7%以下 （2）造成电网负荷20 000兆瓦以上的省（自治区）电网减供负荷5%以上10%以下 （3）造成电网负荷5 000兆瓦以上20 000兆瓦以下的省（自治区）电网减供负荷6%以上12%以下 （4）造成电网负荷1 000兆瓦以上5 000兆瓦以下的省（自治区）电网减供负荷10%以上20%以下 （5）造成电网负荷1 000兆瓦以下的省（自治区）电网减供负荷25%以上40%以下 （6）造成直辖市电网减供负荷5%以上10%以下，或者10%以上15%以下供电用户停电 （7）造成省（自治区）人民政府所在地城市电网减供负荷10%以上20%以下，或者15%以上30%以下供电用户停电 （8）造成其他设区的市电网减供负荷20%以上40%以下，或者30%以上50%以下供电用户停电 （9）造成电网负荷150兆瓦以上的县级市电网减供负荷40%以上60%以下，或者50%以上70%以下供电用户停电 （10）造成电网负荷150兆瓦以下的县级市电网减供负荷40%以上，或者50%以上供电用户停电 （11）发电厂或者220千伏以上变电站因安全故障造成全厂（站）对外停电，导致周边电压监视控制点电压低于调度机构规定的电压曲线值5%以上10%以下并且持续时间2小时以上 有下列情形之一者，为较大电网事故（三级电网事件）： （1）造成区域性电网减供负荷7%以上10%以下 （2）造成电网负荷20 000兆瓦以上的省（自治区）电网减供负荷10%以上13%以下 （3）造成电网负荷5 000兆瓦以上20 000兆瓦以下的省（自治区）电网减供负荷12%以上16%以下 （4）造成电网负荷1 000兆瓦以上5 000兆瓦以下的省（自治区）电网减供负荷20%以上50%以下 （5）造成电网负荷1 000兆瓦以下的省（自治区）电网减供负荷40%以上 （6）造成直辖市电网减供负荷达到10%以上20%以下，或者造成15%以上30%以下供电用户停电 （7）造成省（自治区）人民政府所在地城市电网减供负荷20%以上40%以下，或者造成30%以上50%以下供电用户停电

续表

序号	安全等级	详细说明
4	三、四级电网事件	（8）造成电网负荷600兆瓦以上的其他设区的市电网减供负荷40%以上60%以下，或者造成50%以上70%以下供电用户停电 （9）造成电网负荷600兆瓦以下的其他设区的市电网减供负荷40%以上，或者造成50%以上供电用户停电 （10）造成电网负荷150兆瓦以上的县级市电网减供负荷60%以上，或者造成70%以上供电用户停电 （11）发电厂或者220千伏以上变电站因安全故障造成全厂（站）对外停电，导致周边电压监视控制点电压低于调度机构规定的电压曲线值20%并且持续时间30分钟以上，或者导致周边电压监视控制点电压低于调度机构规定的电压曲线值10%并且持续时间1小时以上
5	一、二级电网事件	有下列情形之一者，为重大电网事故（二级电网事件）： （1）造成区域性电网减供负荷10%以上30%以下 （2）造成电网负荷20 000兆瓦以上的省（自治区）电网减供负荷13%以上30%以下 （3）造成电网负荷5 000兆瓦以上20 000兆瓦以下的省（自治区）电网减供负荷16%以上40%以下 （4）造成电网负荷1 000兆瓦以上5 000兆瓦以下的省（自治区）电网减供负荷50%以上 （5）造成直辖市电网减供负荷20%以上50%以下，或者30%以上60%以下的供电用户停电 （6）造成电网负荷2 000兆瓦以上的省（自治区）人民政府所在地城市电网减供负荷40%以上60%以下，或者50%以上70%以下供电用户停电 （7）造成电网负荷2 000兆瓦以下的省（自治区）人民政府所在地城市电网减供负荷40%以上，或者50%以上供电用户停电 （8）造成电网负荷600兆瓦以上的其他设区的市电网减供负荷60%以上，或者70%以上供电用户停电 有下列情形之一者，为特别重大电网事故（一级电网事件）： （1）造成区域性电网减供负荷30%以上 （2）造成电网负荷20 000兆瓦以上的省（自治区）电网减供负荷30%以上 （3）造成电网负荷5 000兆瓦以上20 000兆瓦以下的省（自治区）电网减供负荷40%以上 （4）造成直辖市电网减供负荷50%以上，或者60%以上供电用户停电 （5）造成电网负荷2 000兆瓦以上的省（自治区）人民政府所在地城市电网减供负荷60%以上，或者70%以上供电用户停电

九、风险信息库

国家电网公司建立统一标准的风险信息库，风险信息库主要内容包括：

1. 一级风险，信息库内容包括风险编号、风险名称；

2. 二级风险，信息库内容包括风险编号、风险名称、风险定义、风险损失度（电网安全、人身伤亡、社会形象、直接经济损失）、综合损失度、发生可能、风险值、风险等级；

3. 三级风险，信息库内容包括风险编号、风险名称、外部因素、内部因素、影响描述、风险预警指标、预警指标数据来源、预警指标阈值、预警频率、预警方式；

4. 四级风险，信息库内容包括风险编号、风险点描述、风险对应流程编号、风险对应末端流程、风险对应控制点编号、应对措施、控制责任部门/岗位、对应制度和管理标准。

（资料来源：国家电网公司．关于印发《国家电网公司内部控制管理办法（试行）》的通知（国家电网企管［2013］2034 号）［EB/OL］．http：//www. sgcc. com. cn.）

第四节　授权管理规范

授权是指公司为完成既定目标，赋予特定单位、部门或岗位在其职责范围内合理支配公司资源的权力，为组织机构设置及其职责分配、经营活动开展、规章制度制定等提供权力保证。

一、授权管理原则

1. 分级授权原则；

2. 有限授权原则；

3. 权责对等原则；

4. 全过程监控原则。

二、授权管理体系

公司授权管理分成常规授权和特别授权。

1. 常规授权是指在日常经营管理活动中按照既定的职责和程序进行的授权，具体分为基本授权和岗位授权两类。

（1）基本授权是指针对具体业务赋予特定单位或部门的事务决策权、人事任免权或财务审批权等权力。

（2）岗位授权是指根据具体业务管控要求，将基本授权细化落实到内控流程关键环节，明确相应执行人的权力范围和责任。岗位授权应根据基本授权变化进行相应调整。

2. 常规授权包括的主要事项：财务管理权限，投资管理权限，生产经营权限，销售与收款管理权限，采购与付款管理权限，薪酬与人事管理权限，资产管理权限，法律事务管理权限。

3. 特别授权是指针对常规授权未规定的事项进行的特殊性、临时性授权。

4. 特别授权包括发展新项目业务权限，洽谈投资、收购兼并、对外担保、关联交易及关联方资金往来等重要经济业务权限，超过常规授权限制的交易权限和其他经营管理权限。

三、授权管理体系责任部门

公司党组为授权管理的最高决策机构，国家电网人资部牵头，人事部配合负责授权管理日常工作。

四、授权管理程序

授权管理程序，包括权限授予、授权变更、撤销与终止、执行与监督。

（一）权限授予

按照授予形式划分，权限授予包括制度授权和书面授权。制度授权是指以规章制度明确被授权人的职责范围和权限，通常适用于常规授权。书面授权是指通过书面申请批复和签发授权书对被授权人进行授权。其中，申请批复通常适用于特别授权，签发授权书适用于基本授权和特别授权。

1. 授权书，是指是由授权人签发的赋予被授权人经营管理权限的书面文件。公司授权归口管理部门统一制定非合同类的授权书模版，主要包括以下内容：

（1）授权书编号；

（2）授权机构名称；

（3）授权机构法定代表人或主要负责人姓名；

（4）被授权机构名称或人员姓名、身份证号码；

（5）授权类型（常规授权和特别授权）；

（6）授权范围和授权事项；

（7）授权期限；

（8）授权限制性要求；

（9）其他需要规定的事项。

2. 权限授予管理要求

规章制度明确的常规授权，在规章制度未作修订或废止之前，授权自动成立并持续有效。

特别授权事项或现行规章制度未明确的常规授权事项，应通过申请批复或签发授权书的形式进行授权。

授权人在进行特别授权时应明确效力期间，原则上不得超过 1 年。未明确注明的，每年应重新授权。

（二）授权变更

1. 授权变更的情形

（1）与常规授权相关的规章制度修订导致原授权需要变更的；

（2）公司内外部情况发生变化导致原授权需要变更的；

（3）授权人认为有必要对已签发的授权书进行变更的；

（4）授权事项相关的业务流程发生变更；

（5）与授权有关的人员岗位设置或职能发生变更；

（6）其他需要变更的情况。

2. 授权变更的程序

（1）制度授权形式下的授权变更，应履行公司规章制度修订程序。

（2）书面授权形式下的授权变更，由授权归口管理部门制定授权变更通知书，经原授权人审批后生效。授权变更通知书作为原申请批复或原授权书的附属文件，与原申请批复和授权书具有同等效力。

（三）撤销与终止

1. 原授权人应及时撤销授权的情形如下：

（1）被授权人发生重大越权行为或超权限行为，限期未整改；

（2）被授权人的行为失当，造成重大经营风险或法律责任；

（3）外部经营环境、内部机构和管理体制发生重大变化造成原授权不适用；

（4）其他情况。

2. 授权自然终止

（1）特别授权书中规定期限届满，如果原授权人未发出授权展期通知，则授权终止；

（2）采用制度授权形式的授权，在规章制度废止时自动终止；

（3）在特别授权相关事项处理结束后，授权即行终止；

（4）被授权人存在机构撤销、职务变动或丧失民事行为能力的，授权终止；

（5）在授权期限内，自重新签发的授权书生效之日起，原授权书终止；

（6）其他应予终止授权的情形。

（四）执行与监督

1. 被授权人的自我约束管理。被授权人应在授权范围内办理授权事项相关业务：

（1）在授权范围内履行职责，有效维护公司合法权益；

（2）在授权范围内审查、签署有关文件，保证所出具、签署文件的合法性和有效性；

（3）在实施委托行为过程中，及时报告并有效制止可能损害公司利益的行为。

2. 授权归口管理部门进行归口管理。各级授权归口管理部门应依据公司授权管理手册和相关管理制度对授权执行情况进行监督，对授权执行过程中发生的异常情况要及时告知授权人。

3. 各级业务部门授权管理。各级业务部门应依据公司授权管理手册和相关管理制度监督与授权事项相关的业务开展情况。发现超越授权、未经授权办理业务时，应及时制止并督促有关单位和个人限期整改。

4. 国家电网财务部授权评价，财务部应依据公司授权管理手册组织开展授权情况评价，并将授权评价情况纳入公司内部控制年度评价报告。

第五节　内控评价规范

内控评价是指，是指对公司内部控制设计和执行的有效性进行评价，识别控制缺陷，形成评价结论，出具评价报告的过程。

一、内控评价原则

1. 全面性原则；
2. 重要性原则；
3. 客观性原则；
4. 统一性原则。

二、内控评价分类

内控评价年度整体评价和年度自评。

1. 年度整体评价由国家电网财务部组织实施，每年对公司内部控制整体有效性进行评价，编制公司内控评价报告。

2. 年度自评价由所属各级单位全面风险管理办公室组织实施，对本单位特定期间的内部控制有效性进行自我评价，编制内控自评价报告。

三、内控评价方法

包括个别访谈法、调查问卷法、专题讨论法、穿行测试法、实地查验法、抽样法、比较分析法和控制测试法等。

四、内控缺陷分类

内控缺陷分为设计缺陷和执行缺陷。

1. 设计缺陷是指在内部控制设计时，缺少为实现控制目标的必要措施，或现有的措施不能满足控制要求，表现为规章制度缺失、不相容职责未有效分离、控制设计不合理等。

2. 执行缺陷是指设计合理及有效的内部控制未被正确地执行，表现为未按设计方式运行、执行人因未获得必要授权或缺乏胜任能力无法实施等。

五、重大缺陷

重大缺陷是指一个或多个内控缺陷的组合，可能导致公司严重偏离控制目标。内部控制存在重大缺陷的主要情形如下：

1. 缺乏民主决策程序或决策程序不合理；
2. 内部控制环境失效；
3. 高级管理层成员发生舞弊；
4. 未能及时发现或有效应对重大风险，造成严重后果；
5. 违反国家法律、法规有关规定；
6. 管理报告中存在重大错报；
7. 内部控制监督失效；
8. 关键岗位的管理人员或技术人员流失严重；
9. 在主要媒体出现负面新闻；
10. 发生重大安全生产事故；
11. 重要业务管理或操作人员明显不胜任；
12. 制度缺失、设计不合理或系统性失效，对公司经营活动产生重大影响。

六、重要缺陷

重要缺陷是指一个或多个内控缺陷的组合，其严重程度和经济后果低于重大缺陷，但仍有可能导致公司偏离控制目标。内部控制存在重要缺陷的主要情形如下：

1. 管理决策程序不完善；

2. 未能及时发现或有效应对重大风险，尚未造成一定的后果；
3. 企业各类管理报告中存在重要错报；
4. 内部控制监督不力；
5. 所属各级单位内控自评价报告与实际不符或故意隐瞒信息；
6. 管理人员或技术人员流失较多，对经营产生一定影响；
7. 在媒体出现负面新闻；
8. 业务管理或操作人员不胜任；
9. 制度缺失或设计不合理，对部分经营活动产生重要影响。

七、一般缺陷

由于控制设计不合理或执行不到位，造成负面影响和目标偏离，未构成重大缺陷或重要缺陷的，通常可认定为一般缺陷。

八、年度自评工作

1. 时间要求

每年7—8月。

2. 内控评价工作要求

(1) 运用内控评价方法，收集被评价单位内控设计与执行有效性证据，填写评价工作底稿，全面查找和报送内控缺陷。

(2) 各级单位全面风险管理办公室出具本单位内控缺陷报告。

(3) 内控缺陷报告会签相关业务部门，报本单位全面风险管理委员会审议，并经单位主要负责人签字后报上级单位。各单位于每年9月初上报至国家电网财务部。

(4) 内控缺陷报告主要内容包括：自评价范围、程序和方法，内控缺陷内容、缺陷整改责任部门及岗位、整改截止日期和整改有效运行期等。

3. 内控缺陷整改

内控缺陷整改后应保证一定的有效运行期。未经再测试或未获得有效执行证据，不得认定原内控缺陷事项已经整改完成。

(1) 运行频率为每天一次或多次的控制活动，至少应运行25次/15天；

(2) 每周一次的控制活动，至少运行5周；

(3) 每月一次的控制活动，至少运行2个月；

(4) 每季度运行一次的控制活动，至少运行2个季度。

(5) 所属各级单位全面风险管理办公室应在12月底前组织相关业务部门、下级单位完成缺陷整改。

九、年度整体评价

国家电网财务部每年2—4月组织总部相关业务部门对上年度内部控制有效性开展公司年度整体评价，出具公司内控评价结论；同时对所属各单位内控自评价报告进行检查，出具检查结论，确定管理水平等级。

1. 年度整体评价应关注的重点内容

（1）对在内控自评价中发现缺陷的流程进行再测试；

（2）未纳入预评价范围的重要业务事项；

（3）年度性控制，如年度财务报告、年度预算等；

（4）高风险的业务事项；

（5）其他应关注的事项。

2. 对所属各级单位内控自评价报告进行检查时关注的内容

（1）内控自评价工作计划的完整性、适当性；

（2）内控自评价工作团队的构成、胜任能力以及是否具备适当的独立性；

（3）内控自评价工作的程序与方法是否遵循公司统一的测试标准与要求（包括测试样本量、抽样方法、检查程序等）；

（4）内控自评价工作的文档记录是否完整、清晰，具有可验证性；

（5）内控自评价报告的格式是否符合公司统一要求，内容是否完整、真实、公允。

十、报告内容及结论

1. 报告基准日：年度内控（自）评价报告基准日为每年12月31日。

2. 年度内控（自）评价报告内容如下：

（1）各级单位主要负责人对内控评价报告真实性的声明；

（2）内控评价依据、范围、程序和方法；

（3）内控缺陷及认定情况；

（4）期中预评发现的内控缺陷整改情况；

（5）年度终评发现的内控缺陷整改计划及措施；

（6）关于内部控制有效性的结论。

3. 内控评价结论

内控评价报告应依据内控缺陷认定标准，确定内控缺陷性质和影响，形成内控评价结论，分为以下类型：

（1）内部控制有效。指不存在内控缺陷、单个或若干个内控缺陷的组合构成一个或多个一般缺陷，应出具有效性结论。

（2）内部控制有效但需补充说明。指单个或若干个内控缺陷的组合构成一个或多个重要缺陷，但是尚未达到重大缺陷的，可出具有效性结论，但应在内控评价报告中对存在的重要缺陷予以说明，包括重要缺陷性质、原因、影响程度及不认定为重大缺陷的理由。

（3）内部控制无效。指单个或若干内控缺陷组合构成一个或多个重大缺陷，应出具无效性结论。

第六节　巩固强化：记忆·练习·思考

一、记忆点

1. 流程管理规范

（1）内控流程定义。

（2）内控流程管理遵循原则。

（3）公司内控流程层级划分。

（4）公司内控流程覆盖业务范围。

（5）内控流程图图例示意。

2. 风险管理规范

（1）风险定义。

（2）风险管理基本程序。

（3）风险管理遵循原则。

（4）公司风险分类框架。

（5）公司一级风险内容。

（6）公司风险全视图。

（7）公司风险评估标准。

（8）公司风险影响程度分类等级。

（9）公司安全事故标准说明。

3. 授权管理规范

（1）授权定义。

（2）授权管理原则。

（3）公司授权管理分类及定义、主要事项。

（4）授权管理程序。

（5）制度授权和书面授权的定义。

（6）授权书的主要内容。

（7）授权变更情形。

(8) 授权撤销与终止情形。

(9) 授权管理执行与监督中管理要求。

4. 内控评价规范

(1) 内控评价定义。

(2) 内控评价原则。

(3) 公司内控评价分类。

(4) 内控评价方法。

(5) 内控缺陷分类及定义。

(6) 年度自评公司相关要求。

(7) 年度整体评价相关要求。

二、练习题

(一) 选择题(每题有一个或多个正确答案)

1. 内控流程是指为实现公司(　　),有效防范各类风险,由各级单位、各业务部门和全体员工共同实施的一系列工作程序与控制。

A. 战略和经营目标　　B. 财务管理活动

C. 法律管理活动　　D. 人力资源管理活动

2. 风险是指在公司发展过程中,影响未来公司(　　)实现的各种不确定性。

A. 战略和经营目标　　B. 财务管理活动

C. 法律管理活动　　D. 人力资源管理活动

3. 国家电网公司风险发生可能性为高的风险是指(　　)。

A. 公司可能每 5 年以上发生该类风险

B. 公司可能每半年发生该类风险

C. 公司可能每 1—5 年发生该类风险

D. 公司可能每月发生该类风险

4. 授权管理原则包括(　　)。　　(　　)

A. 全面性原则　　B. 分级授权原则

C. 有限授权原则　　D. 权责对等原则

E. 全过程监控原则　　F. 重要性原则

5. 内控评价,是指对公司内部控制(　　)的有效性进行评价,识别控制缺陷,形成评价结论,出具评价报告的过程。

A. 管理和操作　　B. 设计和执行

C. 规划和设计　　D. 管理和执行

（二）判断题

1. 公司内控流程管理体系共分成 5 个层级。（　　）

2. 公司风险管理体系总共分成 4 个层级。（　　）

3. 公司授权管理分成常规授权和特别授权。（　　）

4. 公司年度自评公司是每年 5—6 月。（　　）

5. 公司年度整体评价是每年 11—12 月。（　　）

（三）简答题

1. 内控管理包括哪 4 项原则？

2. 请举出 10 项国家电网内控流程管理覆盖的业务领域。

3. 公司风险管理遵循哪四项原则？

4. 请列举出 8 项国家电网公司一级风险名称。

5. 请举出 4 种内控评价的方法。

6. 设计缺陷指的是什么，执行缺陷指的是什么？

7. 试列举内控评价的原则有哪些？

8. 请概述国家电网公司风险影响程度为 4 级的风险损失（包括电网安全、人员伤亡、社会形象、直接经济损失等方面的相关内容）。

9. 请简要叙述常规授权中基本授权和岗位授权的定义。常规授权包括哪些主要事项？

10. 试说明授权管理程序是怎样的？

11. 请概述内部控制存在重大缺陷、重要缺陷的主要情形。

练习题参考答案

（一）选择题

1. A　2. A　3. B　4. BCDE　5. B

（二）判断题

1. ×　2. √　3. √　4. ×　5. ×

（三）简答题

1. 答：内控流程管理应遵循以下原则：（1）风险导向原则。（2）标准化原则。（3）专业化原则。（4）协同性原则。

2. 答：国家电网内控流程管理覆盖的业务领域有：电网投资、电网基建、小型基建、生产性技改、生产性大修、非生产性技改、电力交易、财务管理、物资（服务）采购、合同管理等。

3. 答：公司风险管理应遵循以下四项原则：全面性原则、重要性原则、成本效益原则、系统性原则。

4. 答：国家电网公司一级风险有：投资风险、财务风险、营销风险、电力交易风险、法律合规风险、安全生产风险、工程建设风险、物资管理风险等。

5. 答：内控评价方法主要有：个别访谈法、调查问卷法、穿行测试法、抽样法等。

6. 答：内控缺陷分为设计缺陷和执行缺陷。

（1）设计缺陷是指在内部控制设计时，缺少为实现控制目标的必要措施，或者现有的措施不能满足控制要求，表现为规章制度缺失、不相容职责未有效分离、控制设计不合理等。

（2）执行缺陷是指设计合理及有效的内部控制未被正确地执行，表现为未按设计方式运行、执行人因未获得必要授权或缺乏胜任能力无法实施等。

7. 答：内控评价的原则有：全面性原则、重要性原则、客观性原则、统一性原则。

8. 答：国家电网公司风险影响程度为 4 级的风险损失为：发生符合《国家电网公司安全事故调查规程》的三、四级电网事件；10 人及以上 30 人以下死亡，或者 50 人及以上 100 人以下重伤；在全国范围内受到影响，这种影响需要通过长时间努力、付出巨额代价消除；经济损失在 10 亿元以上、50 亿元以下。

9. 答：常规授权是指在日常经营管理活动中按照既定的职责和程序进行的授权，具体分为基本授权和岗位授权两类。

（1）基本授权是指针对具体业务赋予特定单位或部门的事务决策权、人事任免权或财务审批权等权力。

（2）岗位授权是指根据具体业务管控要求，将基本授权细化落实到内控流程关键环节，明确相应执行人的权力范围和责任。岗位授权应根据基本授权变化进行相应调整。

常规授权包括的主要事项为：财务管理权限，投资管理权限，生产经营权限，销售与收款管理权限，采购与付款管理权限，薪酬与人事管理权限，资产管理权限，法律事务管理权限。

10. 答：授权管理程序包括：权限授予、授权变更、撤销与终止、执行与监督。

11. 答：重大缺陷是指一个或多个内控缺陷的组合，可能导致公司严重偏离控制目标。内部控制存在重大缺陷的主要情形有：缺乏民主决策程序或决策程序不合理；内部控制环境失效；高级管理层成员发生舞弊；未能及时发现或有效应对重大风险，造成严重后果；违反国家法律、法规有关规定；管理报告中存在重大错报；内部控制监督失效；关键岗位的管理人员或技术人员流失严重；在主要媒体出现负面新闻；发生重大安全生产事故；重要业务管理或操作人员明显不胜任；制度缺失、设计不合理或系统性失效，对公司经营活动产生重大影响。

重要缺陷是指一个或多个内控缺陷的组合，其严重程度和经济后果低于重大缺陷，但仍有可能导致公司偏离控制目标。内部控制存在重要缺陷的主要情形有：管理决策程序不完善；未能及时发现或有效应对重大风险，尚未造成一定后果；企业各类管理报告中存在重要错报；内部控制监督不力；所属各级单位内控自评价报告与实际不符或故意隐瞒信息；管理人员或技术人员流失较多，对经营产生一定影响；在媒体出现负面新闻；业务管理或操作人员不能胜任；制度缺失或设计不合理，对部分经营活动产生重要影响。

第三部分　内部控制实操

第八章　总　论

第一节　学习目的

本部分内容旨在全面介绍国家电网公司内控标准管理体系相关内容，便于员工从总体上了解国家电网公司内控管理要求，指导实际工作，同时通过真题练习提高对公司内控管理的认识和了解。

第二节　基本内容

1. 国家电网公司内部控制流程讲解

重点对国家电网公司内控 11 个专业组标准要求进行介绍，重点包括流程管理目标、流程风险、流程管理要求以及流程框架，便于员工掌握国家电网公司内控总体要求。

2. 真题与模拟试题

通过真题和模拟题的练习，提高员工对内控相关知识的掌握程度。

第三节　重点掌握内容

通过学习，重点掌握 11 个内控专业组的流程管理目标、流程管理风险、流程管理要求和流程框架。

第四节　内容来源

1. 2013 年注册会计师考试《公司战略与风险管理》科目真题。

2. 2011 年高级会计师考试真题。

3. 2012 年高级会计师考试真题。
4. 2013 年高级会计师考试真题。
5. 财政部 2013 年企业内部控制知识竞赛试题。

第九章

国家电网公司内部控制流程讲解

第一节　财务组

一、流程管理目标

通过建立财务管理标准流程体系，明确业务标准程序和步骤，识别公司财务管理风险，全面控制公司财务管理过程中存在的电价管理、收入核算、采购付款等风险。

二、流程管理风险

1. 电价管理风险

由于对电价研究前瞻性不足，电价测算不准确，同时对其缺乏规范的信息管理以及全面的电价分析与监督机制，给公司电价工作的指导与决策、运营目标的实现、营业收入的增长、电价信息披露及财务报告的准确性带来的不确定性影响。

2. 收入核算风险

由于收入、成本、基金以及实收账款相关的基础数据不准确，信息系统数据传送及自动处理有误，给与收入相关的账务处理及财务报告的准确性和完整性带来的不确定性影响。

3. 采购付款管理风险

由于采购支付申请不当，信息系统数据传送及自动处理有误，票据使用不规范，给公司资金安全及财务报告的准确性带来的不确定性影响。

4. 报销核算风险

由于员工借款、还款流程执行不当，报销申请不规范，给公司利益以及财务报表的准确性带来的不确定性影响。

5. 资产核算风险

由于各类资产入账价值确认、折旧摊销、减值跌价计提等基础数据不准确，信息系统数据传送及自动处理有误，给与公司资产相关的财务报表科目的准确性带来的不确定性影响。

6. 工程核算风险

由于工程前期、实施及竣工阶段的基础数据不准确，信息系统数据传送及自动处理有误，给与在建工程相关的财务报表科目的准确性和完整性带来的不确定性影响。

7. 总账核算和报表风险

由于日常总账核算不规范、内部交易核算及期末账务处理不准确，给财务报表的真实性、准确性、完整性带来的不确定性影响。

8. 合并报表管理风险

由于关联方清单识别不完整，合并报表数据填报、系统取数不准确，以及各级报表汇总数据有误，给报表准确性带来的不确定影响。

9. 预算管理风险

由于预算编制流程不规范，未及时调整预算外事项，未对预算执行情况进行合理分析，给公司预算执行有效性及公司运营带来的不确定性影响。

10. 资金管理风险

由于银行账户、预留印鉴使用及变动不规范，现金、支票保管不当，未设定资金安全备付额，资金预算的编制和调整不合理，资金运作管理不当，给公司资金安全性、利用效率和使用成本带来的不确定性影响。

11. 产权风险

由于对产权设立、评估管理不当，未经合理授权或审批，或评估与登记管理不当，危害公司的资产安全，并可能导致国有资产大量流失的风险。

12. 税务风险

由于公司对政府部门下发的财政、税收政策关注度偏低，各类税金计算不准确，对发票的使用管理工作缺乏监督，给公司的税务合规工作和潜在利益带来的不确定性影响。

13. 稽核评价管理风险

由于财务稽核、财务评价、内控管理和风险管理工作不规范，工作记录不准确、不完整，对整改问题未及时跟踪，对于内外部财务监督检查工作配合不到位，以及年度工作报告编制不合理，给公司稽核评价工作目标的实现，公司运营的效率、效果带来的不确定性影响。

14. 财务信息化风险

由于财务主数据变更不合理，系统管理员设置、系统权限设置不规范，信息项目各阶段管理不当，给公司系统数据准确性以及潜在经济利益带来的不确定性影响。

15. 财务政策风险

由于对财务政策和财务标准流程缺乏定期审阅，无法保证其与当前国家制度以及公司现有流程相适应，给公司合规工作、运营效率及效果带来的不确定影响。

三、流程管理要求

1. 电价管理

加强电网前瞻性研究，提升电价理论研究水平；按照电网测算的准确性，规范电价测算和报批相关工作的程序和标准，完成电价测算等相关工作；加强电价基础信息管理，实现电价信息维护、使用、报送全过程管理；全面提升公司电价分析和监督能力，有效支撑公司电价决策。

2. 收入核算管理

加强应收账款的过程管控力度，借助系统实现公司应收账款全过程管理；加强基金和价外收费管理过程，规范基金上缴、清算、清缴以及附加费拨付管理程序和标准；加强购电交易结算过程管理，实现电厂购电预估与结算、网间输电预估与结算以及购电退补核算工作的规范化和标准化；提高实收核算工作的准确性，确保会计核算数据真实、完整、准确。

3. 采购付款管理

规范采购合同管理标准，重点控制非标准付款条款的审核审批程序；控制应付账款的过程管理，明确发票审核程序以及付款申请审核审批程序；加强采购支付操作过程的规范性，对不同的支付方式进行支付过程管控。

4. 报销核算管理

规范公司员工报销管理过程，明确员工预支款和费用报销审核审批程序；加强部门信用卡管理，在提高公司资金使用效率的基础上，合理安排信用卡还款进度，控制信用卡还款风险。

5. 资产管理

全面管控固定资产、无形资产、低值易耗品资产的新增，有效控制公司资产总额，提高资产使用周转率；加强资产运行期间的过程管理力度，重点对资产的调拨、出租、技改、投保及索赔等事项的财务管理工作进行标准化操作；规范资产退出管理过程，重点控制固定资产报废、转让以及无形资产转让、转销过程。

6. 工程财务管理

加强工程项目前期财务预测分析职能，重点在电网投资能力以及项目经济效益方面，充分发挥财务预测分析职能；实施项目实施的财务全过程管理，参与或主导工程实施过程中的财务工作事项，有效支撑协助项目正常有序实施；全面支撑和控制项目竣工决算过程管理，重点控制竣工决算资料管理和报表编制管理以及相应的会计处理事项。

7. 总账核算及报表管理

规范总账日常核算管理，确保总账信息准确、完整、真实；加强公司税务管理工作，控制应缴税金、纳税申报、发票管理等工作事项，确保公司纳税工作合规合法；明确公司内部交易核算程序，规范跨省交易处理以及省内内部交易处理程序；加强公司期末账务处理，按照应收应付、工程以及资产月结程序和标准，完成月结工作，按照总公司、分公司、子公司月结、年结程序和标准，完成月结、年结、结转工作；严格按照会计准则以及公司会计处理相关要求，编制总分公司的月报、年报以及子公司单体月报、年报报表。

8. 合并报表管理

严格按照会计准则要求，准确确定合并报表范围，合理有效开展合并关联方管理，确保确定的合并方符合相关法规要求；科学有效地开展合并报表相关信息和数据的收集、分析、甄别工作，确保报表数据真实、准确、完整；严格按照会计准则和公司相关规定编制合并报表，及时准确地按照要求对合并报表进行披露和上报。

9. 预算管理

合理地设计预算管理流程和制度，准确客观地开展各预算项目的编制工作；实施预算编制、汇总、上报、下达的上下协同与全员参与，确保预算数据准确适用；明确预算调整流程及调整事项情形，确保预算灵活适应性和强制严肃性；对预算执行过程进行实时监控和管理，开展预算偏差分析，实施公司预算管理的闭环全过程管控。

10. 资金管理

规范银行账户和银行印鉴管理，严格控制银行开设、变动业务操作和银行印鉴的使用；加强公司资金管理，保证公司现金及现金等价物的安全和账实相符；合理地预测公司现金流，确保公司现金流平衡，不出现现金冗余或短缺；结合公司资金使用缺口以及财务安全性要求，合理地设计融资组合方案和安排融资事项，尽量在符合公司资金使用的前提下降低财务成本；合理规划还本付息计划，严格控制对外担保事项，确保公司不出现债务偿还风险。

11. 产权管理

严格按照公司产权设立、转让、交易、划转等标准程序开展产权管理工作，严格约束产权管理、审核审批权限层级，做好产权管理全过程监督控制，确保公司资产安全管理有效。

12. 税务管理

公司税务管理负责岗位，定期或不定期组织开展财政、税收政策研究和宣贯工作，准确掌握相关财政、税收政策要点，确保公司税务工作符合法规要求。

13. 稽核评价管理

合理安排开展日常和专项财务稽核工作，严格按照工作程序和标准开展财务稽核工作，确保财务稽核结果的客观独立；科学有效地开展财务评价工作，通过对标管理、定性评价、定量评价，及时发现公司经营管理中的问题，妥善提出优化建议，为公司经营管理水平的提升提出有效的决策支撑意见；定期开展公司内控管理评价工作，及时发现内控设计缺陷和执行缺陷，提出公司内控管理方面的优化和改善建议；有效开展公司风险评估工作，充分揭露公司经营管理中存在的重大及重要风险，充分分析风险成因和风险影响，配合相关部门妥善提出风险应对措施和防控措施，降低公司风险发生频率和影响程度；积极配合内外部财务监督检查工作，配合相关部门合理客观地编制公司年度工作报告。

14. 财务信息化管理

规范管理财务主数据，重点对会计科目、原因代码、组织结构、资产分类、税码等数据进行管控，严格按照相关要求和操作标准进行数据维护和变更，确保财务数据准确无误；合理设置电子支付权限和财务系统权限，严格按照权限变更审核审批程序执行变更操作，确保公司财务数据的安全；科学严谨地开展财务信息项目管理工作，在项目前期充分进行需求调研和成本效益分析，配合系统供应商和软件开发商完成系统开发上线工作，确保信息项目功能适配、运行稳定。

15. 财务政策和流程管理

积极开展财务政策日常及年度的更新和发布工作，确保公司能及时掌握最新的财务政策要求，为公司相关管理决策提供信息支撑；有效开展财务标准流程维护工作，合理地进行财务标准流程优化和完善，确保财务管理工作的持续优化和完善。

四、流程框架

国家电网公司财务组内部控制流程框架，见表 9-1。

表 9-1　　国家电网公司财务组内部控制流程框架表

一级编号	一级流程	二级编号	二级流程	三级编号	三级流程	四级编号	四级流程
CW	财务管理	CW-01	电价管理	CW-01-01	电价研究	CW-01-01-01	电价理论研究
				CW-01-02	电价测算及报批	CW-01-02-01	网属电厂上网电价测算及报批
						CW-01-02-02	独立电厂上网电价调整测算及报批
						CW-01-02-03	省级电网共用网络输配电价测算及报批
						CW-01-02-04	专项工程输配电价测算及报批
						CW-01-02-05	居民第一档销售电价调整测算及报批
						CW-01-02-06	其他类别销售电价调整测算及报批
						CW-01-02-07	趸售电价调整测算及报批
						CW-01-02-08	跨区、跨省电能交易价格方案测算及报批
						CW-01-02-09	收费政策的测算及报批
						CW-01-02-10	临时交易价格方案制定
				CW-01-03	电价基础信息管理	CW-01-03-01	营销电价码维护
						CW-01-03-02	上网电价维护
						CW-01-03-03	电价信息对外报送
						CW-01-03-04	电价信息内部应用
				CW-01-04	电价分析与监督	CW-01-04-01	电价分析
						CW-01-04-02	公司内部电价监督

续表

一级编号	一级流程	二级编号	二级流程	三级编号	三级流程	四级编号	四级流程
CW	财务管理	CW-02	购电到收入核算	CW-02-01	收入和应收核算	CW-02-01-01	网间输售电预估
						CW-02-01-02	网间输售电结算
						CW-02-01-03	终端用户电费收入核算
						CW-02-01-04	非电费收入核算（营销相关）
						CW-02-01-05	账龄分析与坏账核算
						CW-02-01-06	预收款核算（非营销相关）
						CW-02-01-07	年度客户信用评价
				CW-02-02	基金和价外收费管理	CW-02-02-01	基金上缴管理
						CW-02-02-02	基金清算处理
						CW-02-02-03	基金年度汇算清缴管理
						CW-02-02-04	附加费拨付管理
				CW-02-03	购电交易结算	CW-02-03-01	电厂购电预估
						CW-02-03-02	电厂购电结算
						CW-02-03-03	网间购输电预估
						CW-02-03-04	网间购输电结算
						CW-02-03-05	购电退补核算
				CW-02-04	实收核算	CW-02-04-01	商业汇票结算
						CW-02-04-02	商业汇票承兑
						CW-02-04-03	非票据收款（非营销）
						CW-02-04-04	营销终端用户收款核算
						CW-02-04-05	营业厅收款核算
						CW-02-04-06	银行托收核算
						CW-02-04-07	机构代收核算
						CW-02-04-08	销售电费充值卡

续表

一级编号	一级流程	二级编号	二级流程	三级编号	三级流程	四级编号	四级流程
CW	财务管理	CW-03	采购到付款核算	CW-03-01	合同管理	CW-03-01-01	非标准付款条款审核
				CW-03-02	应付管理	CW-03-02-01	采购订单发票校验
						CW-03-02-02	付款/预付申请处理
				CW-03-03	支付管理	CW-03-03-01	电子支付
						CW-03-03-02	支票支付
						CW-03-03-03	票据背书支付
						CW-03-03-04	应付票据
						CW-03-03-05	其他手工支付
						CW-03-03-06	自动扣款
		CW-04	报销核算	CW-04-01	员工报销	CW-04-01-01	员工预支款审核
						CW-04-01-02	员工预支款返还
						CW-04-01-03	员工报销审核
				CW-04-02	定期财务处理	CW-04-02-01	未结清员工借款审核和处理
				CW-04-03	信用卡管理	CW-04-03-01	部门信用卡费用报销
						CW-04-03-02	部门信用卡还款
		CW-05	资产管理与核算	CW-05-01	资产新增	CW-05-01-01	固定资产零购新增
						CW-05-01-02	无形资产新增
						CW-05-01-03	固定资产融资租赁新增
						CW-05-01-04	固定资产其他方式新增
						CW-05-01-05	无形资产其他方式新增
						CW-05-01-06	重点低值易耗品零购新增

续表

一级编号	一级流程	二级编号	二级流程	三级编号	三级流程	四级编号	四级流程
CW	财务管理	CW-05	资产管理与核算	CW-05-02	资产运行期间	CW-05-02-01	固定资产盘点
						CW-05-02-02	资产减值准备
						CW-05-02-03	省内固定资产调拨
						CW-05-02-04	跨省固定资产调拨
						CW-05-02-05	固定资产拆分合并
						CW-05-02-06	固定资产技改
						CW-05-02-07	资产出租
						CW-05-02-08	回收出租资产
						CW-05-02-09	资产投保
						CW-05-02-10	资产索赔
				CW-05-03	资产退出	CW-05-03-01	固定资产报废
						CW-05-03-02	固定资产对外转让
						CW-05-03-03	无形资产对外转让
						CW-05-03-04	无形资产转销
		CW-06	工程管理与核算	CW-06-01	工程项目前期管理	CW-06-01-01	中长期电网投资能力预测
						CW-06-01-02	项目可行性研究估算审查
						CW-06-01-03	项目储备库经济效益评价

续表

一级编号	一级流程	二级编号	二级流程	三级编号	三级流程	四级编号	四级流程
CW	财务管理	CW-06	工程管理与核算	CW-06-02	工程实施阶段	CW-06-02-01	项目初步设计和审批
						CW-06-02-02	项目招投标参与
						CW-06-02-03	项目前期费用确认
						CW-06-02-04	利息资本化
						CW-06-02-05	工程保险鉴定及赔付
						CW-06-02-06	在建工程的毁损及报废
						CW-06-02-07	在建工程减值核算
				CW-06-03	项目竣工阶段	CW-06-03-01	工程预转资
						CW-06-03-02	资产设备清册清查核对
						CW-06-03-03	工程竣工决算报表编制
						CW-06-03-04	竣工决算报批
						CW-06-03-05	在建工程正式转入固定资产
				CW-06-04	项目后评价阶段	CW-06-04-01	项目经济效益后评价
		CW-07	成本费用管理	CW-07-01	成本标准维护	CW-07-01	成本标准维护
		CW-08	总账核算和报表	CW-08-01	日常总账核算	CW-08-01-01	非集成业务总账凭证管理
						CW-08-01-02	非集成业务总账凭证处理
						CW-08-01-03	提现核算
						CW-08-01-04	银行对账及余额调节表编制
						CW-08-01-05	手工清账
						CW-08-01-06	存货核算
						CW-08-01-07	物资盘点
						CW-08-01-08	前期差错更正管理

续表

一级编号	一级流程	二级编号	二级流程	三级编号	三级流程	四级编号	四级流程
CW	财务管理	CW-08	总账核算和报表	CW-08-02	税务核算	CW-08-02-01	计提应缴税金（除增值税、个人所得税和印花税以外）
						CW-08-02-02	国税局申报缴纳增值税
						CW-08-02-03	国税局/地税局申报缴纳所得税
						CW-08-02-04	地税局申报缴纳税项（印花税除外）
						CW-08-02-05	地税局申报缴纳税项（印花税）
						CW-08-02-06	增值税专用发票管理
						CW-08-02-07	普通发票管理
						CW-08-02-08	增值税抄税管理
						CW-08-02-09	税务报表编报
						CW-08-02-10	税务登记证管理
				CW-08-03	内部交易核算	CW-08-03-01	跨省交易处理
						CW-08-03-02	省内内部交易处理
				CW-08-04	期末账务处理	CW-08-04-01	应收账款月结
						CW-08-04-02	工程月结
						CW-08-04-03	应付账款月结
						CW-08-04-04	资产月结
						CW-08-04-05	总账月结——总、分公司
						CW-08-04-06	总账月结——子公司
						CW-08-04-07	总账月结——财务结转
						CW-08-04-08	年结——总分公司
						CW-08-04-09	年结——子公司
						CW-08-04-10	总、分公司单体月报与年报
						CW-08-04-11	子公司单体月报与年报
						CW-08-04-12	会计档案管理

续表

一级编号	一级流程	二级编号	二级流程	三级编号	三级流程	四级编号	四级流程
CW	财务管理	CW-09	合并报表管理	CW-09-01	合并报表管理	CW-09-01-01	合并关联方管理
						CW-09-01-02	合并报表财务数据收集
						CW-09-01-03	合并报表编制及披露
		CW-10	预算管理	CW-10-01	预算启动和编制	CW-10-01-01	财务发展规划
						CW-10-01-02	总控目标和预算框架制定
						CW-10-01-03	预算目标分解
						CW-10-01-04	购/售/输电预算编制
						CW-10-01-05	人工成本预算编制
						CW-10-01-06	日常管理性费用预算编制
						CW-10-01-07	专项涉及资本性/损益性预算编制
						CW-10-01-08	长期股权投资及收益预算编制
						CW-10-01-09	金融工具投资预算编制
						CW-10-01-10	融资预算编制
						CW-10-01-11	财务费用预算编制
						CW-10-01-12	折旧预算编制
						CW-10-01-13	营业外收支预算编制
						CW-10-01-14	税金预算编制
						CW-10-01-15	子预算汇总编制
						CW-10-01-16	编制及上报财政预算

续表

一级编号	一级流程	二级编号	二级流程	三级编号	三级流程	四级编号	四级流程
CW	财务管理	CW-10	预算管理	CW-10-02	预算初次汇总	CW-10-02-01	预算汇总审核
				CW-10-03	预算下达分解	CW-10-03-01	根据下达指标进行预算分解和调整
				CW-10-04	预算最终汇总	CW-10-04-01	汇总上报执行预算
						CW-10-04-02	最终预算上报国资委
				CW-10-05	预算调整	CW-10-05-01	预算外事项控制
						CW-10-05-02	预算年中调整
				CW-10-06	预算分析	CW-10-06-01	预算报告和差异分析
		CW-11	资金管理	CW-11-01	账户管理	CW-11-01-01	开设银行账户
						CW-11-01-02	变更银行账户
						CW-11-01-03	撤销银行账户
						CW-11-01-04	银行预留印鉴保管及使用
						CW-11-01-05	银行预留印鉴管理
						CW-11-01-06	资金监控
						CW-11-01-07	银行账户年度检查
				CW-11-02	资金存量管理	CW-11-02-01	现金盘点
						CW-11-02-02	支票购买
						CW-11-02-03	支票报废
						CW-11-02-04	票据盘点
						CW-11-02-05	资金安全备付额度设定
						CW-11-02-06	资金超额备付申请
						CW-11-02-07	资金归集管理

续表

一级编号	一级流程	二级编号	二级流程	三级编号	三级流程	四级编号	四级流程
CW	财务管理	CW-11	资金管理	CW-11-03	现金流预算	CW-11-03-01	月度/旬度资金预算
						CW-11-03-02	月度/旬度资金预算调整
						CW-11-03-03	月度财政用款计划
				CW-11-04	资金运作管理	CW-11-04	资金运作管理
				CW-11-05	融资管理	CW-11-05-01	融资计划管理
						CW-11-05-02	融资租赁管理
						CW-11-05-03	融资合同与担保合同签订
						CW-11-05-04	借款融资借入本金
						CW-11-05-05	借款融资还本付息
						CW-11-05-06	利息预提
						CW-11-05-07	票据融资
						CW-11-05-08	债券发行
						CW-11-05-09	债券还本付息
						CW-11-05-10	融资监控
						CW-11-05-11	信用证管理
						CW-11-05-12	担保审批与执行
						CW-11-05-13	担保日常管理

续表

一级编号	一级流程	二级编号	二级流程	三级编号	三级流程	四级编号	四级流程
CW	财务管理	CW-12	产权管理	CW-12-01	产权设立	CW-12-01-01	股权投资
				CW-12-02	产权变动	CW-12-02-01	产权协议转让
						CW-12-02-02	产权进场交易
						CW-12-02-03	产权系统内划转
						CW-12-02-04	产权系统外划转
						CW-12-02-05	企业重组改制
						CW-12-02-06	账销案存
						CW-12-02-07	产权年报
				CW-12-03	评估与登记	CW-12-03-01	资产评估
						CW-12-03-02	产权登记
		CW-13	税务管理	CW-13-01	税务管理	CW-13-01-01	国有资本金项目申报
						CW-13-01-02	财税政策研究与争取
		CW-14	稽核评价管理	CW-14-01	财务稽核	CW-14-01-01	日常稽核
						CW-14-01-02	专项稽核
				CW-14-02	财务评价	CW-14-02-01	对标管理
						CW-14-02-02	定性评价
						CW-14-02-03	定量评价
				CW-14-03	财务内控管理	CW-14-03-01	财务内控评价管理
				CW-14-04	风险管理	CW-14-04-01	公司风险管理工作的组织与评价
						CW-14-04-02	年度风险管理报告管理
						CW-14-04-03	公司风险管理技术规范管理

续表

一级编号	一级流程	二级编号	二级流程	三级编号	三级流程	四级编号	四级流程
CW	财务管理	CW-14	稽核评价管理	CW-14-05	配合内外部财务监督检查	CW-14-05-01	配合内外部财务监督检查
				CW-14-06	企业年度工作报告编报	CW-14-06-01	企业年度工作报告编报
		CW-15	财务信息化管理	CW-15-01	财务主数据管理	CW-15-01-01	财务主数据管理——会计科目
						CW-15-01-02	财务主数据管理——原因代码
						CW-15-01-03	财务主数据管理——组织结构
						CW-15-01-04	财务主数据管理——资产分类
						CW-15-01-05	财务主数据管理——税码
						CW-15-01-06	财务主数据管理——预算专用主数据
						CW-15-01-07	财务主数据管理——供应商
						CW-15-01-08	财务主数据管理——客户
						CW-15-01-09	财务主数据管理——资产更改
						CW-15-01-10	财务主数据管理——特殊记账
						CW-15-01-11	财务主数据管理——其他主数据
						CW-15-01-12	财务主数据管理——系统账期开关审批
				CW-15-02	权限管理	CW-15-02-01	电子支付权限管理
						CW-15-02-02	财务系统权限管理
				CW-15-03	财务信息项目管理	CW-15-03-01	项目前期管理
						CW-15-03-02	项目计划阶段管理
						CW-15-03-03	项目上线准备阶段管理
						CW-15-03-04	项目上线阶段管理

续表

一级编号	一级流程	二级编号	二级流程	三级编号	三级流程	四级编号	四级流程
CW	财务管理	CW-16	财务政策和流程管理	CW-16-01	财务政策更新与发布	CW-16-01-01	财务政策日常更新与发布
						CW-16-01-02	财务政策年度更新与发布
				CW-16-02	财务标准流程的维护	CW-16-02-01	财务标准流程日常维护
						CW-16-02-02	财务标准流程年度维护

第二节　电力交易组

一、流程管理目标

规范电力交易管理制度和规则，维护电力交易市场运行秩序，做好电力交易服务工作，确保电力交易持续有效运营。

二、流程管理风险

1. 电力市场建设管理风险

由于电力交易市场的市场规则和职能没有得到过妥善的设计和维护，因此给电力交易的开展造成了不利的影响。

2. 购电管理风险

由于购电管理不完善、购电结构不合理、购电成本缺乏及时管控、未按照有关政策要求全额消纳可再生能源等原因，导致实际购电成本上升，影响公司利益。

3. 电力市场运营风险

由于电力交易市场运营管理不完善、对市场预测出现偏差、平衡分析不准确、交易组织不规范、结算不准确、统计分析不及时等原因，导致电力交易运营管理方面的风险增大。

4. 电力市场服务风险

由于未能严格执行监管机构的规定、发电服务无法满足交易主体的需求、服务行为不够规范、信息发布不及时或不准确、联络沟通不到位，给企业品牌形象和电力交易开展造成了不利影响。

5. 电力交易基础维护风险

电力市场交易技术支撑、制度标准、管理考核工作不到位，对电力交易工作的开展造成了不利影响。

6. 电力燃料管理风险

电力燃料协调服务不到位、统计分析不及时或不准确、燃料供应和价格波动，给电网安全运行、电力交易带来了不利影响。

7. 清洁发展机制项目开发实施风险

国内外清洁发展机制政策存在不确定性、对清洁发展机制项目的管理不善，给清洁发展机制项目开发、实施带来不利影响或未能使其达到预期收益。

三、流程管理要求

1. 电力市场建设管理

开展电力市场分析研究工作，充分掌握电力市场特点和发展趋势，为电力市场建设和管理提供决策支撑；根据市场规律结合公司经营管理需要和电力市场交易维护的要求，合理编制交易市场交易规则和方案，明确电力交易基本秩序和规则要求，确保整个电力交易运行正常、规范；实施电力市场成员准入、退出管理，确保电力市场成员进出条件与资格符合相关监管机构和公司的要求。

2. 购电管理

规范地方电厂、统调电厂的购电管理，严格按照电厂合同、地方电厂计划以及地方电厂注册和退出等的相关流程标准和规范要求执行管理工作；科学准确地进行购电统计分析，合理地进行电力调度和购电预测，优化购电结构，控制购电成本；常态化地监控购电成本，准确预估购电成本，客观评估购电管理效果，优化和完善购电决策，实现公司购电成本最优化。

3. 电力市场运营管理

科学准确地对电力市场的电力电量供求平衡情况进行分析，充分掌握电力市场电力电量的数据和发展趋势，为公司电力市场电力电量管理决策提供信息支撑；规范电力交易组织管理，全面对跨区跨省交易组织、直接交易组织、招标交易组织等进行规范化管理，确保整个电力交易组织正常有序运行；加强电力交易合同管理，严格按照交易合同的审核审批程序签订交易合同，对交易合同履行情况进行实时跟踪，及时发现合同执行中存在的问题和风险，合理地处理合同执行中存在的问题，确保合同能正常有序执行；合理编制电力交易计划，确保电力交易计划的可执行性，对电力交易计划执行持续跟踪分析，适时对电力交易计划进行调整，确保电力交易计划的持续性、有效性、可行性；准确进行电力交易决算，重点对跨区、跨省交易电量的预估、结算和发电企业上网电量的预估和结算，对发电量进行准确结算，确保结算数据准确、真实、完整；有效地开展电力、电量统计分析工作，准确地对交易电量和通道收益进行分析，为公司电力交易市场管理决策提供依据。

4. 电力市场服务管理

做好电力交易市场服务管理工作，保证电力交易市场有序、有效运营，重点关注电力交易大厅建设工作和运营维护工作，完善沟通联络机制，做好电力交易的咨询和答复工作以及联络员管理，确保电力交易主体信息沟通顺畅有效；多途径多形式、及时准确地发布电力交易信息，严格按照规范的电力交易信息发布流程和执行标准发布相关信息。

5. 电力交易基础维护管理

做好电力交易系统建设和维护工作，按照规范的标准和要求实时监控电力交易系统运行状态，及时发现系统问题并妥善处理，确保系统运行的持续性、稳定性；及时发现电力交易相关规则制度的缺陷和漏洞，对电力交易规则制度进行修订，确保电力交易秩序有效；规范电力交易考核管理，客观合理地对电力交易主体进行考核与评价；严格按照公司相关要求审核电力交易员认证，按照规范要求完成电力交易信息的报送工作。

6. 电力燃料管理

科学准确地统计和分析电力燃料状况，做好电力燃料平衡协调工作，包括特殊时段的供应协调和节日及重要活动时段的供应协调，实时监控电力燃料供应情况，对电力燃料供应进行预警并提前处理，确保电力燃料供求平衡。

7. 清洁发展机制管理

充分研究国内外清洁发展机制相关政策法规，做好清洁发展项目规划筹备工作，对清洁发展项目的实施过程进行严格的过程控制，确保清洁发展项目符合规划目标。

四、流程框架

国家电网公司电力交易组内部控制流程框架，见表 9-2。

表 9-2　　　　国家电网公司电力交易组内部控制流程框架表

一级编号	一级流程	二级编号	二级流程	三级编号	三级流程	四级编号	四级流程
DL	电力交易管理	DL-01	电力市场建设与管理	DL-01-01	电力市场建设	DL-01-01-01	电力市场分析研究
						DL-01-01-02	交易方案及规则编制
				DL-01-02	电力市场成员管理	DL-01-02-01	电力市场成员注册及退出
				DL-01-03	电力交易与市场秩序规范管理	DL-01-03-01	电力市场规范管理
						DL-01-03-02	年（季）度电力监管数据填报
						DL-01-03-03	季度监管分析与内部评价
		DL-02	购电管理	DL-02-01	地方电厂购电管理	DL-02-01-01	地方电厂合同管理
						DL-02-01-02	地方电厂计划管理
						DL-02-01-03	地方电厂结算管理
						DL-02-01-04	地方电厂注册与退出管理
				DL-02-02	统调电厂购电管理	DL-02-02-01	统调电厂购售电合同签订
						DL-02-02-02	统调电厂购售电合同履行跟踪
				DL-02-03	购电统计分析管理	DL-02-03-01	购电统计
						DL-02-03-02	购电分析优化
				DL-02-04	购电决策管理	DL-02-04-01	购电成本预估
						DL-02-04-02	购电成本动态监控
						DL-02-04-03	购电管理评估

续表

一级编号	一级流程	二级编号	二级流程	三级编号	三级流程	四级编号	四级流程
DL	电力交易管理	DL-03	电力交易运营管理	DL-03-01	电力、电量平衡分析	DL-03-01	电力、电量平衡分析
				DL-03-02	电力交易组织	DL-03-02-01	跨区跨省交易组织
						DL-03-02-02	电力用户与发电企业直接交易组织
						DL-03-02-03	抽水蓄能电站抽水电量招标交易组织
						DL-03-02-04	发电权交易组织
						DL-03-02-05	应急交易组织
				DL-03-03	电力交易组织	DL-03-03-01	电力交易合同签订
						DL-03-03-02	电力交易合同履行情况跟踪
				DL-03-04	电力交易计划	DL-03-04-01	电力交易计划编制管理
						DL-03-04-02	电力交易计划跟踪分析调整
				DL-03-05	电力交易结算	DL-03-05-01	跨区跨省交易电量预估
						DL-03-05-02	跨区跨省交易电量结算
						DL-03-05-03	发电企业上网电量预估(包含电力用户与发电企业直接交易预估)
						DL-03-05-04	发电企业上网电量结算(包含并网运行和辅助服务考核)
						DL-03-05-05	电量结算月报编制
				DL-03-06	电力交易统计分析	DL-03-06-01	国家电力市场交易电量统计分析
						DL-03-06-02	跨区跨省输电通道收益分析

续表

一级编号	一级流程	二级编号	二级流程	三级编号	三级流程	四级编号	四级流程
DL	电力交易管理	DL-04	电力市场交易服务	DL-04-01	电力市场交易服务	DL-04-01-01	电力交易大厅建设
						DL-04-01-02	电力交易大厅运营
						DL-04-01-03	电力市场交易咨询与答复
						DL-04-01-04	电力市场交易联络员管理
				DL-04-02	电力市场交易信息发布	DL-04-02-01	电力市场交易信息网站发布
						DL-04-02-02	电力市场交易信息发布会
						DL-04-02-03	电力交易大厅信息发布
						DL-04-02-04	电力市场交易年报编制与发布
				DL-04-03	新机并网交易服务	DL-04-03-01	新机并网服务
						DL-04-03-02	新机转商运服务
						DL-04-03-03	机组退役服务
		DL-05	电力燃料管理	DL-05-01	电力燃料专业管理	DL-05-01-01	全国统调燃料日报统计
						DL-05-01-02	公司经营区域电量电煤供需平衡月报编制
						DL-05-01-03	电煤预警与应急处理
				DL-05-02	电力燃料供应综合协调	DL-05-02-01	迎峰度夏、备冬储备等特殊时段电煤供应协调
						DL-05-02-02	节日及重要活动期间电煤供应协调
		DL-06	清洁发展机制管理	DL-06-01	清洁发展机制项目开发	DL-06-01	清洁发展机制项目开发
				DL-06-02	清洁发展机制项目实施	DL-06-02	清洁发展机制项目实施

续表

一级编号	一级流程	二级编号	二级流程	三级编号	三级流程	四级编号	四级流程
DL	电力交易管理	DL-07	电力交易基础管理	DL-07-01	电力交易运营系统建设	DL-07-01-01	电力交易运营系统建设
						DL-07-01-02	电力交易运营系统运行维护
				DL-07-02	电力交易规章及标准修编	DL-07-02	电力交易规章及标准修编
				DL-07-03	电力交易工作考核评价	DL-07-03	电力交易工作考核评价
				DL-07-04	电力交易员审核认证	DL-07-04	电力交易员审核认证
				DL-07-05	电力交易工作信息报送	DL-07-05	电力交易工作信息报送

第三节　电网基建组

一、流程管理目标

实施工程施工全过程管理，严格控制安全风险和工程施工质量，对工程施工过程进行严格控制和监管，控制工程施工进度和施工环境保护。准确计量和决算工程造价，确保工程决算数据准确完整。

二、流程管理风险

1. 工程安全风险

在工程建设过程中，由于人的不安全行为、物的不安全状态、有害的环境因素、安全管理上的缺陷等原因，可能导致工程建设发生人身安全事故或电网安全事故的不确定性影响增大。

2. 工程质量风险

由于工程设计缺陷、设备或材料质量不合格、施工人员素质和施工工艺不符合要求、自然环境恶劣、工程质量管理不到位等原因，可能导致工程建设发生工程质量事故或电网安全事故的不确定性影响增大。

3. 工程造价风险

由于设计深度不足、物价上涨、自然环境恶劣、外部建设环境发生重大变化、工程变更和结算管理不到位等原因，使工程成本增加，导致工程建设发生经济利益损失的不确定性影响增大。

4. 工程进度风险

由于工程开工不合规、项目组织不合理、物资供货不及时、自然环境恶劣、外力阻挠施工等原因，导致工程建设进度滞后的不确定性影响增大。

5. 工程环保水保风险

由于设计未考虑环保水保要求、施工过程中环保水保措施不当、未进行环保水保验收等原因，可能造成环境污染、水土流失，导致公司遭受政府监管处罚和公司形象受损的不确定影响增大。

三、流程管理目标

1. 安全管理

严格按照公司安全管理要求和相关管理制度，执行电网基建业务操作，杜绝任何违规操作和主观臆断导致的人为事故；加强员工安全教育，定期开展业务技能培训和考核，持续提升员工业务操作技能；加强电网基建项目的过程监控，对违规操作及时制止和更正，减少人身安全事故和电网安全事故的发生概率。

2. 质量管理

组织公司相关人员或外部单位，设计电网基建实施方案和质量控制方案，对实施方案和质量控制方案进行多方研讨，确保项目实施可行，质量可控；严格控制物资质量，确保公司所使用的材料符合质量要求；对实施过程进行过程管控监督，严格按照质量控制方案和实施进度进行质量检查控制，确保整个项目质量可靠，符合公司经营管理目标。

3. 造价管理

科学合理地编制项目预算，对物价水平、外部客观环境变化以及实施难度进行充分预判，实施标准定额管理，确保在项目实施过程中成本费用可控；严格按照项目变更审核审批程序确定项目变更事宜，提前预计变更后的增量成本费用，及时调整预算水平，确保变更后的施工过程可控；严格控制项目超预算和预算外支出；规范化地开展项目结算工作，妥善保管相关资料，保证公司项目成本费用结算数据准确真实。

4. 进度管理

严格按照项目实施方案做好项目实施准备工作，提前完成项目实施前的物资准备、人员准备、项目组织准备等工作，客观评价开工准备情况，开工准备条件合格后方可正式开工；及时处理实施过程中的各种变化情况，有效协调物资供应商及时供货，妥善处理和协调外力影响因素，确保项目按照既定进度实施。

5. 环保水保管理

在项目实施方案中，充分考虑环境保护要求，制定相应的保护措施，在实施过程中严格按照保护措施施工，并在验收中将环境保护作为验收的考虑因素，确保项目不存在环境污染的情况。

四、流程框架

国家电网公司电网基建组内部控制流程框架，见表9-3。

表9-3　国家电网公司电网基建组内部控制流程框架表

一级编号	一级流程	二级编号	二级流程	三级编号	三级流程	四级编号	四级流程
GC-DW	工程—电网基建管理	GC-DW-01	工程前期管理	GC-DW-01-01	业主项目部成立备案管理	—	—
				GC-DW-01-02	项目管理策划	GC-DW-01-02-01	建设管理纲要编制及审批
						GC-DW-01-02-02	质量保证措施策划
						GC-DW-01-02-03	安全管理总体策划
				GC-DW-01-03	设计、监理队伍选择管理	GC-DW-01-03-01	设计、监理招标管理
						GC-DW-01-03-02	设计、监理合同签订
				GC-DW-01-04	初步设计管理	GC-DW-01-04-01	初步设计进度管控
						GC-DW-01-04-02	初步设计内审
						GC-DW-01-04-03	初步设计评审
				GC-DW-01-05	物资采购管理	GC-DW-01-05-01	物资采购申请
				GC-DW-01-06	施工图设计管理	GC-DW-01-06-01	施工图进度管控
						GC-DW-01-06-02	施工图审查

续表

一级编号	一级流程	二级编号	二级流程	三级编号	三级流程	四级编号	四级流程
GC-DW	工程—电网基建管理	GC-DW-01	工程前期管理	GC-DW-01-07	施工队伍选择管理	GC-DW-01-07-01	施工招标管理
						GC-DW-01-07-02	施工合同签订
				GC-DW-01-08	开工准备管理	GC-DW-01-08-01	质量监督申请
						GC-DW-01-08-02	施工组织设计审批（含特殊施工方案审批）
				GC-DW-01-09	工程开工审批管理	—	—
		GC-DW-02	工程建设实施管理	GC-DW-02-01	建设施工过程安全质量管控	GC-DW-02-01-01	安委会成立及工作
						GC-DW-02-01-02	安全、质量专项检查
						GC-DW-02-01-03	安全、质量事故管理
				GC-DW-02-02	建设施工过程进度管控	—	—
				GC-DW-02-03	建设施工过程外部环境协调管理	—	—
				GC-DW-02-04	中间验收管理	GC-DW-02-04-01	主要建（构）筑物基础验收
						GC-DW-02-04-02	土建交安验收
						GC-DW-02-04-03	杆塔组立前验收
						GC-DW-02-04-04	导线架设前验收
				GC-DW-02-05	设计变更管理	GC-DW-02-05-01	一般设计变更管理
						GC-DW-02-05-02	重大设计变更管理
				GC-DW-02-06	工程资料收集归档管理	GC-DW-02-06-01	工程资料收集整理

续表

一级编号	一级流程	二级编号	二级流程	三级编号	三级流程	四级编号	四级流程
GC-DW	工程—电网基建管理	GC-DW-02	工程建设实施管理	GC-DW-02-07	工程物资管理	GC-DW-02-07-01	工程物资供货进度管理
						GC-DW-02-07-02	物资款支付
						GC-DW-02-07-03	主要设备材料开箱检查管理
						GC-DW-02-07-04	工程物资协调管理
				GC-DW-02-08	工程合同履约管理	GC-DW-02-08-01	进度款支付
						GC-DW-02-08-02	合同纠纷处理
						GC-DW-02-08-03	合同变更管理
						GC-DW-02-08-04	合同履行情况检查
						GC-DW-02-08-05	工程合同文本标准化管理
		GC-DW-03	启动验收与总结评价管理	GC-DW-03-01	启动验收及投运管理	GC-DW-03-01-01	启动投产验收管理
						GC-DW-03-01-02	生产准备管理
						GC-DW-03-01-03	投运前质量监督检查
						GC-DW-03-01-04	启动投运
				GC-DW-03-02	工程结算管理	GC-DW-03-02-01	工程结算的编制与审核
						GC-DW-03-02-02	工程结算督察管理
				GC-DW-03-03	政府专项验收管理	GC-DW-03-03-01	水土保持验收
						GC-DW-03-03-02	环境保护验收
						GC-DW-03-03-03	消防验收

续表

一级编号	一级流程	二级编号	二级流程	三级编号	三级流程	四级编号	四级流程
GC-DW	工程—电网基建管理	GC-DW-03	启动验收与总结评价管理	GC-DW-03-04	竣工决算管理	GC-DW-03-04-01	竣工决算资料整理报送
				GC-DW-03-05	工程移交管理	GC-DW-03-05-01	工程档案移交
						GC-DW-03-05-02	工程剩余物资移交
				GC-DW-03-06	投产后质保期管理	GC-DW-03-06-01	投产后质保期管理

第四节　电网投资组

一、流程管理目标

有效控制公司投资风险，重点对海外投资、电网投资、小型基建和技改大修投资风险进行控制，确保公司实现投资预期目标。

二、流程管理风险

1. 海外投资风险

由于公司在海外收购电力资产和资源，建立研发中心、运维中心、生产基地，以及在与国外知名公司合作，拓展自身发展空间的过程中存在的风险，给公司实现预期投资目标带来的不确定性影响。

2. 电网投资风险

由于公司电网规划与各级地方政府规划以及区外来电方案未能及时协调一致，造成公司电网规划的进度和质量受到影响，导致后续的项目前期、审批等工作不能及时开展；由于项目前期工作不到位、电网项目核准手续办理不及时、核准进度迟缓，造成电网项目后续工作不能按计划实施，导致工程延期、电网运行存在风险；由于电源、用户接入管理不合理，电源、用户接入系统设计审核不规范，造成并网不及时，不能满足发、供电需求，危害电网安全、合理运行；由于计划编制工作深度、广度的不足，或未按规范程序进行计划编制，计划调整不及时，造成项目投资计划不合理，导致公司资源浪费；由于统计数据失真，分析结论有误，影响公司投资决策与运营管控；由于缺乏专业知识和管理人才，导致后评价信息资料不完备，造成后评价失真，影响电网规划和投资决策。

3. 小型基建和技改大修投资风险

由于小型基建和技改大修项目前期可行性研究工作不到位，造成项目后续工作不能按计划实施，导致项目延期、电网运行存在风险；由于计划编制工作深度、广度的不足，未按规范程序进行计划编制，造成项目投资不合理，公司资源浪费。

三、流程管理要求

1. 海外投资管理

充分分析和研究公司经营发展需要，明确海外投资目标，合理编制公司海外投资发展规划和计划，推进公司有计划地开展海外项目投资；仔细甄别投资项目，合理选择中介协助公司深入开展尽职调查和研究，充分掌握投资备选项目在政治、经济、社会等方面的情况；客观地对项目进行估值，多部门联合共同参与投资事宜谈判，充分明确双方的权利及义务，有效控制投资法律风险、政策风险、效益风险等；严格按照项目投资决策审核审批权限完成项目投资决策，对投资项目实施全过程管理，确保海外投资项目的设立、建设、交割、日常运营管理、退出等阶段符合公司管理要求和当地政府部门监管要求。

2. 电网投资管理

合理编制公司电网投资规划，充分协调地方政府发展规划，重点包括主网架构规划、配电网规划等，及时调整电网规划项目库，确保电网规划能有效指导公司未来的经营发展；做好项目前期研究分析工作，充分收集并分析相关数据，严格按照项目审核审批程序完成项目核准手续；加强电源、用户接入管理，严格按照电源、用户接入系统设计的审核审批程序完成审批，科学合理地编制投资计划，确保投资计划可执行、可监控；做好投资统计分析工作，充分完整地掌握投资数据，对投资计划执行实施过程监控，根据实际及时合理地调整投资计划，保证公司投资工作有序推进；积极开展投资后评价工作，充分积累经验教训，持续提升公司投资管理决策工作质量。

3. 小型基建和技改大修投资管理

充分收集公司小型基建和技改大修的项目需要，有效开展需求调研和论证，合理编制小型基建和技改大修投资项目计划，保证投资计划可执行、可操作，确保投资项目科学合理，并与公司经营管理需要相契合。

四、流程框架

国家电网公司电网投资组内部控制流程框架，见表9-4。

表 9-4 国家电网公司电网投资组内部控制流程框架表

一级编号	一级流程	二级编号	二级流程	三级编号	三级流程	四级编号	四级流程
DW	电网投资	DW-01	电网规划管理	DW-01-01	电网发展总体规划	DW-01-01-01	电网发展总体规划管理
						DW-01-01-02	主网架规划管理
						DW-01-01-03	配电网规划管理
						DW-01-01-04	通信网规划管理
						DW-01-01-05	智能化规划管理
						DW-01-01-06	电网规划项目库调整管理
				DW-01-02	电源接入系统管理	DW-01-02-01	750 千伏及以上电源接入系统管理
						DW-01-02-02	110（66）千伏~500 千伏电源接入系统管理
						DW-01-02-03	35 千伏及以下电源接入系统管理
						DW-01-02-04	分布式电源项目接入系统管理
				DW-01-03	用户接入系统方案管理	DW-01-03-01	330 千伏及以上用户接入系统方案管理
						DW-01-03-02	110（66）千伏~220 千伏用户接入系统方案管理
		DW-02	电网项目前期管理	DW-02-01	电网项目前期管理	DW-02-01-01	330 千伏及以上前期工作计划编制
						DW-02-01-02	220 千伏及以下前期工作计划编制
						DW-02-01-03	750 千伏及以上（含跨省 500 千伏）项目申请开展前期工作
						DW-02-01-04	220 千伏及以下项目申请开展前期工作
						DW-02-01-05	特高压项目可行性研究管理
						DW-02-01-06	330 千伏~750 千伏项目可行性研究管理
						DW-02-01-07	220 千伏及以下项目可行性研究管理
						DW-02-01-08	特高压项目支持性文件落实工作
						DW-02-01-09	330 千伏~750 千伏项目支持性文件落实工作
						DW-02-01-10	220 千伏及以下项目支持性文件落实工作
						DW-02-01-11	330 千伏及以上项目核准
						DW-02-01-12	220 千伏及以下项目核准

续表

一级编号	一级流程	二级编号	二级流程	三级编号	三级流程	四级编号	四级流程
DW	电网投资	DW-02	电网项目前期管理	DW-02-02	抽水蓄能及常规水电项目前期管理	—	—
		DW-03	投资计划管理	DW-03-01	综合计划管理	DW-03-01-01	综合计划编制
						DW-03-01-02	综合计划执行情况分析
						DW-03-01-03	综合计划检查与考核
						DW-03-01-04	综合计划调整
						DW-03-01-05	综合计划储备项目管理
				DW-03-02	总部资金计划管理	—	—
				DW-03-03	电网基建投资及里程碑计划管理	DW-03-03-01	电网基建投资计划管理
						DW-03-03-02	电网基建新开工里程碑计划管理
						DW-03-03-03	电网基建投产里程碑计划管理
		DW-04	投资统计管理	DW-04-01	电网投资统计	DW-04-01-01	电网投资统计
						DW-04-01-02	电网新开工统计
						DW-04-01-03	电网投产统计
		DW-05	工程总结评价	DW-05-01	电网项目后评估管理	—	—

第五节　技改大修组

一、流程管理目标

控制技改大修安全风险和质量风险，对技改大修实施过程按照规范标准要求实施全过程管理，控制技改大修施工进度和环境保护，科学准确地计量技改大修造价。

二、流程管理风险

1. 技改大修安全风险

在技改大修建设过程中，由于人的不安全行为、物的不安全状态、有害的环境因素、安全管理上的缺陷等原因，可能导致工程建设过程中发生人身安全事故或电网安全事故的不确定性影响增大。

2. 技改大修质量风险

由于技改大修设计缺陷、设备或材料质量不合格、施工人员素质和施工工艺不符合要求、自然环境恶劣、技改大修质量管理不到位等原因，可能导致工程建设发生工程质量事故或电网安全事故的不确定性影响增大。

3. 技改大修造价风险

由于设计深度不足、物价上涨、自然环境恶劣、外部建设环境发生重大变化、工程变更和结算管理不到位等原因，使技改大修成本增加，可能导致技改大修发生经济利益损失的不确定性影响增大。

4. 技改大修进度风险

由于技改大修开工不合规、项目组织不合理、物资供货不及时、自然环境恶劣、外力阻挠施工等原因，可能导致技改大修进度滞后的不确定性影响增大。

5. 技改大修环保水保风险

由于设计未考虑环保水保要求、施工过程中环保水保措施不当、未进行环保水保验收等原因，可能造成环境污染、水土流失，导致公司遭受政府监管处罚和公司形象受损的不确定影响增大。

三、流程管理要求

1. 技改大修安全管理

严格按照技改大修安全管理要求和相关管理制度，执行技改大修业务操作，杜绝任何违规操作和主观臆断导致的人为事故；加强员工安全教育，定期开展业务技能培训和考核，持续提升员工业务操作技能；加强技改大修过程监控，对违规操作及时予以制止和更正，降低任何人身安全事故和电网安全事故的发生概率。

2. 技改大修质量管理

组织公司相关人员或外部单位，设计实施方案和质量控制方案，对实施方案和质量控制方案进行多方研讨，确保技改大修项目的实施具备可行性、质量具备可控性；严格控制技改大修项目物资质量，确保其所使用的材料符合质量要求；对实施过程进行过程管控监督，严格按照质量控制方案和实施进度进行质量检查控制，确保整个技改大修项目质量可靠，并且符合技改大修目标。

3. 技改大修造价管理

科学合理地测算和预估技改大修预算，对物价水平、外部客观环境变化以及实施难度进行充分预判，实施标准定额管理，确保在技改大修实施过程中成本费用可控；严格按照项目变更审核审批程序确定项目变更事宜，提前预计变更后的增量成本费用，及时调整预算水平，确保变更后的施工过程可控；严格控制项目超预算和预算外支出，规范化地开展项目结算工作，妥善保管相关资料，保证公司技改大修项目成本费用可控，结算数据准确真实。

4. 技改大修进度管理

按照技改大修实施方案做好项目实施准备工作，提前完成技改大修实施前的物资准备、人员准备、项目组织准备等工作，客观评价开工准备情况，开工准备条件合格后方可正式开工；及时处理实施过程中的各种变化情况，有效协调物资供应商及时供货，妥善有效地处理和协调外力影响因素，确保技改大修项目按照既定进度施工。

5. 环保水保管理

在项目实施方案中，充分考虑环境保护要求，制定相应的保护措施，在实施过程中严格按照保护措施施工，并在验收中将环境保护作为验收的考虑因素，确保公司技改大修不存在环境污染的情况。

四、流程框架

国家电网公司电网技改大修组内部控制流程框架，见表 9-5。

表 9-5　　国家电网公司电网技改大修组内部控制流程框架表

一级编号	一级流程	二级编号	二级流程	三级编号	三级流程	四级编号	四级流程
GC-JG	工程—生产性技改	GC-JG-01	项目前期	GC-JG-01-01	规划管理	—	—
				GC-JG-01-02	计划管理	GC-JG-01-02-01	项目可行性研究及储备管理
						GC-JG-01-02-02	项目年度计划（调整）管理
						GC-JG-01-02-03	应急项目计划管理
		GC-JG-02	项目实施	GC-JG-02-01	服务采购管理	—	—
				GC-JG-02-02	初步设计编制与评审	—	—
				GC-JG-02-03	开工准备管理	—	—
				GC-JG-02-04	施工过程安全质量管控	—	—
				GC-JG-02-05	施工过程外部环境协调管理	—	—
				GC-JG-02-06	设计变更管理	—	—
				GC-JG-02-07	工程物资管理	GC-JG-02-07-01	物资采购申请
						GC-JG-02-07-02	工程物资供货与协调管理
						GC-JG-02-07-03	主要设备材料检查与领用管理
				GC-JG-02-08	合同变更管理	—	—
		GC-JG-03	竣工管理	GC-JG-03-01	验收及投运管理	—	—
				GC-JG-03-02	工程结算、决算管理	—	—
				GC-JG-03-03	工程资料收集归档	—	—
				GC-JG-03-04	剩余物资、废旧物资管理	GC-JG-03-04-01	工程剩余物资移交
						GC-JG-03-04-02	拆旧物资处置管理
		GC-JG-04	项目后评价管理	GC-JG-04-01	项目后评价管理	—	—

第六节　合同组

一、流程管理目标

妥善管理公司合同和法律事务，有效处理公司法律纠纷，确保公司经营管理中不存在法律风险和合同风险。

二、流程管理风险

1. 法律纠纷风险

法律纠纷风险是指由于法律纠纷事件处理不及时、不恰当，给企业社会形象和经济利益带来的不确定影响。

2. 法律诉讼风险

法律诉讼风险是指公司在诉讼活动中可能遭遇的与争议事实无关，但可能影响案件审理和执行的事项给公司合法权益的实现带来的不确定影响。

3. 知识产权取得及保护风险

该风险是指公司委托开发、合作开发对成果归属约定不清，职务成果与个人成果界定不清，造成技术成果权利归属不明，科研人员故意或过失泄露科研开发的阶段性成果，阶段性成果载体管理与保护不善，专利申请被驳回或因引发专利纠纷导致专利被注销，给企业利益带来的不确定影响。

4. 合同管理风险

合同管理风险是指由于合同基础建设、合同全过程管理以及授权委托不合规，给公司管理、合规经营、经济效益等带来的不确定性影响。

5. 审计风险

审计风险是指由于审计质量控制不到位等原因，给审计结果的公允带来的不确定性影响。

6. 环境保护风险

环境保护风险是指未及时履行环评、环保验收等审批程序，电网建设和运行落实环保措施不到位，给公司经济利益或声誉带来的影响。

三、流程管理要求

1. 合同基础管理

规范公司合同管理制度，统一公司合同文本管理，建立公司合同全过程管理信息化系统，为公司合同建立良好的管理基础。

2. 合同全过程管理

严格按照合同谈判、起草、审核、签订、归档以及变更解除标准程序和流程，对合同进行全过程管理，对各业务部合同规范化管理情况进行监督检查，及时发现违规操作，指导相关部门不断提升合同管理的规范性，控制公司合同风险以及相关的法律风险。

3. 授权委托管理

重点围绕授权委托的签报、签发文件以及经发系统，规范授权委托行为，实施过程监控，确保公司授权委托事项合规合法。

四、流程框架

国家电网公司电网合同组内部控制流程框架，见表9-6。

表9-6 国家电网公司电网合同组内部控制流程框架表

一级编号	一级流程	二级编号	二级流程	三级编号	三级流程	四级编号	四级流程
HT	合同管理	HT-01	基础管理	HT-01-01	合同管理通用制度建设	—	—
				HT-01-02	统一合同文本管理	—	—
				HT-01-03	合同全过程管理信息化建设	—	—
		HT-02	合同全过程管理	HT-02-01	合同准备	HT-02-01-01	合同订立依据管理
						HT-02-01-02	合同当事人的确定
				HT-02-02	合同文本草拟与谈判	—	—
				HT-02-03	合同审核	—	—
				HT-02-04	合同签署	—	—
				HT-02-05	合同履行	HT-02-05-01	合同履行情况跟踪
						HT-02-05-02	合同履行风险预警
						HT-02-05-03	合同的变更、转让与解除

续表

一级编号	一级流程	二级编号	二级流程	三级编号	三级流程	四级编号	四级流程
HT	合同管理	HT-02	合同全过程管理	HT-02-06	合同归档与重大合同备案	HT-02-06-01	合同档案管理
						HT-02-06-02	重大合同备案
				HT-02-07	合同争议处理	—	—
				HT-02-08	合同检查与考核	—	—
		HT-03	授权委托	HT-03-01	授权委托（签报）	—	—
				HT-03-02	授权委托（签发文件）	—	—
				HT-03-03	授权委托（经发系统）	—	—

第七节　科研组

一、流程管理目标

合理科学地规划公司科技项目，分解编制科技项目计划，确保科技项目发展实施符合公司经营管理需要。

二、流程管理风险

1. 科技发展规划的制定及审批管理风险

由于科技发展规划及其相应计划没有得到妥善的设定及审批，其所涉及的研发项目未达到企业可持续发展目标等要求，给公司完成经营目标带来不确定性影响。

2. 科技发展项目计划与申报管理风险

由于科技发展项目具体实施环节没有得到妥善的安排、编制及审批，其所涉及的研发项目未达到企业的可行性等要求，导致科研项目运营管理不善，无法解决企业发展面临的实际问题。

3. 科技项目管理风险

科技项目未进行有效实施，最终导致研发失败，从而使企业发展受到影响，降低公司经营效率、增加公司经济成本。

4. 科技成果管理风险

由于新技术研发后未及时在公司系统内进行推广和专利保护，造成新技术被搁置，给公司带来其研发投入不能得到及时回报以及专利未得到有效保护的不确定性影响。

三、流程管理要求

1. 科技规划的制定及审批管理

充分调研公司经营发展需要，科学合理地编制公司科技发展规划大纲及内容，对科技发展规划组织相关部门和负责人进行充分研讨和论述；严格按照科技发展规划审核审批程序开展规划报批工作，确保科技发展规划符合公司经营发展需要和可持续发展目标。

2. 科技项目计划与申报管理

合理编制科技项目实施计划和实施预算，对实施计划妥善分解确定实施细节，确保科技项目实施具有可执行性；严格按照公司及国家相关要求，有效完成国家级科技项目的材料准备和报批工作。

3. 科技项目管理

采用集中投标和议标方式，有效实施科技项目服务物资采购，确保科技项目采购的物资和服务符合项目实施要求；妥善开展科技项目合同管理，统一合同文本，充分审查合同条款，严格按既定的审核审批程序完成合同变更终止事项，妥善保管合同文本，对合同争议事项进行有效处理，确保科技项目实施不存在合同管理风险；积极指导配合项目部门和单位开展科技项目实施工作，有效进行过程监督控制，确保科技项目正常有序推进执行；严格按照既定目标和验收标准对科技项目进行验收，验收合格后完成科技项目的支付和决算，杜绝先支付决算再验收的违规操作；积极开展科技项目后评估工作，充分挖掘和积累项目实施经验教训，妥善保管相关资料并整理归档。

4. 技术成果管理

严格按照新技术评审、新技术试运行、新技术推广应用和新技术考核四个步骤开展公司新技术管理，确保引入的新技术符合技术要求，具备先进性，提高工作效率和工作质量；严格按照标准工作流程和要求开展公司专利申请、维护、变更等管理，确保公司专利得到稳妥有效的维护和积累；积极配合相关部门和单位开展国家及行业项目奖项申报工作，妥善开展国家电网总部项目奖项管理和省公司科技进步奖项管理。

四、流程框架

国家电网公司电网科研组内部控制流程框架，见表9-7。

表9-7　国家电网公司电网科研组内部控制流程框架表

一级编号	一级流程	二级编号	二级流程	三级编号	三级流程	四级编号	四级流程
KY	科研管理	KY-01	科技规划的制定及审批管理	—	—	—	—
		KY-02	科技项目计划与申报管理	KY-02-01	公司科技项目研究开发费计划管理	—	—
				KY-02-02	国家科技项目申报管理	—	—
		KY-03	科技项目管理	KY-03-01	科技项目物资与服务采购管理	—	—
				KY-03-02	科技项目合同管理	KY-03-02-01	统一合同文本管理
						KY-03-02-02	合同审查管理
						KY-03-02-03	合同变更与终止管理
						KY-03-02-04	合同争议处理管理
						KY-03-02-05	合同归档管理
						KY-03-02-06	合同授权事项管理

续表

一级编号	一级流程	二级编号	二级流程	三级编号	三级流程	四级编号	四级流程
KY	科研管理	KY-03	科技项目管理	KY-03-03	科技项目实施管理	KY-03-03-01	科技项目人员配备管理
						KY-03-03-02	公司科技项目执行与监督管理
						KY-03-03-03	国家科技项日执行与监督管理
						KY-03-03-04	公司科技项目变更管理
						KY-03-03-05	国家科技项目变更管理
				KY-03-04	科技项目验收管理	KY-03-04-01	公司科技项目验收管理
						KY-03-04-02	国家科技项目验收管理
				KY-03-05	科技项目支付与决算管理	KY-03-05-01	科技项目支付管理
						KY-03-05-02	科技项目决算管理
				KY-03-06	科技项目后评估管理	—	—
				KY-03-07	科技项目资料归档管理	—	—
		KY-04	科技成果管理	KY-04-01	新技术管理	KY-04-01-01	新技术评审管理
						KY-04-01-02	新技术试运行管理
						KY-04-01-03	新技术推广应用管理
						KY-04-01-04	新技术考核管理
				KY-04-02	专利管理	KY-04-02-01	专利指标管理
						KY-04-02-02	专利申请管理
						KY-04-02-03	专利维护管理
						KY-04-02-04	专利权属变更/废止管理
						KY-04-02-05	专利归档管理
				KY-04-03	科技奖励管理	KY-04-03-01	国家奖项/行业奖项项目推荐申报管理
						KY-04-03-02	国家电网总部科技进步奖项管理
						KY-04-03-03	省公司科技进步奖项管理

第八节　物资组

一、流程管理目标

通过对公司物资服务采购业务的规范化管理，确保公司物资供应及时，物资管理操作规范，不出现重大的物资管理风险。

二、流程管理风险

1. 物资（服务）规划及计划管理风险

由于物资规划及计划安排不合理，导致公司物资（服务）采购不能满足公司生产建设需求，给公司带来增加经济损失的不确定性影响。

2. 物资（服务）采购方式执行风险

由于采购方式选择不合理，招标、非招标过程中管理不到位等问题，导致采购出现质次价高、舞弊等情况，给公司带来增加经济损失、影响社会形象的不确定性影响。

3. 物资（服务）供应合同管理风险

由于合同管理制度建设不规范、统一合同文本管理不规范、合同管理队伍建设不到位、合同准备不充分、合同起草不规范、合同审核不到位、合同签署不规范、合同履行不当、合同归档不规范、合同争议处理不当、合同监督检查管理不到位等因素，给公司合同管理、合规经营、经济效益等带来的不确定性影响。

4. 物资（服务）供应管理风险

由于对物资的供应计划、生产质量、运输等供应环节的管理不善，给公司带来生产建设需求不能得到有效满足的不确定性影响。

5. 物资结算管理风险

由于物资相关的结算管理不善，导致对不满足公司政策及需求的采购进行付款，造成公司发生经济损失。

6. 物资质量监督风险

由于对物资供应的质量监督和检查不到位，导致物资质量不合格，不能满足公司需求，给公司带来资源浪费、经济利益受损的不确定性影响。

7. 供应商管理风险

由于供应商的准入、评价、退出及数据库维护的机制和程序不完善，给公司带来采购产品或服务质量下降、产品安全或质量不达标及声誉受损等方面的不确定性影响。

8. 库存管理风险

由于库存管理不当造成存货丢失、毁损或未能合理规划库存量，给公司带来库存大量积压、增加经济损失的不确定性影响。

9. 物资处置风险

由于物资处置不及时或处置价格不合理，给公司带来资产流失、经济损失等的不确定性影响。

10. 物资配送风险

由于物流配送方案不合理或物资运输、包装、验收要求不明确，给公司带来经营效率下降的不确定性影响。

11. 应急物资管理风险

由于应急物资储备、采购及调拨方案不合理，导致生产经营中断，给公司带来经营效率下降、增加经济成本和影响公司品牌等的不确定性影响。

12. 物资标准化管理风险

由于未制定明确的物资主数据、采购标准、采购标准模板的新增和修订等物资标准化管理规范、给公司带来经营效率下降的不确定性影响。

13. 物资监察与分析风险

由于物资与服务采购全过程监督和跟踪分析管理不善，导致未能及时发现管理过程中的差错及舞弊，给公司带来增加经济成本和影响公司品牌等的不确定性影响。

14. 物资信息化管理风险

由于物资（服务）供应信息系统开发、应用及运维不当等因素，给公司生产运营带来的不确定性影响。

三、流程管理目标

1. 物资（服务）规划及计划管理

充分结合公司生产经营管理需要，合理科学地编制物资（服务）规划和计划，根据实际经营管理变化及时准确地调整计划，确保公司的物资（服务）采购规划和计划持续地与经营管理高度适配。

2. 物资（服务）采购方式管理

合理选择物资（服务）采购方式，严格按照采购金额标准和采购标准操作流程，规范化地管理和执行招标采购、非招标采购等采购方式，确保采购行为规范、采购价格合理、采购质量可靠。

3. 物资（服务）供应合同管理

规范完善物资（服务）供应合同管理制度，统一合同文本，控制合同条款风险，严格按照合同起草、审核审批、授权签订程序完成合同编制和审批操作；建立合同管理台账，按照相关管理要求对合同进行整理归档，严格根据合同条款跟踪合同履行情况，合理妥善地处理合同争议，确保物资（服务）采购业务正常有序推进；严格按照合同变更、解除审核审批程序完成合同变更、解除。

4. 物资（服务）供应管理

根据经营管理需要合理编制物资（服务）采购供应计划，合理安排物资配送计划，确保所采购的物资和服务按照既定时间要求及时完整地供应；严格对所采购的物资进行质量监控，对重要性物资生产进行进度跟踪，确保物资生产进度符合公司要求且质量可靠。

5. 物资结算管理

严格按照合同条款款项支付物资（服务）采购价款，准确地进行采购结算，确保采购价款支付规范、结算数据准确真实。

6. 物资质量监督管理

加强物资供应商的物资供应质量管理，对物资生产过程进行持续监督控制，确保所采购的物资质量符合公司生产经营要求。

7. 供应商管理

规范供应商评价、退出管理程序，合理有效选择供应商，对供应商供应质量等进行客观评价考核，根据评价结果对供应商进行退出管理，确保公司所采购的物资和服务持续地符合质量要求。

8. 库存管理

完善公司库存管理制度和规范，严格按照标准动作和要求对物资的出入库进行规范化管理；合理地规划库存量和库存结构，控制物资总体规模；严格按照要求对物资进行妥善保管，确保物资不会出现损坏、遗失等情况。

9. 物资处置管理

严格按照物资处置申请、评估、处置等相关要求对废旧物资进行处置，避免物资处置价格低于市场公允价值给公司造成经济损失。

10. 物资配送管理

根据公司经营管理需要和物资采购供应计划，合理设计编制物资配送计划和方案，选择经济的、可行的配送方案，确保相关物资能及时准确地配置至指定地点。

11. 应急物资管理

科学合理地编制应急物资的储备、采购和调配方案，重点包括网省应急物资区域、跨省级管理，确保公司在紧急情况下应急物资供应及时。

12. 物资标准管理

完善物资主数据、采购标准等物资采购标准管理制度，包括主数据、标准的新增和修改，确保公司物资采购工作有据可依，按照标准对采购过程进行控制。

13. 物资监察和分析管理

对物资和服务采购全过程进行监督和控制，准确地统计和分析相关数据，及时发现管理缺陷和问题并妥善处理，保证物资采购供应符合公司生产经营需要。

14. 物资信息化管理

根据物资管理需要和公司生产经营管理需要，引入和建设物资管理系统，对物资管理系统进行日常维护，确保公司物资信息系统运行稳定可靠。

四、流程框架

国家电网公司电网物资组内部控制流程框架，见表9-8。

表9-8 国家电网公司电网物资组内部控制流程框架表

一级编号	一级流程	二级编号	二级流程	三级编号	三级流程	四级编号	四级流程
WZ	物资（服务）采购	WZ-01	规划与计划管理	WZ-01-01	物资规划管理	—	—
				WZ-01-02	采购目录管理	—	—
				WZ-01-03	年度物资（服务）需求计划管理	—	—
				WZ-01-04	年度物资（服务）采购批次计划管理	—	—
				WZ-01-05	采购资金计划管理	—	—
				WZ-01-06	物资（服务）批次采购计划管理	WZ-01-06-01	"总部直接组织实施"物资批次采购计划管理

续表

一级编号	一级流程	二级编号	二级流程	三级编号	三级流程	四级编号	四级流程
WZ	物资（服务）采购	WZ-01	规划与计划管理	WZ-01-06	物资（服务）批次采购计划管理	WZ-01-06-02	“总部直接组织实施”协议库存采购计划管理
						WZ-01-06-03	“总部直接组织实施”超市化采购计划管理
						WZ-01-06-04	“总部统一组织监控、省公司具体实施”物资批次采购计划管理
						WZ-01-06-05	“总部统一组织监控、省公司具体实施”协议库存采购计划管理
						WZ-01-06-06	“总部统一组织监控、省公司具体实施”超市化采购计划管理
						WZ-01-06-07	“总部统一组织监控、直属单位具体实施”物资批次采购计划管理
						WZ-01-06-08	“总部直接组织实施”服务批次采购计划管理
						WZ-01-06-09	“总部统一组织监控、省公司具体实施”服务批次采购计划管理
						WZ-01-06-10	“总部统一组织监控、直属单位具体实施”服务批次采购计划管理
						WZ-01-06-11	“省公司组织实施”服务批次采购计划管理

续表

一级编号	一级流程	二级编号	二级流程	三级编号	三级流程	四级编号	四级流程
WZ	物资（服务）采购	WZ-01	规划与计划管理	WZ-01-07	物资（服务）批次外采购计划管理	WZ-01-07-01	“总部直接组织实施”物资批次外采购计划管理
						WZ-01-07-02	“总部统一组织监控、省公司具体实施”物资批次外采购计划管理
						WZ-01-07-03	“总部统一组织监控、直属单位具体实施”物资批次外采购计划管理
						WZ-01-07-04	“总部直接组织实施”服务批次外采购计划管理
						WZ-01-07-05	“总部统一组织监控、省公司具体实施”服务批次外采购计划管理
						WZ-01-07-06	“总部统一组织监控、直属单位具体实施”服务批次外采购计划管理
		WZ-02	采购方式管理	WZ-02-01	物资（服务）类非招标采购方式审批	—	—
		WZ-03	招标采购管理	WZ-03-01	物资招标采购管理	WZ-03-01-01	“总部直接组织实施”物资招标采购管理——招标前期准备
						WZ-03-01-02	“总部直接组织实施”物资招标采购管理——招标实施

续表

一级编号	一级流程	二级编号	二级流程	三级编号	三级流程	四级编号	四级流程
WZ	物资（服务）采购	WZ-03	招标采购管理	WZ-03-01	物资招标采购管理	WZ-03-01-03	“总部直接组织实施”物资招标采购管理——定标及后续工作
						WZ-03-01-04	“总部统一组织监控、省公司具体实施”物资招标采购管理——招标前期准备
						WZ-03-01-05	“总部统一组织监控、省公司具体实施”物资招标采购管理——招标实施
						WZ-03-01-06	“总部统一组织监控、省公司具体实施”物资招标采购管理——定标及后续工作
						WZ-03-01-07	“总部统一组织监控、直属单位具体实施”物资招标采购管理——招标前期准备
						WZ-03-01-08	“总部统一组织监控、直属单位具体实施”物资招标采购管理——招标实施
						WZ-03-01-09	“总部统一组织监控、直属单位具体实施”物资招标采购管理——定标及后续工作
				WZ-03-02	服务招标采购管理	WZ-03-02-01	“总部直接组织实施”服务招标采购管理——招标前期准备
						WZ-03-02-02	“总部直接组织实施”服务招标采购管理——招标实施

续表

一级编号	一级流程	二级编号	二级流程	三级编号	三级流程	四级编号	四级流程
WZ	物资（服务）采购	WZ-03	招标采购管理	WZ-03-02	服务招标采购管理	WZ-03-02-03	“总部直接组织实施”服务招标采购管理——定标及后续工作
						WZ-03-02-04	“总部统一组织监控、省公司具体实施”服务招标采购管理——招标前期准备
						WZ-03-02-05	“总部统一组织监控、省公司具体实施”服务招标采购管理——招标实施
						WZ-03-02-06	“总部统一组织监控、省公司具体实施”服务招标采购管理——定标及后续工作
						WZ-03-02-07	“总部统一组织监控、直属单位具体实施”服务招标采购管理——招标前期准备
						WZ-03-02-08	“总部统一组织监控、直属单位具体实施”服务招标采购管理——招标实施
						WZ-03-02-09	“总部统一组织监控、直属单位具体实施”服务招标采购管理——定标及后续工作
						WZ-03-02-10	“省公司组织实施”服务招标采购管理——招标前期准备
						WZ-03-02-11	“省公司组织实施”服务招标采购管理——招标实施
						WZ-03-02-12	“省公司组织实施”服务招标采购管理——定标及后续工作

续表

一级编号	一级流程	二级编号	二级流程	三级编号	三级流程	四级编号	四级流程
WZ	物资（服务）采购	WZ-03	招标采购管理	WZ-03-03	配（农）网物资协议库存招标采购管理	WZ-03-03-01	“总部直接组织实施”配（农）网物资协议库存招标采购管理——招标前期准备
						WZ-03-03-02	“总部直接组织实施”配（农）网物资协议库存招标采购管理——招标实施
						WZ-03-03-03	“总部直接组织实施”配（农）网物资协议库存招标采购管理——定标及后续工作
				WZ-03-04	国际招标管理	WZ-03-04-01	“总部直接组织实施”国际招标管理——招标前期准备
						WZ-03-04-02	“总部直接组织实施”国际招标管理——招标实施
						WZ-03-04-03	“总部直接组织实施”国际招标管理——定标及后续工作
		WZ-04	非招标采购管理	WZ-04-01	竞争性谈判采购管理	WZ-04-01-01	“总部直接组织实施”竞争性谈判采购管理——采购前期准备
						WZ-04-01-02	“总部直接组织实施”竞争性谈判采购管理——采购实施
						WZ-04-01-03	“总部直接组织实施”竞争性谈判采购管理——定标及后续工作
						WZ-04-01-04	“总部统一组织监控、省公司具体实施”竞争性谈判采购管理——采购前期准备

续表

一级编号	一级流程	二级编号	二级流程	三级编号	三级流程	四级编号	四级流程
WZ	物资（服务）采购	WZ-04	非招标采购管理	WZ-04-01	竞争性谈判采购管理	WZ-04-01-05	“总部统一组织监控、省公司具体实施”竞争性谈判采购管理——采购实施
						WZ-04-01-06	“总部统一组织监控、省公司具体实施”竞争性谈判采购管理——定标及后续工作
						WZ-04-01-07	“总部统一组织监控、直属单位具体实施”竞争性谈判采购管理——采购前期准备
						WZ-04-01-08	“总部统一组织监控、直属单位具体实施”竞争性谈判采购管理——采购实施
						WZ-04-01-09	“总部统一组织监控、直属单位具体实施”竞争性谈判采购管理——定标及后续工作
						WZ-04-01-10	“省公司组织实施”竞争性谈判采购管理——采购前期准备
						WZ-04-01-11	“省公司组织实施”竞争性谈判采购管理——采购实施
						WZ-04-01-12	“省公司组织实施”竞争性谈判采购管理——定标及后续工作

续表

一级编号	一级流程	二级编号	二级流程	三级编号	三级流程	四级编号	四级流程
WZ	物资（服务）采购	WZ-04	非招标采购管理	WZ-04-02	单一来源采购管理	WZ-04-02-01	“总部直接组织实施”单一来源采购管理——采购前期准备
						WZ-04-02-02	“总部直接组织实施”单一来源采购管理——采购实施
						WZ-04-02-03	“总部直接组织实施”单一来源采购管理——定标及后续工作
						WZ-04-02-04	“总部统一组织监控、省公司具体实施”单一来源采购管理——采购前期准备
						WZ-04-02-05	“总部统一组织监控、省公司具体实施”单一来源采购管理——采购实施
						WZ-04-02-06	“总部统一组织监控、省公司具体实施”单一来源采购管理——定标及后续工作
						WZ-04-02-07	“总部统一组织监控、直属单位具体实施”单一来源采购管理——采购前期准备
						WZ-04-02-08	“总部统一组织监控、直属单位具体实施”单一来源采购管理——采购实施
						WZ-04-02-09	“总部统一组织监控、直属单位具体实施”单一来源采购管理——定标及后续工作
						WZ-04-02-10	“省公司组织实施”单一来源采购管理——采购前期准备
						WZ-04-02-11	“省公司组织实施”单一来源采购管理——采购实施
						WZ-04-02-12	“省公司组织实施”单一来源采购管理——定标及后续工作

续表

一级编号	一级流程	二级编号	二级流程	三级编号	三级流程	四级编号	四级流程
WZ	物资（服务）采购	WZ-04	非招标采购管理	WZ-04-03	询价采购管理	WZ-04-03-01	“总部直接组织实施”询价采购管理——采购前期准备
						WZ-04-03-02	“总部直接组织实施”询价采购管理——采购实施
						WZ-04-03-03	“总部直接组织实施”询价采购管理——定标及后续工作
						WZ-04-03-04	“总部统一组织监控、省公司具体实施”询价采购管理——采购前期准备
						WZ-04-03-05	“总部统一组织监控、省公司具体实施”询价采购管理——采购实施
						WZ-04-03-06	“总部统一组织监控、省公司具体实施”询价采购管理——定标及后续工作
						WZ-04-03-07	“总部统一组织监控、直属单位具体实施”询价采购管理——采购前期准备
						WZ-04-03-08	“总部统一组织监控、直属单位具体实施”询价采购管理——采购实施
						WZ-04-03-09	“总部统一组织监控、直属单位具体实施”询价采购管理——定标及后续工作
						WZ-04-03-10	“省公司组织实施”询价采购管理——采购前期准备
						WZ-04-03-11	“省公司组织实施”询价采购管理——采购实施
						WZ-04-03-12	“省公司组织实施”询价采购管理——定标及后续工作

续表

一级编号	一级流程	二级编号	二级流程	三级编号	三级流程	四级编号	四级流程
WZ	物资（服务）采购	WZ-04	非招标采购管理	WZ-04-04	网上竞价管理	WZ-04-04-01	“总部直接组织实施”网上竞价管理——采购前期准备
						WZ-04-04-02	“总部直接组织实施”网上竞价管理——采购实施
						WZ-04-04-03	“总部直接组织实施”网上竞价管理——定标及后续工作
						WZ-04-04-04	“总部统一组织监控、省公司具体实施”网上竞价管理——采购前期准备
						WZ-04-04-05	“总部统一组织监控、省公司具体实施”网上竞价管理——采购实施
						WZ-04-04-06	“总部统一组织监控、省公司具体实施”网上竞价管理——定标及后续工作
						WZ-04-04-07	“总部统一组织监控、直属单位具体实施”网上竞价管理——采购前期准备
						WZ-04-04-08	“总部统一组织监控、直属单位具体实施”网上竞价管理——采购实施
						WZ-04-04-09	“总部统一组织监控、直属单位具体实施”网上竞价管理——定标及后续工作

续表

一级编号	一级流程	二级编号	二级流程	三级编号	三级流程	四级编号	四级流程
WZ	物资（服务）采购	WZ-05	采购合同管理	WZ-05-01	统一合同文本的编制与修订	—	—
				WZ-05-02	合同起草	WZ-05-02-01	合同授权事项管理
						WZ-05-02-02	合同文本的拟定
				WZ-05-03	合同审查及签署	—	—
				WZ-05-04	采购订单的生成及确认	WZ-05-04-01	应用协议库存采购供货单的签订
						WZ-05-04-02	超市化采购订单的生成
				WZ-05-05	合同归档	WZ-05-05-01	合同台账管理
						WZ-05-05-02	合同档案管理
				WZ-05-06	合同变更及解除管理	WZ-05-06-01	合同变更的申请及审批
						WZ-05-06-02	合同解除的申请及审批
				WZ-05-07	合同纠纷处理	—	—
		WZ-06	采购履约管理（进度管理）	WZ-06-01	供货计划制订	—	—
				WZ-06-02	生产过程跟踪	—	—
				WZ-06-03	物资催交、催运管理	—	—
				WZ-06-04	供应商物资配送管控	WZ-06-04-01	一般设备运输管控
						WZ-06-04-02	特种、大件设备运输管控

续表

一级编号	一级流程	二级编号	二级流程	三级编号	三级流程	四级编号	四级流程
WZ	物资（服务）采购	WZ-06	采购履约管理（进度管理）	WZ-06-05	现场服务	WZ-06-05-01	工程现场物资到货及验收
						WZ-06-05-02	供应商协同物资消缺
						WZ-06-05-03	物资投运单、质保单验收管理
						WZ-06-05-04	工程剩余物资入库管理
						WZ-06-05-05	物资退货管理
						WZ-06-05-06	供应商履约评价
		WZ-07	采购结算管理	WZ-07-01	物资合同款项的支付申请	—	—
				WZ-07-02	履约保函管理	—	—
		WZ-08	仓储管理	WZ-08-01	物资入库管理	—	—
				WZ-08-02	物资出库管理	—	—
				WZ-08-03	物资移库管理	—	—
				WZ-08-04	物资保管及保养管理	WZ-08-04-01	物资日常保管
						WZ-08-04-02	物资保养的审批
						WZ-08-04-03	保养支出的账务处理
				WZ-08-05	物资退库管理	WZ-08-05-01	退出、退役资产的退库审批
						WZ-08-05-02	物资退库的账务处理

续表

一级编号	一级流程	二级编号	二级流程	三级编号	三级流程	四级编号	四级流程
WZ	物资（服务）采购	WZ-08	仓储管理	WZ-08-06	物资换货管理	—	—
				WZ-08-07	库存盘点管理	—	—
				WZ-08-08	仓库综合管理	WZ-08-08-01	仓库安全管理
						WZ-08-08-02	仓库设施维修管理
						WZ-08-08-03	仓库网络规划管理
						WZ-08-08-04	仓库主数据维护
						WZ-08-08-05	库存信息管理
				WZ-08-09	仓储定额管理	—	—
		WZ-09	仓库物资配送	WZ-09-01	物资调度、调配管理	WZ-09-01-01	日常调度调配
						WZ-09 01-02	监控预警
				WZ-09-02	物资配送二次转运管理	WZ-09-02-01	物资配送二次转运服务管理
						WZ-09-02-02	物资配送二次转运服务结算管理
				WZ-09-03	仓库配送物资现场验收管理	—	—

续表

一级编号	一级流程	二级编号	二级流程	三级编号	三级流程	四级编号	四级流程
WZ	物资（服务）采购	WZ-10	应急物资（服务）管理	WZ-10-01	应急物资储备定额管理	—	—
				WZ-10-02	应急物资储备管理	—	—
				WZ-10-03	应急物资供应及调拨管理	WZ-10-03-01	网省应急物资（区域）管理
						WZ-10-03-02	总部应急物资（跨省级）管理
				WZ-10-04	应急物资（服务）紧急采购管理	WZ-10-04-01	应急物资紧急采购管理
						WZ-10-04-02	应急服务紧急采购管理
		WZ-11	废旧物资处置管理	WZ-11-01	废旧物资报废处置管理	WZ-11-01-01	库存物资报废申请管理
						WZ-11-01-02	库存物资报废鉴定管理
						WZ-11-01-03	库存物资报废审批管理
						WZ-11-01-04	废旧物资入库管理
						WZ-11-01-05	废旧物资价值评估管理
						WZ-11-01-06	废旧物资计划管理
						WZ-11-01-07	废旧物资竞价处置
						WZ-11-01-08	废旧物资处置合同的签订与履行管理
						WZ-11-01-09	废旧物资出库管理
						WZ-11-01-10	废旧物资处置资料管理
				WZ-11-02	回收商管理	—	—

续表

一级编号	一级流程	二级编号	二级流程	三级编号	三级流程	四级编号	四级流程
WZ	物资（服务）采购	WZ-12	物资质量监督管理	WZ-12-01	监造业务管理	WZ-12-01-01	总部直管项目监造管理
						WZ-12-01-02	省公司项目监造管理
				WZ-12-02	物资抽检业务管理	WZ-12-02-01	总部直管项日抽检管理
						WZ-12-02-02	省公司项目抽检管理
				WZ-12-03	关键点见证	WZ-12-03-01	总部直管项目关键点见证管理
						WZ-12-03-02	省公司项目关键点见证管理
				WZ-12-04	专家巡检	WZ-12-04-01	总部直管项目专家巡检管理
						WZ-12-04-02	省公司项目专家巡检管理
				WZ-12-05	物资质量全寿命周期信息管理	WZ-12-05-01	总部直管项目物资质量全寿命周期信息管理
						WZ-12-05-02	省公司项目物资质量全寿命周期信息管理
		WZ-13	供应商关系管理	WZ-13-01	供应商服务管理	WZ-13-01-01	供应商主数据申请
						WZ-13-01-02	供应商注册管理
						WZ-13-01-03	供应商业务咨询管理
						WZ-13-01-04	信息发布
				WZ-13-02	供应商资质、能力核实管理	WZ-13-02-01	供应商资质、能力核实任务建立
						WZ-13-02-02	总部直接组织实施供应商资质、能力核实管理
						WZ-13-02-03	总部委托省公司实施供应商资质能力、核实管理
						WZ-13-02-04	供应商资质、能力核实结果反馈及结果应用

续表

一级编号	一级流程	二级编号	二级流程	三级编号	三级流程	四级编号	四级流程
WZ	物资（服务）采购	WZ-13	供应商关系管理	WZ-13-03	供应商绩效评价管理	WZ-13-03-01	全寿命周期供应商绩效评价信息收集与统计
						WZ-13-03-02	供应商绩效评价管理及结果应用
						WZ-13-03-03	总部供应商不良行为管理
						WZ-13-03-04	省公司供应商不良行为管理
		WZ-14	物资标准化管理	WZ-14-01	物资和服务主数据管理	WZ-14-01-01	物资和服务主数据新增管理
						WZ-14-01-02	物资和服务主数据修订管理
				WZ-14-02	物资和采购标准管理	WZ-14-02-01	物资和采购标准新增
						WZ-14-02-02	物资和采购标准修订
						WZ-14-02-03	ECP 采购标准模板新增
						WZ-14-02-04	ECP 采购标准模板修订
		WZ-15	信息系统管理	WZ-15-01	物资信息系统需求管理	WZ-15-01-01	规划阶段物资信息系统需求
						WZ-15-01-02	实施阶段物资信息系统需求
				WZ-15-02	信息系统权限管理	—	—
		WZ-16	物资监察管理	WZ-16-01	物资监察	WZ-16-01-01	监督检查
						WZ-16-01-02	投诉、信访处理
				WZ-16-02	诚信管理	—	—
				WZ-16-03	评标专家和评标专家库管理	WZ-16-03-01	评标专家资格审批管理
						WZ-16-03-02	评标专家考核评价管理
						WZ-16-03-03	评标专家库维护管理

续表

一级编号	一级流程	二级编号	二级流程	三级编号	三级流程	四级编号	四级流程
WZ	物资（服务）采购	WZ-17	业务协调与监控	WZ-17-01	业务应用管理	WZ-17-01-01	业务协调调度管理
						WZ-17-01-02	业务应急管理
				WZ-17-02	业务监控管理	—	—
		WZ-18	物资统计分析	WZ-18-01	物资计划统计分析	—	—
				WZ-18-02	集中采购管理统计分析	—	—
				WZ-18-03	合同管理统计分析	—	—
				WZ-18-04	物资供应统计分析	—	—
				WZ-18-05	仓储配送、调度统计分析	—	—
				WZ-18-06	废旧物资管理统计分析	—	—
				WZ-18-07	其他业务数据管理统计分析	—	—

第九节　小型基建组

一、流程管理目标

控制小型基建项目安全风险，对小型基建及非生产性大修项目实施过程进行管控和进度控制，准确测量和计算项目造价，确保小型基建和非生产性大修项目全过程的有序管理。

二、流程管理风险

1. 安全风险

在小型基建建设过程中，由于人的不安全行为、物的不安全状态、有害的环境因素、安全管理上的缺陷等原因，可能导致工程建设发生人身安全事故或电网安全事故的不确定性影响。

2. 质量风险

由于工程设计缺陷、设备或材料质量不合格、施工人员素质和施工工艺不符合要求、自然环境恶劣、工程质量管理不到位等原因，可能导致小型基建发生工程质量事故或电网安全事故的不确定性影响。

3. 造价风险

由于设计深度不足、物价上涨、自然环境恶劣、外部建设环境发生重大变化、工程变更和结算管理不到位等原因，使工程成本增加，可能导致小型基建发生经济利益损失的不确定性影响。

4. 进度风险

由于小型基建开工不合规、项目组织不合理、物资供货不及时、自然环境恶劣、外力阻挠施工等原因，可能导致小型基建进度滞后的不确定性影响。

5. 环保水保风险

由于设计未考虑环保水保要求、施工过程中环保水保措施不当、未进行环保水保验收等原因，可能造成环境污染、水土流失，导致公司遭受政府监管处罚和公司形象受损的不确定性影响。

三、流程管理要求

1. 安全管理

严格按照公司安全管理要求和相关管理制度，执行技改大修和小型基建业务操作，杜绝任何违规操作和主观臆断导致的人为事故；加强员工安全教育，定期开展业务技能培训和考核，持续提升员工业务操作技能；加强技改大修和小型基建项目的过程监控，对违规操作及时制止和更正，减少任何人身安全事故和电网安全事故的发生概率。

2. 质量管理

组织公司相关人员或外部单位，设计技改大修和小型基建实施方案和质量控制方案，对实施方案和质量控制方案进行多方研讨，确保技改大修项目实施可行、质量可控；严格控制物资质量，确保所使用的材料符合质量要求；对实施过程进行过程管控监督，严格按照质量控制方案和实施进度进行质量检查控制，确保整个项目质量可靠，符合公司经营管理目标。

3. 造价管理

科学合理地测算和预估项目预算，对物价水平、外部客观环境变化以及实施难度进行充分的预判，实施标准定额管理，确保在项目实施过程中成本费用可控；严格按照项目变更审核审批程序确定项目变更事宜，提前预计变更后的增量成本费用，及时调整预算水平，确保变更后的施工过程可控；严格控制项目超预算和预算外支出；规范化地开展项目结算工作，妥善保管相关资料，保证公司项目成本费用结算数据准确真实。

4. 进度管理

严格按照项目实施方案做好项目实施准备工作，提前完成项目实施前的物资准备、人员准备、项目组织准备等工作，客观评价开工准备情况，开工准备条件合格后方可正式开工；及时处理实施过程中的各种变化情况，有效协调物资供应商及时供货，妥善处理和协调外力阻扰因素，确保项目按照既定进度实施。

5. 环保水保管理

在项目实施方案中，充分考虑环境保护要求，制定相应的保护措施，在实施过程中严格按照保护措施施工，并在验收中将环境保护作为验收的考虑因素，确保项目不存在环境污染的情况。

四、流程框架

国家电网公司电网小型基建组内部控制流程框架，见表9-9。

表 9-9 国家电网公司电网小型基建组内部控制流程框架表

一级编号	一级流程	二级编号	二级流程	三级编号	三级流程	四级编号	四级流程
GC-XJ	工程——小型基建	GC-XJ-01	项目前期	GC-XJ-01-01	规划管理	GC-XJ-01-01-01	项目规划管理
				GC-XJ-01-02	计划管理	GC-XJ-01-02-01	专项计划建议评审
						GC-XJ-01-02-02	项目储备管理
						GC-XJ-01-02-03	专项计划评审
						GC-XJ-01-02-04	可行性研究报告评审
						GC-XJ-01-02-05	立项批复
		GC-XJ-02	工程前期	GC-XJ-02-01	设计、监理单位选择管理	GC-XJ-02-01-01	设计、监理招标管理
						GC-XJ-02-01-02	设计、监理合同签订
				GC-XJ-02-02	初步设计管理	—	—
				GC-XJ-02-03	施工图审查	—	—
				GC-XJ-02-04	工程预算管理	—	—
				GC-XJ-02-05	物资采购申请	—	—
				GC-XJ-02-06	施工单位选择管理	GC-XJ-02-06-01	施工招标管理
						GC-XJ-02-06-02	施工合同签订
				GC-XJ-02-07	开工准备管理	GC-XJ-02-07-01	质量监督申请
						GC-XJ-02-07-02	施工组织设计审批（含特殊施工方案审批）
				GC-XJ-02-08	工程开工审批管理	GC-XJ-02-08-01	工程开工审批管理
				GC-XJ-02-09	废旧物资管理	—	—

续表

一级编号	一级流程	二级编号	二级流程	三级编号	三级流程	四级编号	四级流程
GC-XJ	工程——小型基建	GC-XJ-03	工程施工	GC-XJ-03-01	建设施工过程安全质量管控	GC-XJ-03-01-01	安全质量专项检查工作
						GC-XJ-03-01-02	安全质量事故管理
				GC-XJ-03-02	建设施工过程进度管控	GC-XJ-03-02-01	建设施工过程进度管控
				GC-XJ-03-03	中间验收管理	GC-XJ-03-03-01	土建基础验收
						GC-XJ-03-03-02	土建主体验收
						GC-XJ-03-03-03	隐蔽工程验收
				GC-XJ-03-04	设计变更管理	GC-XJ-03-04-01	一般设计变更管理
						GC-XJ-03-04-02	重大设计变更管理
				GC-XJ-03-05	工程资料收集归档管理	GC-XJ-03-05-01	工程资料收集整理
				GC-XJ-03-06	工程合同履约管理	GC-XJ-03-06-01	进度款支付
						GC-XJ-03-06-02	合同纠纷处理
						GC-XJ-03-06-03	合同变更管理
						GC-XJ-03-06-04	工程合同文本标准化管理
		GC-XJ-04	竣工验收	GC-XJ-04-01	工程验收	GC-XJ-04-01-01	建设施工验收
						GC-XJ-04-01-02	政府验收
				GC-XJ-04-02	工程结算管理	GC-XJ-04-02-01	工程结算的编制与审核
				GC-XJ-04-03	工程审计管理	—	—
				GC-XJ-04-04	竣工决算管理	GC-XJ-04-04-01	竣工资料整理报送
				GC-XJ-04-05	工程移交管理	GC-XJ-04-05-01	工程档案移交归档
						GC-XJ-04-05-02	资产移交管理

续表

一级编号	一级流程	二级编号	二级流程	三级编号	三级流程	四级编号	四级流程
GC-FS	工程——非生产性技改大修	GC-FS-01	项目前期	GC-FS-01-01	项目可行性研究评审	—	—
				GC-FS-01-02	专项计划评审	—	—
		GC-FS-02	工程前期	GC-FS-02-01	服务采购管理	GC-FS-02-01-01	服务类招标管理
						GC-FS-02-01-02	合同签订
				GC-FS-02-02	初步设计管理	GC-FS-02-02-01	初步设计编制与评审
				GC-FS-02-03	工程预算管理	—	—
				GC-FS-02-04	物资采购管理	GC-FS-02-04-01	物资采购申请
				GC-FS-02-05	折旧物资处置管理	—	—
		GC-FS-03	工程施工	GC-FS-03-01	施工过程安全质量管控	—	—
				GC-FS-03-02	一般设计变更管理	—	—
				GC-FS-03-03	重大设计变更管理	—	—
				GC-FS-03-04	工程物资管理	GC-FS-03-04-01	工程物资供货与协调管理
						GC-FS-03-04-02	主要设备材料检查与领用
				GC-FS-03-05	合同变更管理	—	—
		GC-FS-04	竣工管理	GC-FS-04-01	建设施工验收	—	—
				GC-FS-04-02	工程结算、决算管理	—	—
				GC-FS-04-03	工程审计管理	—	—
				GC-FS-04-04	工程资料收集归档	—	—

第十节　信息组

一、流程管理目标

通过对公司信息化全过程管理，确保公司信息化项目符合公司经营管理需要，建设过程和建设成本可控，信息系统的运行稳定、安全。

二、流程管理风险

1. 信息化规划风险

由于信息化项目的规划建设与企业的业务需求不相匹配，或信息化项目在规划、可行性研究、设计、研发、建设以及整体项目管理时出现的漏洞，导致信息化项目受阻或者失败，使企业业务不能正常运营，给企业带来各种损失的不确定性影响。

2. 信息化建设风险

由于信息化项目建设未被有效执行或者信息化采购没有按照公司以及项目要求来开展，造成项目建设、系统运维费用增高，同时也有可能导致采购需求与实际不符，给企业造成经济损失的不确定性影响。

3. 信息系统运维风险

由于信息设备管理不善、系统深化应用不足、评价考核不到位、系统日常运维不当、主数据管理缺失、信息通信调度管理不当，造成公司信息系统不能正常运转，给公司信息系统安全运行带来威胁的不确定性影响。

4. 信息安全风险

由于信息安全管理不到位，在受到人为或自然因素的威胁时，企业的信息系统及其管理体系不能有效应对，引发信息安全事件，给企业带来各种损失的不确定性影响。

5. 信息传递风险

由于在传递过程中信息的不对称和严重的信息污染现象，给公司带来信息传递不准确、不及时的不确定性影响。

6. 失泄密风险

在信息的传递、保存过程中，由于员工的疏忽导致设备失窃、内部窃取等造成信息的泄漏给企业带来损失的不确定性影响。

7. 信息披露风险

根据外部监管机构要求，公司需要向外界披露相关信息，由于市场主体和市场运营机构互相为对方提供相关的数据和信息，同时向社会公众和电力监管机构发布和提供必要的数据和信息，可能发生信息披露错误，给公司带来损失的不确定性影响

三、流程管理要求

1. 规划计划管理

充分调研了解公司信息系统经营管理需要，完整科学地进行信息系统前期规划设计、可行性研究和需求确定，确保公司信息系统管理、开发符合业务经营需要。

2. 建设管理

实施信息系统建设全过程管控，重点对信息系统的软硬件采购进行控制，确保采购的系统软硬件符合系统建设目标和业务经营管理需要；有序开展信息系统推广应用，严格按照试运行、调试优化、上线推广、正式运行等阶段应用信息系统；客观准确地开展信息系统验收工作，对信息系统功能匹配性、运行稳定性以及功能可扩展性等指标进行验收；严格按照项目决算程序和条件执行信息化项目决算工作，杜绝先决算再验收行为；积极客观地开展信息化项目建设，实施评优管理，充分积累经验和教训，确保公司信息化项目建设实施工作持续优化、完善。

3. 运维管理

严格按照系统运维操作手册及相关制度要求，定期或不定期地对系统软硬件进行检查和维护，指导和协助公司相关部门正确使用系统，对系统日常运行情况进行常态化监控，及时发现系统运行缺陷并组织相关单位处理，确保公司信息系统持续安全、稳定地运行。

4. 信息安全管理

建立信息系统数据灾备机制，定期或不定期实施灾备演练和数据恢复，确保公司在发生重大灾害事件后能迅速恢复生产经营活动；制订信息系统安全防护总体策略方案，合理设计安全防护架构，定期或不定期开展信息系统安全监察和安全风险评估工作，及时发现安全隐患并妥善处理安全隐患；对发生的安全事故进行深度调查，确定事故原因和相关责任人，完善信息系统安全防护策略和方案，杜绝类似事件再次发生。

5. 信息传递管理

认真做好公司收、发文管理，通过实施公文考核评价，对部门发公文、公司签报、收文办理情况实行全流程管控，严格管理程序，最大限度消除公

文越级呈报、横向传递等现象。对公司发文、签报主旨内容、会签程序、主送领导等严格审核，对于越级呈报、会签不完整等签报一律退回修改，消除越权审批风险。

加强突发重大事项处置统一领导，落实责任，落实突发重大事项预警、报告、分析研判、应急处置、总结报告等机制和流程，提高应急反应速度和能力，做到早发现、早报告、早处置；加强各部门和各单位之间、公司与国家有关部委之间、有关地方党委政府之间的协调配合，建立协调联动机制，提高处置工作的整体效能。

对公司发文、签报会签程序、主送领导层级严格审核，对于越级呈报、会签不完整等签报一律退回修改，消除越权审批风险。规范公司档案工作管理流程，制定《国家电网公司档案馆档案接收管理办法》和《国家电网公司档案馆进馆档案整理规范》，严格规范公司档案收集、整理、分类、归档、保管、鉴定、统计和借阅利用等各项工作。严格借阅审批流程，对涉密档案严格控制借用查阅权限。按照“十防”标准强化档案馆库设施及安保设施建设，确保档案实体安全和信息安全，杜绝失泄密风险，维护公司核心利益。

6. 信息失泄密管理

采取办公计算机上安装保密工具等措施，加强保密管理，落实责任，开展监督检查，加大宣传教育培训力度，严格执行规章制度，严守保密纪律，提高技术防护水平。

7. 信息披露管理

为实现与社会各界的有效沟通，公司制定并下发了《关于加强公司社会责任工作的指导意见》，规定公司每年需发布《社会责任报告》，从而有效提升社会沟通能力和水平，推动社会责任根植基层，进一步塑造公司表率央企形象。

建立健全制度规定，完善公司新闻发言人管理相关规定，建立健全新闻发言人工作体系，规范公司系统新闻发布工作，加强公司对外宣传和沟通；严格执行新闻发布审批程序；加强新闻发布监督考核。

四、流程框架

国家电网公司电网信息组内部控制流程框架，见表 9-10。

表 9-10　　国家电网公司电网信息组内部控制流程框架表

一级编号	一级流程	二级编号	二级流程	三级编号	三级流程	四级编号	四级流程
XX	信息化管理	XX-01	规划、计划管理	XX-01-01	规划管理	XX-01-01-01	信息化规划编制与执行管理
				XX-01-02	计划管理	XX-01-02-01	信息化项目前期管理
						XX-01-02-02	信息化项目计划管理
		XX-02	技术与标准管理	XX-02-01	技术标准管理	XX-02-01-01	信息通信标准体系编制
						XX-02-01-02	信息通信标准全生命周期管理
						XX-02-01-03	信息化标准（架构）督查管理
				XX-02-02	信息化架构管理	XX-02-02-01	架构资产管理
						XX-02-02-02	信息化系统架构管理
				XX-02-03	设计研发管理	XX-02-03-01	信息化专项研究管理
						XX-02-03-02	信息系统研发过程管理
						XX-02-03-03	信息系统版本管理
						XX-02-03-04	信息系统测试管理
				XX-02-04	技术管理	XX-02-04-01	信息通信技术研究全生命周期管理
		XX-03	建设管理	XX-03-01	信息化项目管理	XX-03-01-01	信息系统定额标准管理
						XX-03-01-02	信息通信招标配合管理
						XX-03-01-03	信息通信软硬件设备集团采购执行管理
						XX-03-01-04	信息化项目合同管理
						XX-03-01-05	信息化项目推广实施管理
						XX-03-01-06	信息系统上线管理
						XX-03-01-07	信息系统建设转运行管理
						XX-03-01-08	信息化项目验收管理
						XX-03-01-09	信息化项目结决算管理
						XX-03-01-10	信息化项目建设实施评优管理

续表

一级编号	一级流程	二级编号	二级流程	三级编号	三级流程	四级编号	四级流程
XX	信息化管理	XX-04	调度运行管理	XX-04-01	系统运行管理	XX-04-01-01	信息系统缺陷管理
						XX-04-01-02	信息系统下线管理
						XX-04-01-03	信息系统运维业务外委管理
						XX-04-01-04	三线技术支持服务核定及评价考核
						XX-04-01-05	信息系统性能调优管理
						XX-04-01-06	信息客服管理
				XX-04-02	系统检修管理	—	—
				XX-04-03	灾备管理	XX-04-03-01	信息系统灾备建设管理
						XX-04-03-02	灾备演练与恢复管理
				XX-04-04	信息通信调度管理	XX-04-04-01	信息通信调度指挥
						XX-04-04-02	信息通信紧急抢修
		XX-05	应用与评价管理	XX-05-01	深化应用管理	XX-05-01-01	信息系统实用化评价管理
						XX-05-01-02	基层单位信息系统深化应用
						XX-05-01-03	数据综合治理水平评价
				XX-05-02	评价考核管理	XX-05-02-01	信息通信调度能力评价管理
						XX-05-02-02	信息通信系统月度运行评价
						XX-05-02-03	信息系统月度应用评价
						XX-05-02-04	机房星级评价

续表

一级编号	一级流程	二级编号	二级流程	三级编号	三级流程	四级编号	四级流程
XX	信息化管理	XX-06	供应商管理	XX-06-01	厂商评优管理	—	—
				XX-06-02	运维外委厂商能力评定	—	—
		XX-07	安全管理	XX-07-01	信息安全管理	XX-07-01-01	信息安全防护策略总体方案及架构建设
						XX-07-01-02	信息系统安全测评管理
						XX-07-01-03	信息安全基线策略管理
						XX-07-01-04	信息安全等级保护建设管理
						XX-07-01-05	信息安全督查管理
						XX-07-01-06	信息安全风险评估与隐患治理
						XX-07-01-07	信息安全事故调查管理
				XX-07-02	信息系统应急管理	—	—
		XX-08	资产管理	XX-08-01	信息设备投退运管理	—	—
				XX-08-02	软件著作管理与保护工作	—	—

第十一节　营销组

一、流程管理目标

通过对公司营销管理活动的规范化和标准化，实现对公司营销工作的有效管理和控制，全面控制营销风险的发生。

二、流程管理风险

1. 电力需求风险

经济形势的变化、市场状况的变动使售电量增速回落，售电量任务无法完成，公司经营目标无法达成，直接影响公司经营效益。因外购电量组织不力，导致售电量下降，给公司社会形象带来的不确定性影响。

2. 电力销售市场管理风险

由于电力营销政策研究与执行不到位，供电营业许可获取不规范，或用户直供与分布式电源入网项目管理不当，或同业对标管理不到位，引发监管处罚、公司安全隐患、成本上升、公司形象受损。

3. 营销规划风险

由于营销规划不合理等因素，给公司中长期发展带来的不确定性影响。

4. 供电质量风险

由于网架结构薄弱、运行维护不到位、资源协调不利等带来的供电质量不达标，给公司经营及品牌带来的不确定性影响。

5. 新增/变更用电风险

用户新增/变更用电受理过程中，用户需求受理不及时、不到位，或用电工程验收、供用电合同管理不规范等，造成新增/变更用电服务满意度受损，用电安全存在隐患。

6. 电费回收风险

由于客户自身经营不善、资金流转不畅，客户履行交费义务意识不强、恶意拖欠，欠费催缴管理不完善等因素都会给公司电费回收带来困难，给公司经济收益和经营管理有效性带来的不确定性影响。

7. 电价执行风险

未按国家规定执行电价，或电价执行存在差错，给公司外部监管和经济利益带来的不确定性影响。

8. 管理线损不到位风险

由于供用电管理部门和有关人员管理不够严格，电能计量基础信息获取不准确、不及时，造成线损统计不准确、电能损失。

9. 营销稽查管理风险

由于营销稽查监控不到位等因素，给营销服务质量及企业社会形象带来的不确定性影响。

10. 营销信息系统管理风险

由于营销信息系统开发、应用及运维不当等因素，给公司生产运营带来的不确定性影响。

11. 违约、窃电风险

在电力供应与使用中，用户未按照供用电合同约定方式、规程用电，或采用秘密窃取的方式，非法占用电能以不交或少交电费的行为，给公司的经营效益和经济利益带来的不确定性影响。

12. 电能计量风险

由于关口计量点设置方案不合理，计量点运行装置配置等级不合理，准确度等级不满足要求，电表安装过程中出现差错，造成电表设备无法正常运行，给企业电量流失和经济损失带来的不确定性影响。

13. 客户服务风险

由于客户服务体系不健全、设施不完备，造成客户服务质量不达标、客户关系管理不到位，给企业社会形象、电费回收、舆情管理等带来的不确定性影响。

14. 智能用电管理风险

由于电动汽车充换电设施不足、智能充换电服务管理不到位、智能小区项目管理不当等因素，给公司智能电动汽车领域开拓带来的不确定性影响。

15. 营销项目管理风险

由于营销项目决策程序不健全，项目实施过程管控与后评价机制不完备，造成资源浪费、市场服务能力不足，给公司发展与社会形象造成的不确定性影响。

三、流程管理要求

1. 电力需求管理

根据外部经济形势变化和市场状况，做好电力市场分析研究工作，准确预测公司售电量增减变化情况；加强电力市场开拓工作，包括能源替代项目管理和市场开拓电量计划管理，确保售电量不断增长。

2. 电力销售市场管理

科学合理制定公司营销政策和策略，加强营销工作的执行监督和管理；规范供电许可证管理，加强用户直供或分布式电源入网项目的管理；

开展有序电管理工作，制订有序用电方案，对有序用电进行实时监控和预警。

3. 营业管理

充分掌握公司内外部环境信息，科学合理地编制公司营销滚动规划，对营销规划进行任务目标分解，确保公司营销工作有序推进和过程可控；制定业务扩装标准流程和服务标准要求，对业务扩装进行过程管理，重点对220kV及以上业扩报装、110kV业扩报装、35kV业扩报装等项目进行规范化管理；规范变更用电管理过程，重点对减容（恢复）、暂停（恢复）、暂拆（复装）、拆迁、移户等变更事项进行规范化管理和操作；加强供电合同管理，规范合同文本使用，严格按照合同签订、审批程序完成合同的签订工作，妥善处理合同纠纷，确保公司不出现合同风险；做好电费抄核收管理工作，提高公司电费回收工作效率。

4. 客户服务管理

建立公司客户服务体系，规范各服务窗口的标准流程和要求，全面提高公司服务质量，获取用户良好的口碑；规范95598服务窗口的服务标准和要求，全面提高95598服务品质；完成供电营业窗口标准化建设工作，对供电营业窗口服务标准和服务情况进行检查监督，提高供电营业窗口服务品质；做好客户管理维系工作，对重点客户进行认定，客观评价客户信用等级并根据实际及时调整。

5. 智能用电管理

做好智能交换电服务网络建设工作，对智能充换电服务网络建设项目进行计划、储备、实施、评价的全过程管理；加强智能充换电服务网络设备管理工作，建立设备管理台账，及时发现设备运行缺陷并妥善处理和解决；定期开展智能充换电服务网络检修工作，合理安排检修计划，及时处理设备故障；加强智能小区和光纤到户项目的过程管理，对智能小区项目储备计划、项目实施、项目验收评价以及日常运营进行过程管控。

6. 营销项目管理

科学合理地规划营销项目，做好营销项目规划计划工作；对营销项目执行过程进行全过程控制，重点包括营销项目实施、验收、评价、结算，确保营销项目执行达到预期日标和要求。

四、流程框架

国家电网公司电网营销组内部控制流程框架，见表9-11。

表9-11　　国家电网公司电网营销组内部控制流程框架表

一级编号	一级流程	二级编号	二级流程	三级编号	三级流程	四级编号	四级流程
YX	营销管理	YX-01	电力销售市场管理	YX-01-01	供电营业区管理	YX-01-01-01	供电营业许可证管理
						YX-01-01-02	供电营业区域管理
				YX-01-02	有序用电管理	YX-01-02-01	有序用电基础信息管理
						YX-01-02-02	有序用电方案制订
						YX-01-02-03	有序用电预警管理
						YX-01-02-04	有序用电方案实施
						YX-01-02-05	有序用电监督检查管理
						YX-01-02-06	有序用电统计分析管理
				YX-01-03	市场分析预测管理	YX-01-03-01	短期电力市场分析预测管理
						YX-01-03-02	迎峰度夏（冬）电力供需分析预测管理
				YX-01-04	市场开拓管理	YX-01-04-01	能源替代项目管理
						YX-01-04-02	市场开拓电量计划管理
				YX-01-05	节能服务管理	YX-01-05-01	能效服务网络建设运行管理
						YX-01-05-02	节约电力电量指标管理
						YX-01-05-03	节能服务项目管理
						YX-01-05-04	电能服务管理平台建设与管理
				YX-01-06	自备电厂管理	YX-01-06-01	自备电厂机组并网与电力供应协议管理
		YX-02	营业管理	YX-02-01	营销战略及规划制定	YX-02-01-01	营销发展战略规划编制和滚动修订
				YX-02-02	业扩报装	YX-02-02-01	业扩报装流程与服务要求制定
						YX-02-02-02	220kV 及以上业扩报装管理
						YX-02-02-03	110kV 业扩报装管理
						YX-02-02-04	35kV 业扩报装管理
						YX-02-02-05	10kV 专线业扩报装管理
						YX-02-02-06	10kV 非专线业扩报装管理
						YX-02-02-07	低压业扩报装管理
						YX-02-02-08	国家重点工程业扩报装协调管理

续表

一级编号	一级流程	二级编号	二级流程	三级编号	三级流程	四级编号	四级流程
YX	营销管理	YX-02	营业管理	YX-02-03	变更用电管理	YX-02-03-01	减容管理
						YX-02-03-02	减容恢复管理
						YX-02-03-03	暂停管理
						YX-02-03-04	暂停恢复管理
						YX-02-03-05	暂拆管理
						YX-02-03-06	暂拆复装管理
						YX-02-03-07	暂换管理
						YX-02-03-08	暂换恢复管理
						YX-02-03-09	迁址管理
						YX-02-03-10	移表管理
						YX-02-03-11	销户管理
						YX-02-03-12	过户管理
						YX-02-03-13	更名管理
						YX-02-03-14	改压管理
						YX-02-03-15	改类管理
						YX-02-03-16	分户管理
						YX-02-03-17	并户管理
						YX-02-03-18	申请校验管理
						YX-02-03-19	批量销户管理
						YX-02-03-20	批量更改线路台区管理
						YX-02-03-21	计量装置故障管理
						YX-02-03-22	市政代工管理
				YX-02-04	供用电合同管理	YX-02-04-01	供用电合同参考文本管理
						YX-02-04-02	供用电合同签订管理
						YX-02-04-03	供用电合同变更管理
						YX-02-04-04	供用电合同纠纷处理

续表

一级编号	一级流程	二级编号	二级流程	三级编号	三级流程	四级编号	四级流程
YX	营销管理	YX-02	营业管理	YX-02-05	电费抄核收管理	YX-02-05-01	电费抄核收管理制度标准制定
						YX-02-05-02	抄表段管理
						YX-02-05-03	抄表周期管理
						YX-02-05-04	抄表日管理
						YX-02-05-05	抄表设备管理
						YX-02-05-06	电费核算管理
						YX-02-05-07	退补电量电费管理
						YX-02-05-08	电费收费管理
						YX-02-05-09	电费充值卡管理
						YX-02-05-10	预购电费管理
						YX-02-05-11	金融机构代收电费协议管理
						YX-02-05-12	非金融机构代收网点协议管理
						YX-02-05-13	供电企业自助售电缴费设备管理
						YX-02-05-14	电费分次划拨管理
						YX-02-05-15	电费分次结算管理
						YX-02-05-16	电费退费管理
						YX-02-05-17	电费票据管理
						YX-02-05-18	应收电费账务管理
						YX-02-05-19	实收电费账务管理
						YX-02-05-20	电费催费管理
						YX-02-05-21	电费欠费停复电管理
						YX-02-05-22	电费违约金管理
						YX-02-05-23	电费回收风险控制管理
						YX-02-05-24	电费呆坏账管理
						YX-02-05-25	核销电费账销案存管理
						YX-02-05-26	缴费渠道管理
						YX-02-05-27	电费电价管理与执行分析

续表

一级编号	一级流程	二级编号	二级流程	三级编号	三级流程	四级编号	四级流程
YX	营销管理	YX-02	营业管理	YX-02-06	销售电价管理	YX-02-06-01	销售电价检查管理
						YX-02-06-02	电价、电费标准调整管理
				YX-02-07	管理线损执行	—	—
				YX-02-08	营销稽查管理	YX-02-08-01	营销稽查方案制订与实施
						YX-02-08-02	营销核心资源、关键业务、关键指标常态在线稽查监控管理
						YX-02-08-03	营销现场稽查
						YX-02-08-04	营销稽查评价管理
						YX-02-08-05	营销稽查监控主题管理
				YX-02-09	营销信息系统管理	YX-02-09-01	营销信息系统需求管理
						YX-02-09-02	营销信息系统设计、开发、实施管理
						YX-02-09-03	营销信息系统运行维护管理
						YX-02-09-04	营销信息系统数据质量管理
						YX-02-09-05	营销信息系统实用化评价管理
				YX-02-10	分布式电源管理	YX-02-10-01	分布式电源并网服务管理
						YX-02-10-02	分布式电源发用电合同管理
				YX-02-11	营销政策和供用电法律法规研究及问题协调管理	—	—
				YX-02-12	营销同业对标管理	—	—
				YX-02-13	客户档案管理	YX-02-13-01	客户档案标准化管理
						YX-02-13-02	客户档案建档管理
						YX-02-13-03	客户档案保管管理
						YX-02-13-04	客户档案借阅管理
						YX-02-13-05	客户档案销毁管理
				YX-02-14	营销管理制度标准制修订管理	—	—

续表

一级编号	一级流程	二级编号	二级流程	三级编号	三级流程	四级编号	四级流程
YX	营销管理	YX-03	电能计量	YX-03-01	电能计量器具采集终端资产管理	YX-03-01-01	需求审核
						YX-03-01-02	入库管理
						YX-03-01-03	出库管理
						YX-03-01-04	库存预警处置管理
						YX-03-01-05	配送管理
						YX-03-01-06	淘汰管理
						YX-03-01-07	盘点（丢失）管理
						YX-03-01-08	报废管理
				YX-03-02	检定、检测管理	YX-03-02-01	电能表及采集终端质量监督
						YX-03-02-02	电能计量封印管理
						YX-03-02-03	电能计量器具申校检定管理
				YX-03-03	计量点管理	YX-03-03-01	电能计量装置设计审查
						YX-03-03-02	关口电能计量装置竣工验收
						YX-03-03-03	用户电能计量装置竣工验收
						YX-03-03-04	电能计量装置首次检验管理
						YX-03-03-05	电能计量装置周期检验管理
						YX-03-03-06	电能计量装置临时检验管理
						YX-03-03-07	电能计量装置改造管理
						YX-03-03-08	电能计量装置轮换管理
						YX-03-03-09	电能计量装置故障及差错调查处理管理
				YX-03-04	计量标准管理	YX-03-04-01	需求审核
						YX-03-04-02	建标管理
						YX-03-04-03	复查管理
						YX-03-04-04	封存（撤销）管理
						YX-03-04-05	更换管理
						YX-03-04-06	量值溯源管理
						YX-03-04-07	报废管理
						YX-03-04-08	运维维护管理
						YX-03-04-09	期间核查管理
						YX-03-04-10	计量自动化生产系统运维管理
						YX-03-04-11	计量自动化生产系统应急管理
						YX-03-04-12	计量档案管理

续表

一级编号	一级流程	二级编号	二级流程	三级编号	三级流程	四级编号	四级流程
YX	营销管理	YX-03	电能计量	YX-03-05	计量安全防护体系管理	YX-03-05-01	密钥系统维护管理
						YX-03-05-02	密钥介质管理
						YX-03 05 03	现场服务终端管理
				YX-03-06	用电信息采集系统管理	YX-03-06-01	用电信息采集系统建设管理
						YX-03-06-02	用电信息采集系统主站设备新增/更换管理
						YX-03-06-03	用电信息采集系统主站设备消缺管理
						YX-03-06-04	用电信息采集系统终端设备消缺管理
						YX-03-06-05	用电信息采集系统终端设备更换管理
		YX-04	客户服务管理	YX-04-01	服务品质管理	YX-04-01-01	供电优质服务应急处置管理
						YX-04-01-02	供电优质服务品牌实施
						YX-04-01-03	供电服务品质评价管理
				YX-04-02	95598 业务管理	YX-04-02-01	95598 服务质量监督评价考核管理
						YX-04-02-02	95598 供电服务分析及发布管理
						YX-04-02-03	95598 业务咨询管理
						YX-04-02-04	95598 故障报修管理
						YX-04-02-05	95598 投诉举报管理
						YX-04-02-06	95598 信息查询管理
						YX-04-02-07	95598 订阅服务管理
						YX-04-02-08	95598 网站服务管理
				YX-04-03	供电营业窗口管理	YX-04-03-01	供电营业窗口标准化建设管理
						YX-04-03-02	供电营业窗口服务规范化建设管理
				YX-04-04	客户关系管理	YX-04-04-01	重要客户认定管理
						YX-04-04-02	客户交费信用等级评价管理

续表

一级编号	一级流程	二级编号	二级流程	三级编号	三级流程	四级编号	四级流程
YX	营销管理	YX-04	客户服务管理	YX-04-05	用电检查管理	YX-04-05-01	高危及重要客户用电安全管理
						YX-04-05-02	周期检查服务管理
						YX-04-05-03	专项检查服务管理
						YX-04-05-04	自备电厂巡视检查管理
				YX-04-06	违约用电及反窃电管理	YX-04-06-01	违约用电查处管理
						YX-04-06-02	窃电查处管理
				YX-04-07	重大活动保供电管理	YX-04-07-01	重大活动保供电方案制订
		YX-05	智能用电管理	YX-05-01	智能充换电服务网络建设管理	YX-05-01-01	智能充换电服务网络规划修订管理
						YX-05-01-02	智能充换电服务网络项目储备与计划管理
						YX-05-01-03	智能充换电服务网络建设项目实施管理
						YX-05-01-04	智能充换电服务网络建设项目验收与评价管理
				YX-05-02	智能充换电服务网络设备管理	YX-05-02-01	智能充换电服务网络设备台账管理
						YX-05-02-02	智能充换电服务网络设备缺陷管理
				YX-05-03	智能充换电服务网络检修管理	YX-05-03-01	智能充换电服务网络计划检修管理
						YX-05-03-02	智能充换电服务网络故障检修管理
				YX-05-04	智能充换电服务网络运行管理	YX-05-04-01	智能充换电服务网络运行交接班管理
						YX-05-04-02	智能充换电服务网络定期巡视管理
						YX-05-04-03	智能充换电服务网络定期维护管理
						YX-05-04-04	智能充换电服务网络充换电操作
						YX-05-04-05	智能充换电服务网络设备异动管理

续表

一级编号	一级流程	二级编号	二级流程	三级编号	三级流程	四级编号	四级流程
YX	营销管理	YX-05	智能用电管理	YX-05-05	智能充换电服务网络运营管理	YX-05-05-01	智能充换电服务网络运营服务管理
						YX-05-05-02	电动汽车动力电池管理
						YX-05-05-03	智能充换电服务网络运营监控系统安全管理
				YX-05-06	智能小区管理	YX-05-06-01	智能小区建设项目储备与计划管理
						YX-05-06-02	智能小区建设项目实施管理
						YX-05-06-03	智能小区建设项目验收与评价管理
						YX-05-06-04	智能小区运营管理
				YX-05-07	光纤到户管理	YX-05-07-01	光纤到户建设项目储备与计划管理
						YX-05-07-02	光纤到户建设项目实施管理
						YX-05-07-03	光纤到户建设项目验收与评价管理
						YX-05-07-04	光纤到户运营管理
		YX-06	营销项目管理	YX-06-01	项目储备与计划管理	YX-06-01-01	营销项目储备管理
						YX-06-01-02	营销项目计划管理
				YX-06-02	项目执行管理	YX-06-02-01	营销项目实施管理
						YX-06-02-02	营销项目验收管理
						YX-06-02-03	营销项目结算管理
						YX-06-02-04	营销项目评价管理

第十章

风险管理与内部控制信息系统

第一节　风险管理与内部控制信息系统简介

2013 年，国网公司启动内部控制建设。在信通部主导、财务部的配合下，明确了风控信息系统的功能需求及建设规划，旨在确保内控成果的固化落地与在线维护，构建企业级一体化信息系统。

建设理念：风险管理与内部控制信息系统以 SAP、GRC 为基础平台，坚持自主开发、灵活开放的原则，建设以风险为导向，融流程、职责、制度、标准、考核等为一体的风控管理信息平台。该平台全面实现内控评价改进、流程在线监控、风险实时预警、综合管理分析，对公司内控体系进行全面、动态监控，对风险管理、内部控制、报表与报告、基础环境、项目与任务管理进行全方位导航，进一步推动公司内部控制有效运行和风险管理水平持续提升。

建设目标：风险管理与内部控制信息系统包含两大平台、八大核心功能。基础应用平台包括协同工作、成果发布、综合查询、知识共享等四大核心功能，用于满足公司日常风控工作基本需求，可以固化公司内控体系建设成果、支持成果查询及展示；高级应用平台包括内控评价、风险管理、预警监控、管理分析等四大核心功能，支持数据集成、共享和挖掘，对公司内控运行进行实时监控，及时提供内控运行效果分析和状态报告，为公司管理决策提供有力支持。

一、风险管理与内部控制信息系统框架

风险管理与内部控制信息系统包括我的主页、内部环境、内部控制、计划与任务管理、风险管理、报表和图标、绩效考核、全流程导航、系统管理九大模块（绩效考核目前没有实现），其中每个模块还包含部分子模块，具体见表 10-1。

表 10-1　　　　风险管理与内部控制信息系统框架表

主要模块	我的主页	内部环境	内部控制	计划与任务管理	风险管理	报表和图标	绩效考核	全流程导航	系统管理
子模块	集团管控情况	组织管理	设计有效性评估	计划管理	风险识别	风控基础报表	绩效考核体系	动态流程展示	用户角色创建
	风控分析	风控标准管理	执行有效性评估	通知与任务管理	风险分析	管理分析图表		多维数据查询	用户角色分配
	年度风控计划	岗位职责管理	缺陷整改	授权管理	风险评估			动态流程维护	系统权限报表
	通知公告	政策制度标准管理	内控自评报告		风险监控				主数据报表
	任务箱	知识库	自动监控		风险应对				
	制度与标准	工作模板设计			风险管理报告				
	知识库	主要数据变更管理							
		主数据一致性检查							
		风控体系建设成果							

二、风险管理与内部控制信息系统功能

（一）我的主页

“我的主页”为系统进入的主界面，使用户总体了解公司风险和内控的整体运行情况。

1. 集团管控区以“风控地图”呈现风险预警及内控缺陷信息，帮助各级管理层把握公司整体风险变化及内控运行质量；

2. 公共信息区包括我的任务和通知公告，使用户了解风控工作动态，为用户提供快捷通道；

3. 成果应用区实现“五规范”和“五要素”的快捷动态查询，框架式、立体化呈现流程、风险、控制、制度、授权、岗责、考核等体系成果；

4. 个人服务区包含了个人档案、知识库、快搜栏，支持用户实时查询风控数据、岗位手册、用户手册、案例库等支持类信息；

5. 分析展示区以图表的形式为用户展示公司风险管理、内部控制、缺陷整改情况、流程运行效率，使用户实时掌握公司运行状况。

（二）内部环境

1. 流程管理模块

（1）导入并固化内控体系建设成果，创建动态流程图；

（2）创建风控主数据之间的关联和匹配关系，支持多维度查询及流程管理工作；

（3）支持业务部门对主数据变更需求的提报和变更管理；

（4）支持对标准流程的实时查询，各层级用户在自己的权限范围内查询相应的流程数据及工作标准；

（5）动态维护流程手册，在线导出专业条线流程手册以及按岗位维度导出流程手册。

2. 岗位及授权管理模块

（1）建立标准岗位及职责，使实际岗位和标准岗位匹配，实现岗位职责的本地化；

（2）定义 SOD 不相容职责规则，支持不相容职责的自动检查和反馈；

（3）建立岗位的业务授权标准，形成业务权限矩阵；

（4）固化公司级基本授权、重大授权体系成果；

（5）动态维护岗位工作职责工作标准等信息，支持用户在线查询并导出岗位手册。

3. 制度规范管理模块

（1）维护各层级、各单位、各专业条线的制度库、制度条款库；

（2）支持定期制度评审工作、制度主数据的实时更新；

（3）支持制度层级化管理和展示附件管理；

（4）将制度、制度条款与流程、流程步骤进行匹配关联，从匹配度、覆盖度把握制度化管控全貌；

（5）通过内控设计有效性评价，反映制度缺失及问题，促进制度科学、高效、实用、简洁化管理。

（三）内部控制评价

1. 通过统一、规范的方法和工具，执行内部控制评估工作，形成可追溯信息；

2. 支持内控年度评价工作的过程化管理、进度在线管理及监控；

3. 支持评价过程中的缺陷识别分析和记录，根据缺陷类型进行责任认定及派发整改任务；

4. 支持从总部层面进行整改方案审批，并实时跟踪和监督下属单位的整改进度和效果；

5. 对公司年度内控评价报告编制工作进行在线数据支持，促进报告规范化、程序化。

（四）计划与任务管理

1. 支持项目全生命周期管理，包括工作计划的创建、分解、派发、跟踪、变更、关闭等；

2. 支持计划执行人定期或动态更新计划进度，实时查询任务要求和时间表；

3. 全面支持项目的在线监督和进度管控，包括集团及分支机构对定期和专项工作计划的创建、分解、派发、跟踪、上报、调整、查询、关闭等闭环管理过程；

4. 支持项目变更管理、验收项目成果、解决异常事项等，为集团管控类报表提供数据支持。

（五）风险管理

1. 风险信息库管理模块

（1）风险信息识别及在线收集，并以统一的模板进行风险提报；

（2）支持业务部门从专业角度对风险进行识别和研判；

（3）设计统一的审批流，支持集团进行风险信息库的审核及维护。

2. 风险管理报告模块

（1）报告模板的动态维护，规范报告的格式及内容；

（2）在线支持报告编制及审批流转；

（3）多层级编制计划发布及过程管理。

（六）报表和图标

1. 对接内控体系建设成果，在系统中维护风控业务各类文档模板和数据库展示模板，为管理层提供风控工作的基础数据报表和基础工作报表；

2. 对流程运行效果进行多维统计展示，便于管理层分析企业管理运行现状。同时，从不同视角找出内控薄弱的深层次原因，为公司决策提供有力支持，为实时预警、实时监督、实时智能报告等提供数据支持；

3. 风控报表提供了不同层级、不同专业条线、不同角色用户的多方位视角，可以从各层级纵向标准化程度比较、横向各专业条线运行效果比较等方面进行分析。

（七）全流程导航

1. 浏览全业务流程地图和业务流程全景图，通过点击不同层级的流程，相继展示一级流程总览、二级流程逻辑图、三级流程和末端四级流程的详细信息；

2. 通过点击图形化的风控要素图标，多维查询各类管理要素的主要信息、交互关系、影响情况，提供全流程、全视角的用户体验；

3. 动态流程展示平台上，可以查看评价结果、流程结果反馈和不相同职责缺陷；

4. 实时导出各类管理报表和工作手册，包括组织架构图、岗位架构图、制度框架图、业务系统目录、风险清单、流程控制手册、岗位工作手册等。

第二节 风险管理与内部控制信息系统实操

一、项目/任务管理

项目/任务管理涉及项目全生命周期管理，包括创建、分解、派发、查询、跟踪、变更调整、关闭等整个闭环，全面支持管理层对项目的在线监督和进度管控，实时跟进并为集团管控类报表提供数据支持。

项目是计划执行单位为完成上级下发的计划而进行的具体工作部署，是在计划背景下为完成某项计划而对各项任务进行筹划的总体安排。因此，项目创建包括项目所属计划、编号、名称、方案、开始结束时间以及该项目下一系列任务的详细设置等内容。创建后的项目提交风控办管理层进行流转审批。

（一）项目/任务创建

计划执行单位（如蒙东电力公司）风控办风控岗登录系统，根据上级下发的计划创建项目和任务。

【路径】计划任务→计划与任务管理→项目管理→项目编制

【操作步骤】

第一步，单位风险办风控岗登录到系统中，从“计划与任务管理”里打开“项目编制”菜单。如图 10-1，所示。

第二步，按照要求填写项目信息，包括具体的项目名称、项目编号、所属计划、起始日期、截止日期、项目简述、附件。

第三步，保存项目信息，创建各类型的任务。如图 10-2 所示。

第四步，点击“任务列表”右上角的“增加”，选择要创建的任务类型。一共有八种类型的任务：风险信息收集、设计有效性评估、执行有效性评估、设计缺陷整改后再测试、执行缺陷整改后再测试、风险管理报告、内控评价报告、其他。如图 10-3 所示。

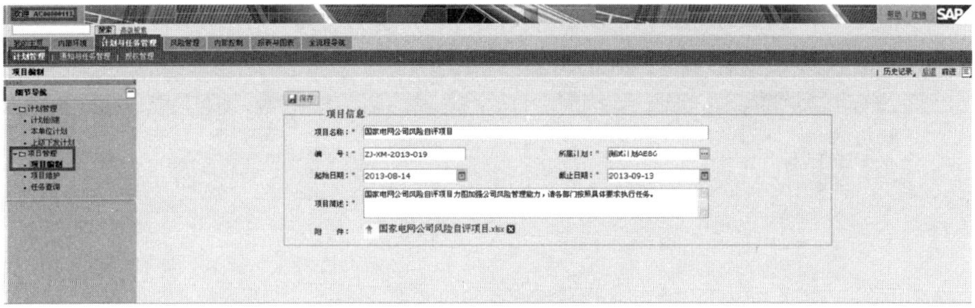

图 10-1 项目编制页面

图 10-2 创建任务页面

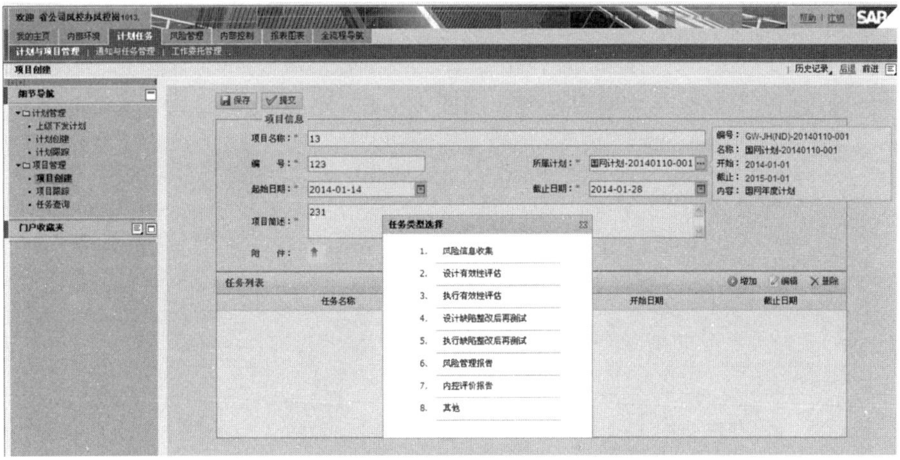

图 10-3 任务列表页面

第五步，按要求填入任务信息，包括任务名称、开始日期、结束日期、接收对象、具体要求等。如图 10-4 所示。

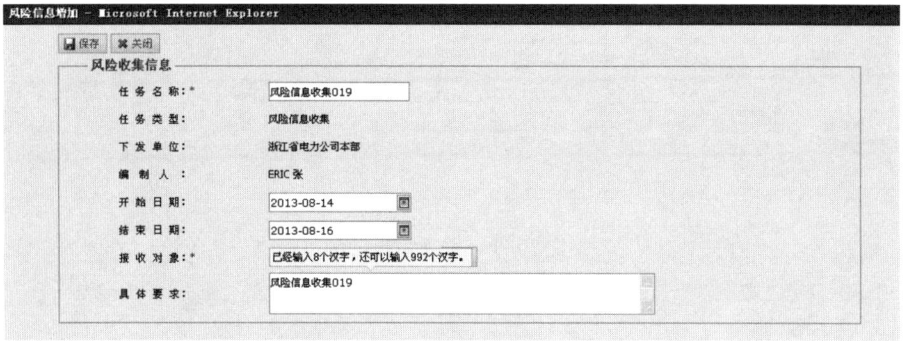

图 10-4　风险收集信息页面

第六步，点击“保存”后，系统自动将该任务保存进“任务列表”。如图 10-5 所示。

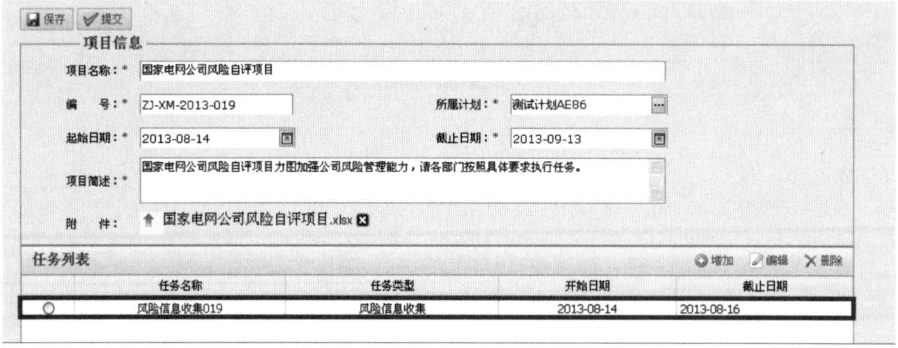

图 10-5　任务保存页面

第七步，点击“保存”，整个项目就被保存。在实际业务中，一个项目里可以创建多个不同类型的任务。如图 10-6 所示。

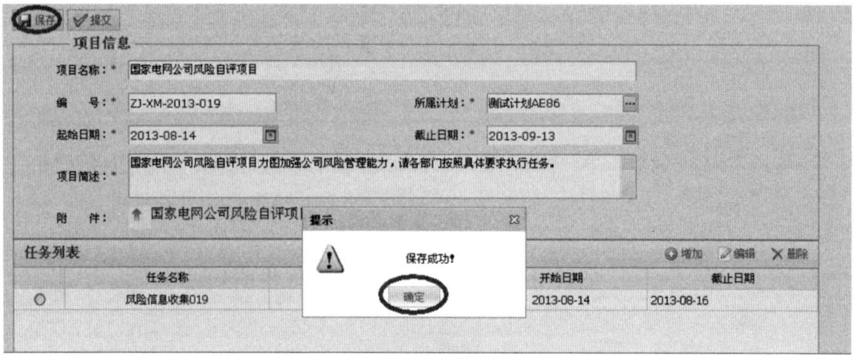

图 10-6　保存成功页面

第八步，创建完项目之后，点击“提交”，交由主管审核。如图 10-7 所示。

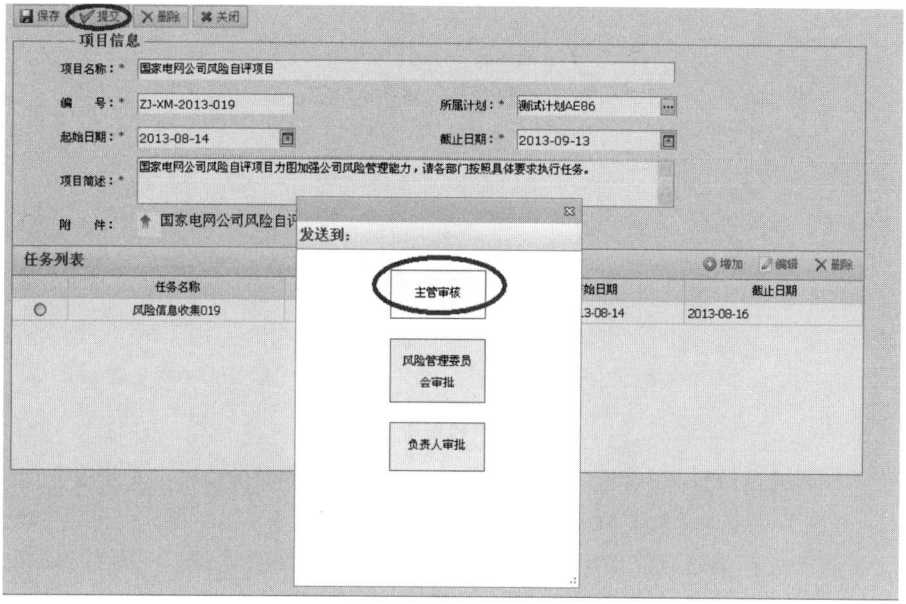

图 10-7　提交主管审核页面

（二）项目/任务审批

执行单位风控办审批人在其任务箱里选择“项目管理”类待办列表，从中点击该条项目进入审核操作。如图 10-8 所示。

图 10-8　任务箱主页

在此处，主管可以进行三种不同的操作：①将该项目退给风控岗，让其对项目进行修改完善；②让该项目通过，并终结审批流；③让该项目通过，但继续提交给主管的上级审核，如图 10-9 所示。

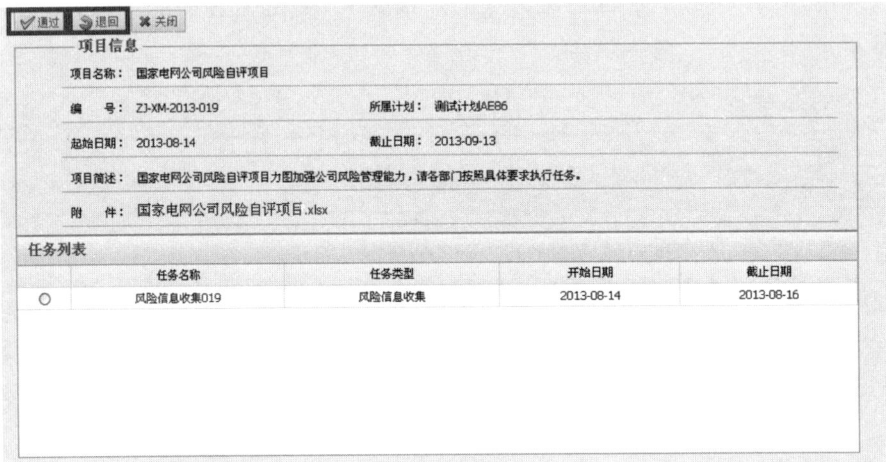

图 10-9　项目审核页面

项目通过最后一个审批人后审批结束，表示一个完整的项目正式创建完成。

（三）项目/任务维护

对于处在编辑状态的项目，可以进行删除或者修改。对于已发布状态的项目，各部门及单位风控办都可以对其维护进度或汇总进度。

【路径】计划任务→计划与任务管理→项目管理→项目维护

【操作步骤】

第一步，各单位风险办风控岗，在本单位计划列表里，可以筛选“状态”为“编辑”的项目。如图 10-10 所示。

图 10-10　项目维护页面（筛选后）

第二步，对于版本为编辑状态的项目，系统提供了删除和修改的功能。如图 10-11 所示。

图 10-11 处于编辑状态的项目

第三步，项目任务列表里的任务，可以对其进行编辑或者删除，也可以再增加一个或多个任务。如图 10-12 所示。

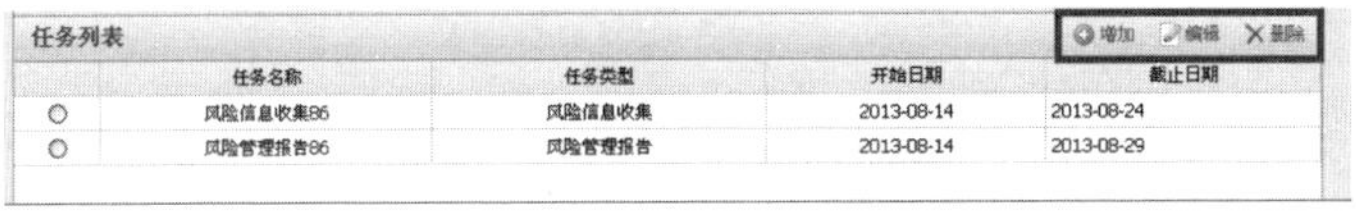

图 10-12 项目的任务列表

（四）任务下发

任务的创建一般由网省公司风控办风控岗完成，经风控办管理层审批后，由风控岗在“项目跟踪”列表中打开该项目，手动“下发”。

【路径】计划任务→计划与任务管理→项目管理→项目维护

【操作步骤】项目经过有权审批人的流转审批后，最后回到项目维护人处。进入项目里的任务列表，通过勾选相应的任务，点击“发布”，派发任务。如图 10-13 所示。

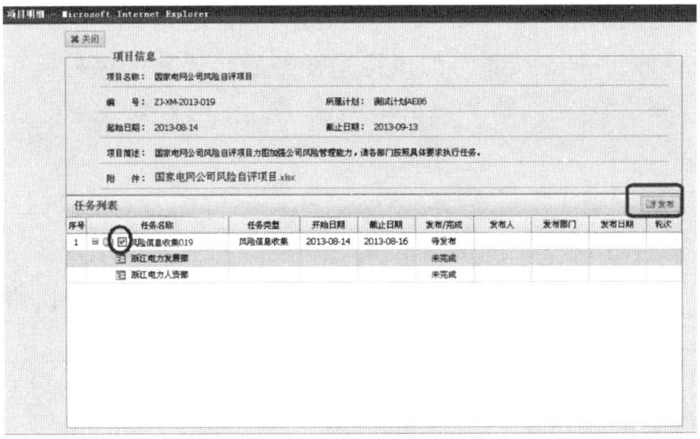

图 10-13 项目明细页面

（五）任务接收

任务的执行一般由业务部门具体完成，任务接收人一般为业务部门风控岗。

单位风控办风控岗发布任务后，业务部门风控岗通过其主页“我的任务”查看相关信息，并开始执行任务。

（六）任务执行

选中要执行的任务，点击左上角的“执行测试”按钮便打开执行测试界面。测试底稿相同的任务可以一并执行。测试任务审批通过后，状态栏由“执行中”自动转换为“已完成”。当一个项目下任务全部执行完毕后，选中所有任务，点击“任务箱——网页对话框”左上角“任务完成”按钮。如图 10-14 所示。

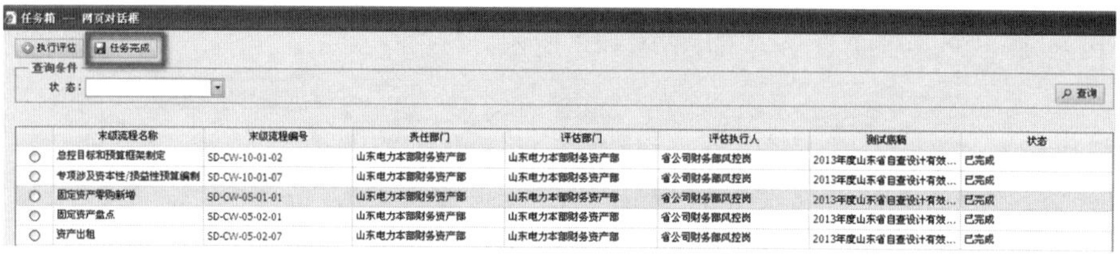

图 10-14 任务箱——网页对话框页面

系统弹出提示框，点击“确定”，我的主页任务箱“任务管理”列表中，该条任务记录消失。

（七）项目进度维护

项目进度维护由项目创建者，一般由网省公司风控办风控岗进行。

【路径】计划管理→计划与任务管理→项目管理→项目维护

风险办风控岗可以根据各部门的任务完成情况，及时填写项目进度，通常填 0～100 之间的数值。如图 10-15 所示。

当该项目的所有接收部门都执行完任务后，风险办风控岗可以将项目进度更新为 100%。至此，整个项目就完成了，在项目列表中的进度条也会更新为 100%。

（八）项目调整

在项目执行过程中支持项目的变更调整，可在项目任务调整的界面上，修改项目任务的相关信息。变更后的项目需要走审批流程，由管理层确认变更的适当性及合理性。

【路径】计划管理→计划与任务管理→项目管理→项目维护

【操作步骤】

第一步，单位风险办风控岗在项目列表里，打开需要调整的项目（必须是已发布的项目），点击页面上方“调整”按钮。如图 10-16 所示。

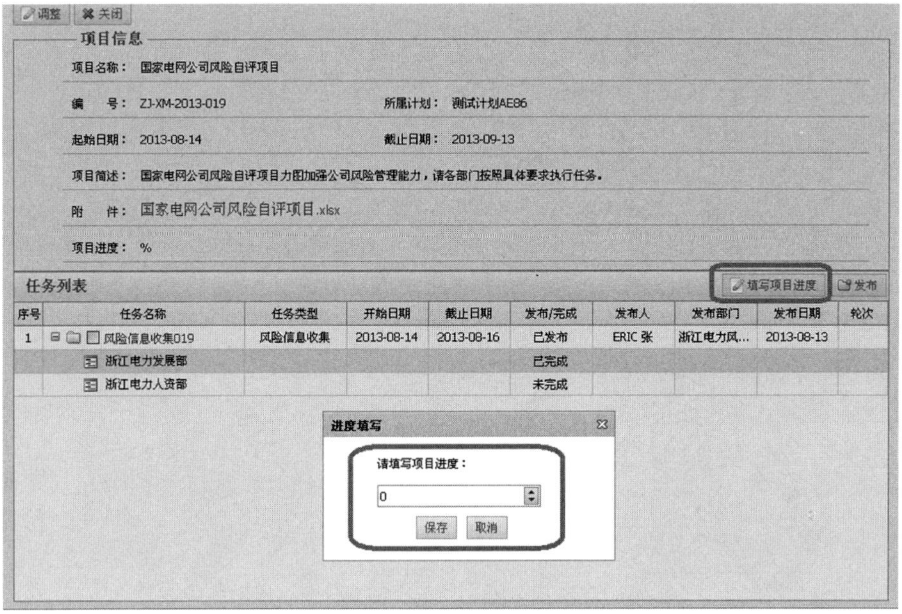

图 10-15　进度填写页面

图 10-16　项目明细中“调整”按钮的位置

第二步，在调整页面，可以对如下内容进行修改：起始日期、截止日期、项目简述、附件。如图 10-17 所示。然后将改好的项目信息进行保存，如图 10-18 所示。

第三步，调整项目保存成功后，需要提交给风险办的领导进行审核。如图 10-19 所示。

图 10-17 调整页面

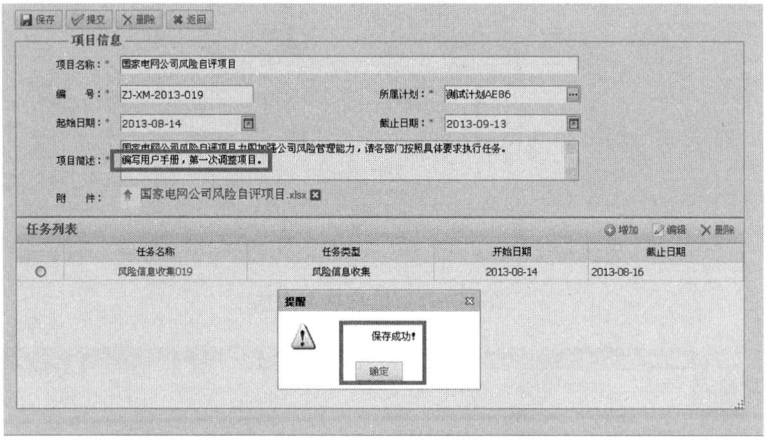

图 10-18 项目信息保存成功

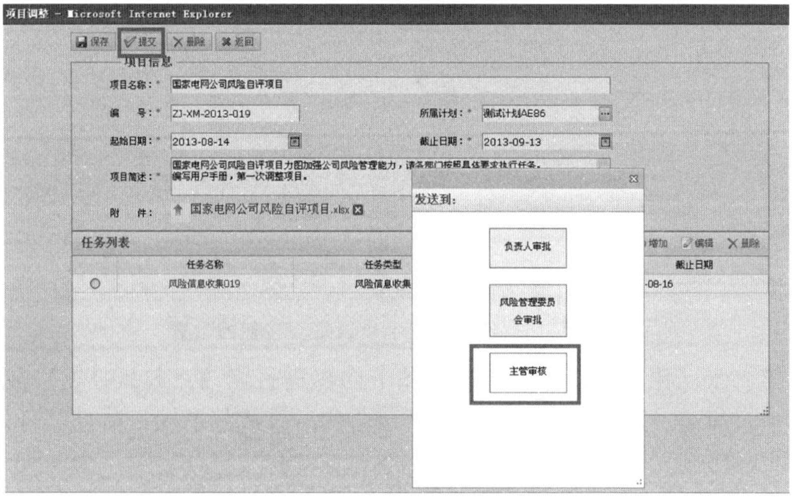

图 10-19 提交审核页面

二、评价报告编制

1. 总部下达内控评价报告计划

内控评价计划一般由总部风控办风控岗创建，计划经总部风控办主管、负责人、分管领导等审核、审批通过后，下发给各网省公司执行计划。

2. 报告编制单位接收计划

报告编制单位（一般包括各网省和总部本部）风控办风控岗通过“上级下发计划”菜单接收计划。

【路径】“计划任务”→“计划与项目管理”→“计划管理”→“上级下发计划”

3. 报告编制单位维护计划

报告编制单位根据计划执行情况、阶段性工作完成情况，及时在“上级下发计划”菜单下对计划进度进行维护。

4. 总部跟踪计划完成进度

总部风控办风控岗在“计划跟踪”菜单下，查看各执行单位的进度情况。报告最终完成前无法查看报告，只有进度达到 100% 且报告经过审核通过后方可查看。如图 10-20 所示。

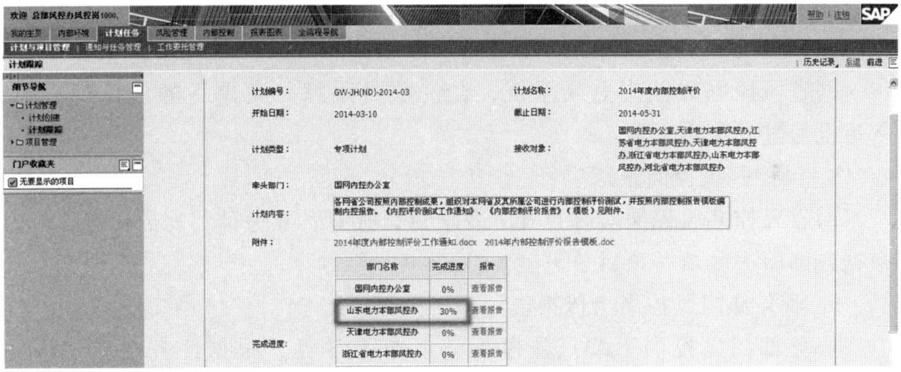

图 10-20　计划跟踪页面

5. 风控办风控岗创建项目和任务

报告编制单位风控办风控岗根据总部下发的内控评价计划，在“项目管理”——“项目创建”菜单下创建内控评价报告项目和任务，发给各业务部门执行。

项目创建完成点击“保存”按钮，增加“任务列表”，点击“增加”按钮，在弹出的对话框中选择“内控评价报告”任务。

选择“内控评价报告”任务类型，在弹出的界面中输入有关项目信息，并在下拉列表中选择执行部门，在右侧方框中选择评价报告中需要说明的内容，包括三种：内控缺陷统计、内控评价范围和内控重大缺陷描述。如图10-21所示。

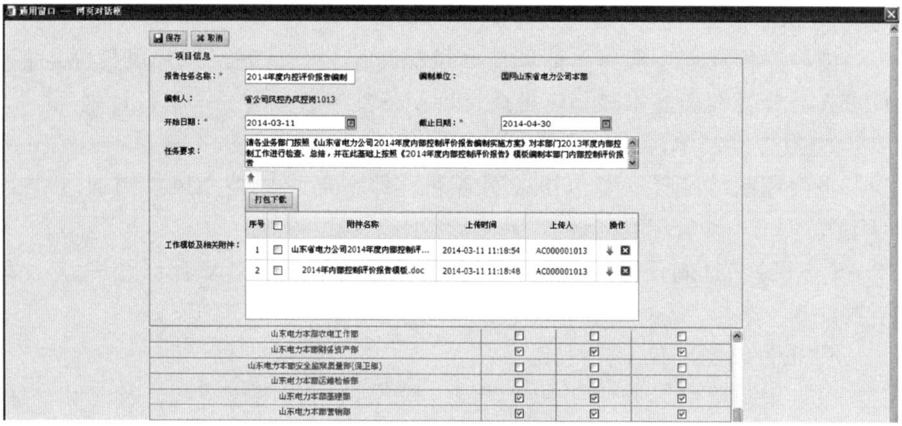

图 10-21　网页对话框

保存后，提交相关领导审批。

6. 风控办负责人审批项目和任务

风控办负责人登录系统，打开任务箱“项目管理”类待办事项对项目和任务进行审批，审批流同项目管理的审批过程。

7. 风控办风控岗发布项目和任务

网省风控办风控岗登录系统，在“项目跟踪”菜单下的项目列表中，将审批通过的项目下发。

8. 风控办风控岗跟踪项目

网省风控办风控岗实时打开下发项目，查看各业务部门完成情况，同时根据各部门进度填写项目总进度。

9. 业务部门风控岗上传报告

业务部门风控岗下载报告模板、工作方案等，根据任务要求线下完成内控评价报告的编制工作。报告完成后，仍然在任务箱中打开内控评价报告编制任务，上传内控评价报告，然后点击“提交”以便相应领导审批。

10. 编制本级内控评价报告

网省风控办风控岗根据各部门报告，线下完成网省层面内控评价报告。完成后，在“报告创建”界面点击“创建本单位报告”。选择相应项目名称、项目编号、关联计划编号，关联计划名称会自动带出。上传线下完成的网省层面内控评价报告，点击“保存”按钮先保存信息。提交风控办负责人审批报告。

11. 针对风控办风控岗维护计划，上传计划执行报告

在项目负责人完成报告审批后，风控办风控岗应进行“上级下发计划”的最终维护，由原来的不足100%维护成100%，上传最终计划执行报告并提交相应领导审批通过。

12. 总部风控办风控岗对各网省公司提交的报告进行审核。通过后，形成总部内控评价报告，提交风险管理委员会审批。若审批通过，关闭计划。

第十一章

考试真题与模拟试题

第一节　考试真题

第一部分　选择题（每题有一个或多个正确答案）

1. 与《内部控制——整合框架》（1992）相比，2013 年 5 月，美国科索委员会（COSO）发布的修订后的《内部控制——整合框架》的主要变化表现在(　　)。

A. 修改了内部控制核心定义

B. 概括了“对诚信和道德价值观的承诺”等 17 条原则

C. 将报告的范围从对外财务报告目标扩展到内部和外部、财务和非财务的报告目标

D. 将目标设定作为内部控制的组成部分

2. 下列选项中，属于内部控制范畴内的风险应对策略的有(　　)。

A. 风险规避　　　　B. 风险降低

C. 风险分担　　　　D. 风险承受

3. 某企业负责人关于信息化的下列说法中，错误的有(　　)。

A. 公司信息系统建设由信息部领导负全责

B. 信息化要大力推进，各个部门要认真结合业务梳理流程，各自开发自身的业务信息系统

C. 加强信息系统运行与维护的管理，建立和完善信息系统安全保密和泄密责任追究、用户管理、数据定期备份、信息系统安全保密和泄密责任追究等制度，确保系统安全运转

D. 已用的信息系统不适应业务开展的，应由信息部门及时变更

4. 下列选项中，通常表明可能存在非财务报告重大缺陷的有(　　)。

A. 把握市场机会的能力不强

B. 企业未制定“三重一大”决策制度、办法、程序

C. 违反国家《环境保护法》，受到环保部门的严厉处罚

D. 管理人员或技术人员大量流失，流失率达到50%

5. 针对资金营运内部控制的关键控制，下列说法正确的有（ ）。

A. 印章要与空白票据分管

B. 由一人办理资金全过程业务

C. 严禁收款不入账、设立“小金库”

D. 出纳人员根据资金收付凭证登记日记账

6. 关于内部控制评价范围，下列说法错误的有（ ）。

A. 运用重要性原则判断应当纳入评估范围的重要业务单位，应以企业整体合并层面的重要性水平为衡量标准

B. 对于纳入内部控制评估范围的下属子公司，其所有的业务流程都应当进行内部控制评估

C. 纳入内部控制评估范围的业务流程应与内部控制应用指引所规定的业务流程保持一致

D. 各年度内部控制评估的范围应保持一致，如果评估范围出现变化，应经过公司董事会或授权机构的审批

7. 集团性企业在确定内部控制评价范围时，应当关注重要业务单位。下列选项中属于重要业务单位的有（ ）。

A. 集团总部

B. 资产占合并资产总额比重较高的分公司和子公司

C. 营业收入占合并营业收入比重较高的分公司和子公司

D. 利润占合并营业收入比重较高的分公司和子公司

8. 关于业务外包内部控制，下列说法正确的有（ ）。

A. 总会计师或分管会计工作的负责人应当参与所有业务外包的决策

B. 重大业务外包方案应当提交董事会或类似权力机构审批

C. 企业应当按照规定的权限和程序从候选承包方中确定最终承包方，并签订业务外包合同

D. 企业外包业务需要保密的，应当在业务外包合同或者另行签订的保密协议中明确规定承包方的保密义务和责任

9. 下列各项中，属于导致内部控制固有局限原因的有（ ）。

A. 控制的有效性会受到决策过程中人为判断的影响

B. 内部控制只能为控制目标的实现提供合理保证

C. 管理人员可能会凌驾于内部控制之上

D. 内部控制的设计与实施需要考虑成本与效益

10. 在评价一项控制缺陷或多项控制缺陷组合是否可能导致账户或列报发生错报时，注册会计师应当考虑的风险因素包括（ ）。

A. 所涉及的账户、列报及其相关认定的性质

B. 相关资产或负债易于发生损失或舞弊的可能性

C. 该项控制与其他控制的相互作用或关系

D. 确定相关金额时所需判断的主观程度

11. 主板上市公司开展内部控制评价的频率为(　　)。

A. 至少每两年一次　　B. 至少每年一次

C. 至少每季度一次　　D. 至少每月一次

12. 针对工程项目内部控制，企业应当明确相关部门和岗位的职责权限，做到不相容职务互相分离。下列各项中属于不相容职务的有(　　)。

A. 可行性研究与决策　　B. 概预算编制与审核

C. 项目实施与价款支付　　D. 竣工决算与审计

13. 内部控制审计的对象是(　　)。

A. 特定基准日财务报告内部控制设计与运行的有效性

B. 整个期间财务报告内部控制设计与运行的有效性

C. 被审计单位编制的内部控制评价报告

D. 被审计单位的财务报告

14. 企业编制、对外提供和分析利用财务报告，应当关注的风险有(　　)。

A. 编制财务报告违反会计法律法规和国家统一的会计准则制度，可能导致企业承担法律责任和声誉受损

B. 提供虚假财务报告，误导财务报告使用者，造成决策失误，干扰市场秩序

C. 不能有效利用财务报告，难以及时发现企业经营管理中存在的问题，可能导致企业财务和经营风险失控

D. 因财经媒体或外部财务分析师发布负面评价而导致股价下跌

15. 2011 年，甲公司针对各类资金支出的审批权限和程序建立了专门的制度。2012 年，甲公司对组织机构和岗位设置进行了调整，但甲公司没有及时对该制度进行修订，导致该制度规定与公司的实际操作并不相符。这种情形表明该公司内部控制存在(　　)。

A. 设计缺陷

B. 运行缺陷

C. 既不属于设计缺陷，也不属于运行缺陷

D. 制度缺陷和运行缺陷

16. 下列各项因素中，影响注册会计师确定内部控制审计收费的因素有(　　)。

A. 内部控制审计范围
B. 制订的内部控制审计计划
C. 拟采用的内部控制审计程序
D. 内部控制审计风险

17. 下列属于内部环境评价范畴的有(　　)。

A. 企业文化
B. 社会责任
C. 内部审计
D. 治理结构

18. 关于注册会计师测试控制运行有效性的审计程序，下列说法正确的有(　　)。

A. 测试程序的性质在很大程度上取决于拟测试控制的性质
B. 注册会计师应当综合运用询问适当人员、观察控制的执行、检查相关文件以及重新执行等程序
C. 针对同一被审计单位同一控制，每年的测试程序应当相同
D. 与检查相比，重新执行提供的审计证据的效力更高

19. 企业建立健全反舞弊机制，重点关注的领域包括(　　)。

A. 未经授权或者采取其他不法方式侵占、挪用企业资产，谋取不当利益
B. 在财务会计报告和信息披露等方面存在的虚假记载、误导性陈述或者重大遗漏等
C. 董事、监事、经理及其他高级管理人员滥用职权
D. 相关机构或人员串通舞弊

20. 下列关于中央企业实施企业内部控制规范体系的要求正确的有(　　)。

A. 中央企业应当按照《企业内部控制基本规范》和配套指引的要求，建立规范、完善的内部控制体系
B. 中央企业在开展内部控制自我评价的同时，必须聘请会计师事务所对财务报告内部控制的有效性进行审计并出具审计报告
C. 中央企业应当建立内部控制重大缺陷追究制度，内部控制评价和审计结果要与履职评估或绩效考核相互结合
D. 中央企业应当自 2013 年起，于每年 4 月 30 日前向国资委报送内部控制评价报告，同时抄送派驻本企业的监事会

21. 在财务报告内部控制审计过程中，注册会计师应当从被审计单位获取书面声明。书面声明的内容应当包括(　　)。

A. 被审计单位将足额支付审计费用
B. 被审计单位已向注册会计师披露识别出的所有内部控制缺陷
C. 被审计单位董事会认可其对建立健全和有效实施内部控制负责
D. 被审计单位已向注册会计师披露导致财务报表发生重大错报的所有

舞弊，以及其他不会导致财务报表发生重大错报，但涉及管理层和其他在内部控制中具有重要作用的员工的所有舞弊

22. 企业发展战略方案应最终报经(　　)批准后付诸实施。

A. 战略委员会　　B. 总经理

C. 董事会　　D. 股东（大）会

23. 下列各项中符合有效控制原则的有(　　)。

A. 为了加强投资控制，公司聘请有实力的咨询公司做投资项目的可行性研究报告，明确投资方案、回报率等内容

B. 与员工签订协议，规定不得以私人名义经营与公司有关的业务、保守商业秘密等，并规定相应的处罚条款

C. 企业研究成果的开发应当分步推进，通过试生产充分验证产品性能，在获得市场认可后方可进行批量生产

D. 资金管理信息系统允许多人用同一用户名在同一个 IP 地址操作

24. 内部控制评价工作应当形成工作底稿，详细记录企业执行评价工作的内容，其中包括(　　)。

A. 评价要素　　C. 企业经营目标

C. 主要风险点　　D. 采取的控制措施

25. 根据功能分类，可以将控制分为预防性控制和(　　)。

A. 发现性控制　　B. 反馈性控制

C. 矫正性控制　　D. 系统性控制

26. 企业年度内部控制评价报告的基准日是(　　)。

A. 1 月 1 日　　B. 12 月 31 日

C. 3 月 31 日　　D. 6 月 30 日

27. 关于企业筹资内部控制，下列说法正确的有(　　)。

A. 企业应当对筹资方案进行严格审批，重大筹资方案，应当由企业一把手审批

B. 企业财务部门可以根据市场变化等情况，自行决定是否改变资金用途

C. 企业应当按照筹资方案或合同约定的本金、利率、期限、汇率及币种，准确计算应付利息，与债权人核对无误后按期支付

D. 企业的股利分配方案应当经过公司董事会批准，并按规定履行披露义务

28. 下列有关企业内部控制的表述中，正确的有(　　)。

A. 内部控制是一个过程

B. 内部控制是由企业的董事会和管理层实施的

C. 有效的内部控制可以绝对保证控制目标的实现

D. 内部控制不仅仅是制度和手册，更是渗透到企业活动之中的一系列行为

29. 内部控制缺陷整改后，应当进行再测试后方能得出内部控制有效性的结论。下列关于再测试工作的说法错误的有(　　)。

A. 再测试应当由评价工作组以外的人员实施，以确保独立性和客观性

B. 再测试应当在整改完成后立即实施，以保证内部控制评价工作的效率

C. 再测试所使用的样本量和测试方法应与此前的测试工作完全相同，方能得出内部控制有效性的结论

D. 如再测试证明整改后的内部控制是有效的，则一般情况下不影响企业得出内部控制有效的结论

30. 在内部控制评价过程中，下列做法错误的有(　　)。

A. 在年度中间完成内部控制设计与执行有效性评估且未发现重大缺陷，则企业可以据此直接认定内部控制有效

B. 在执行有效性测试时，某项内部控制出现一个抽样偏差的，则应认定为内部控制缺陷

C. 在执行有效性测试时，某项内部控制出现抽样偏差的，则可以直接追加样本量进行测试，未见偏差的，则可以判断该内部控制有效

D. 如果企业出现多项内部控制重要缺陷和一般缺陷，则企业不能认定内部控制有效

31. 建立健全和有效实施内部控制是(　　)的责任。

A. 高级管理层　　B. 董事会

C. 注册会计师　　D. 内审部门

32. 企业建立与实施内部控制应当遵循的原则有(　　)。

A. 全面性原则　　B. 重要性原则

C. 成本效益原则　　D. 制衡性原则

33. 企业开展内部控制评价工作，可以采取的组织形式有(　　)。

A. 授权内部审计机构具体实施内部控制有效性的定期评价工作

B. 成立专门的内部控制机构组织实施内部控制评价工作，其工作直接向董事会或类似权力机构负责

C. 根据自身特点，成立内部控制评价工作的非常设机构，抽调内部审计、内部控制等相关机构的人员组成内部控制评价小组，具体组织实施内部控制评价工作

D. 委托中介机构实施内部控制评价

34. 在注册会计师选择拟测试的控制时，下列说法正确的有(　　)。

A. 注册会计师应当针对每一相关认定获取控制有效性的审计证据

B. 针对每一相关认定，注册会计师应当测试与其相关的所有控制

C. 对被审计单位在财务报告内部控制评价中测试的控制，注册会计师均应当予以测试

D. 在确定是否测试某项控制时，注册会计师应当考虑该项控制单独或连同其他控制，是否足以应对评估的某项相关认定的错报风险

35. 在财务报表审计与财务报告内部控制审计中，注册会计师均需评价内部控制。下列说法正确的有(　　)。

A. 财务报表审计中对内部控制的了解和测试工作，足以支持对财务报告内部控制审计发表审计意见，不需执行额外的工作

B. 两者评价内部控制可以选用的审计程序相同，都可能用到询问、观察、检查、重新执行等程序

C. 两者评价内部控制的目的不同，前者是为了支持注册会计师对控制风险的评估结果，进而确定实质性程序的性质、时间安排和范围；后者是为了支持对内部控制有效性发表的意见

D. 两者对控制缺陷的评价要求不同，后者的要求比前者更严

36. 下列有关企业内部控制目标的表述中，正确的有(　　)。

A. 企业经营管理合法合规　　B. 追求利润最大化

C. 财务报告真实完整　　D. 促进企业实现发展战略

37. 关于存货保管内部控制，下列说法错误的有(　　)。

A. 存货在不同仓库直接流动时，可以不必办理出入库手续

B. 按仓储物资所要求的条件储存

C. 为便于集中管理，代管、代销、受托加工的存货与本单位存货一同存放和记录

D. 对存货进行保险投保，保证存货安全

38. 企业内部控制的实施主体包括(　　)。

A. 全体员工　　B. 监事会

C. 经理层　　D. 董事会

39. 针对内部控制审计业务，下列有关企业层面控制的说法中，正确的有(　　)。

A. 如果一项企业层面控制足以应对已评估的错报风险，注册会计师就不必测试与该风险相关的其他控制

B. 对某项业务层面的控制而言，与该项控制相关的风险受企业层面的控制影响

C. 注册会计师在评价内部控制时，通常应当首先评价业务层面控制，然后评价企业层面控制

D. 注册会计师应当识别、了解和测试对内部控制有重要影响的企业层面控制

40. 下列有关企业内部控制信息与沟通要素的表述中，正确的有(　　)。

A. 内部控制信息与沟通针对的是企业内部生成的信息，不涉及企业外部的信息

B. 信息系统生成与控制目标及其实现程度有关的信息，从而使对业务的管理和控制成为可能

C. 有效的信息沟通需要自上而下、自下而上或平行地贯穿于企业之中

D. 管理层与下属相处时的行为也会成为有效的信息沟通方式

41. 企业应当建立规范的公司治理结构和议事规则，明确决策、执行、监督等方面的职责权限，形成科学有效的职责分工和制衡机制。下列选项中，属于股东（大）会主要职责的有(　　)。

A. 依法行使企业的经营决策权

B. 监督企业董事、经理和其他高级管理人员依法履行职责

C. 依法行使企业经营方针、筹资、投资、利润分配等重大事项的表决权

D. 审议批准监事会或监事的报告

42. 关于工程立项内部控制，下列说法正确的有(　　)。

A. 企业应指定专门机构归口管理工程项目

B. 工程项目可行性研究必须由企业自行开展，不得委托外部专业机构开展

C. 企业可以委托具有相应资质的专业机构对可行性研究报告进行评审，出具评审意见

D. 企业应当按照规定的权限和程序对工程项目进行决策，决策过程应有完整的书面记录

43. 关于内部控制缺陷，下列说法错误的有(　　)。

A. 内部控制缺陷按其成因或来源分为设计缺陷和运行缺陷

B. 企业内部控制评价工作组应根据现场测试获取的证据，对内部控制缺陷进行最终认定

C. 内部控制缺陷按其严重程度分为财务报告缺陷和非财务报告缺陷

D. 内部控制的缺陷可能导致企业偏离控制目标

44. 关于信息系统内部控制，下列做法错误的有(　　)。

A. 负责 SAP 系统上线的顾问和人员保留了后台操作的权限，便于及时解决问题

B. 系统开发完成后，由开发机构对信息系统进行验收测试，确保符合需求方的要求

C. 企业实行异地备份制度，对重要的数据每三个月交指定的地点由专人保管

D. 为了保证业务正常进行，在收款人员临时出差时，销售会计人员用收款人员 ID 登录系统操作

45. 企业在内部控制评价实际操作中，评价结果的客观性往往受到现实各方面因素的影响，表现在(　　)。

A. 高管层对工作重视不够，有意回避存在的问题

B. 评价人员业务能力不强，缺乏科学的评价手段，对存在的风险识别不足

C. 内部控制、审计、专业部门沟通不够，信息无法共享

D. 内部控制评价独立性不强，评价过程中受下属单位管理层干涉

46. 关于企业采购业务内部控制，下列说法正确的有(　　)。

A. 应采取多头采购或分散采购的方式，避免采购业务集中

B. 应当对办理采购业务的人员定期进行岗位轮换

C. 任何采购都不得安排同一机构办理采购业务全过程

D. 重要和技术性较强的采购业务，应当组织相关专家进行论证，实行集体决策和审批

47. 下列关于上市公司分类分批实施企业内部控制规范体系的要求，正确的有(　　)。

A. 中央和地方国有控股上市公司，应于 2012 年全面实施企业内部控制规范体系，并在披露 2012 年公司年报的同时，披露董事会对公司内部控制的自我评价报告以及注册会计师出具的财务报告内部控制审计报告

B. 非国有控股主板上市公司，且于 2011 年 12 月 31 日公司总市值（证监会算法）在 50 亿元以上，同时 2009 年至 2011 年平均净利润在 3 000万元以上的公司，应在披露 2013 年公司年报的同时，披露董事会对公司内部控制的自我评价报告以及注册会计师出具的财务报告内部控制审计报告

C. 选项 A、B 范围之外的其他主板上市公司，应在披露 2014 年公司年报的同时，披露董事会对公司内部控制的自我评价报告以及注册会计师出具的财务报告内部控制审计报告

D. 新上市的主板上市公司应于上市当年开始建设内控体系，并在上市的下一年度年报披露的同时，披露内部控制自我评价报告和审计报告

48. 关于企业人力资源管理内部控制，下列说法错误的有(　　)。

A. 企业在选拔员工时，应当切实做到因人设岗、以人选岗，确保选聘人员能够胜任岗位职责要求

B. 企业对考核不能胜任岗位要求的员工，应直接解除劳动合同

C. 企业人力资源管理风险包括人力资源退出机制不当，可能导致法律诉讼或企业声誉受损

D. 企业应当定期对年度人力资源计划执行情况进行评估

49. 关于同一企业的内部控制审计和财务报表审计的审计意见之间的关系，下列说法正确的有(　　)。

A. 如果注册会计师对企业的财务报表审计出具了否定意见的财务报表审计报告，则对于该企业的内部控制审计，通常应当出具否定意见的内部控制审计报告

B. 如果注册会计师对企业的内部控制审计出具了否定意见的内部控制审计报告，则对于该企业的财务报表审计，应当出具否定意见的财务报表审计报告

C. 如果注册会计师对企业的财务报表审计出具了否定意见的财务报表审计报告，则对于该企业的内部控制审计，应当出具无法表示意见的内部控制审计报告

D. 如果注册会计师对企业的内部控制审计出具了否定意见的内部控制审计报告，则对于该企业的财务报表审计，可能出具无保留意见的财务报表审计报告

50. 内部控制的基本概念是从早期(　　)思想的基础上逐步发展起来的。

A. 科学管理　　　　B. 内部牵制

C. 内部审计　　　　D. 管理控制

51. 企业应当切实做好信息系统上线的各项准备工作，包括(　　)。

A. 培训业务操作和系统管理人员

B. 制订科学的上线计划和新旧系统转换方案

C. 考虑新旧系统顺利切换和平稳衔接的应急预案

D. 系统上线涉及数据迁移的，应制订详细的数据迁移计划

52. 关于注册会计师对非财务报告内部控制重大缺陷的责任，下列说法错误的有(　　)。

A. 注册会计师没有任何责任发现和报告非财务报告内部控制存在的重大缺陷

B. 对财务报告内部控制审计过程中注意到的非财务报告内部控制重大缺陷，注册会计师应当在内部控制审计报告中增加“非财务报告内部控制重大缺陷段”予以披露

C. 注册会计师应当对非财务报告内部控制是否存在重大缺陷提供合理保证

D. 注册会计师应当实施有限的审计程序以识别非财务报告内部控制存在的重大缺陷

53. 企业财务报告内部控制审计报告的审计意见类型包括(　　)。

A. 无保留意见　　B. 保留意见

C. 否定意见　　D. 无法表示意见

54. 内部控制评价报告应当报经(　　)批准后对外披露或报送相关部门。

A. 股东大会或类似权力机构　　B. 董事会或类似权力机构

C. 监事会或类似权力机构　　D. 管理层

55. 公开发行证券的公司在年度报告中应披露的财务报告内部控制信息包括(　　)。

A. 公司财务报告内部控制的建立健全及其运行情况的说明

B. 董事会对评价基准日财务报告内部控制的自我评价报告

C. 注册会计师对公司财务报告内部控制的审计报告

D. 报告年度财务报告内部控制审计费用情况

56. 关于美国科索委员会（COSO）发布的《内部控制——整合框架》（1992）和《企业风险管理——整合框架》（2004）之间的关系，下列说法正确的有(　　)。

A. 后者并没有取代前者，对于那些着眼于内部控制的主体，前者依旧有用

B. 后者增加了战略目标，并将报告目标扩大到非财务报告

C. 后者延续了前者中有关主体风险偏好、风险容忍度和风险组合观等基本概念，将风险评估扩充为目标设定、事项识别、风险评估、风险应对四个要素

D. 前者和后者都认为风险发生在主体的各个层次上，并且来源于许多内部和外部因素

57. 在测试控制的有效性时，注册会计师应当根据与控制相关的风险，确定所需获取的审计证据。下列各项因素中，影响与某项控制相关的风险的

包括(　　)。

A. 相关账户或列报是否曾经出现错报

B. 该项控制在运行中依赖判断的程度

C. 该项控制是人工控制还是自动化控制

D. 企业层面控制的有效性

58. 企业内部控制评价报告的内容应当包括(　　)。

A. 高级管理层对内部控制报告真实性的声明

B. 内部控制评价的依据、范围、程序和方法

C. 内部控制缺陷及其认定情况和整改情况

D. 内部控制有效性的结论

59. 下列与业务外包有关的风险中，属于选择承包商环节所应当关注的风险的有(　　)。

A. 承包方在合同期内因市场变化等原因不能保持履约能力，导致业务外包失败

B. 承包方缺乏应有的专业资质，导致企业遭受损失

C. 业务外包成本过高导致难以发挥业务外包的优势

D. 承包方不是合法设立的法人主体，导致企业陷入法律纠纷

60. 内部控制评价工作组应当对被评价单位进行现场测试，运用的方法通常包括(　　)。

A. 个别访谈　　B. 实地查验

C. 函证确认　　D. 调查问卷

61. 关于企业内部控制评价中的内部控制缺陷标准认定，下列说法中正确的是(　　)。

A. 重大缺陷，是指一个或多个控制缺陷的组合，可能导致企业严重偏离控制目标

B. 重要缺陷，是指一个或多个控制缺陷的组合，其严重程度和经济后果低于重大缺陷，但仍有可能导致企业偏离控制目标

C. 一般缺陷，是指除重大缺陷、重要缺陷之外的其他缺陷

D. 企业内部控制缺陷的认定标准由外部审计师确定

62. 根据企业《内部控制评价指引》，内部控制的有效性包括(　　)。

A. 设计的有效性　　B. 体制的有效性

C. 运行的有效性　　C. 机制的有效性

63. 关于企业内部报告的形成和传递，下列说法正确的有(　　)。

A. 企业应当建立内部报告审核、保密和评估制度

B. 企业内部各管理层级均应当指定专人负责内部报告工作，在任何情

况下不得越权上报信息

C. 内部报告应当简洁明了、通俗易懂、传递及时

D. 企业应当拓宽内部报告渠道，广泛收集合理化建议

64. 关于合同管理内部控制，下列说法正确的有（　　）。

A. 企业对外发生经济行为，除即时结清方式外，应当订立书面合同

B. 重大合同或法律关系复杂的特殊合同应当由法律部门参与起草

C. 合同应由合同起草部门负责人与对方当事人签订生效

D. 合同生效后，企业就质量、价款、履行地点等内容与合同对方没有约定或者约定不明确的，可以协议补充

65. 下列情形中，注册会计师应当视为被审计单位财务报告内部控制存在重大缺陷的迹象的有（　　）。

A. 注册会计师发现涉及被审计单位总经理的小额舞弊行为

B. 被审计单位重述以前公布的财务报表，以更正由错误导致的重大错报

C. 注册会计师在审计过程中发现当期财务报表存在重大错报，而被审计单位的内部控制在运行过程中未能发现该错报

D. 被审计单位的审计委员会对内部控制的监督无效

66. 下列各项中，表明内部控制环境存在缺陷的有（　　）。

A. 甲企业为上市公司，其关键管理人员在母公司兼职，在该人员的指令下，上市公司承担了母公司发生的捐款

B. 乙企业为降低生产成本，减少环保投入，致使大量污水排入周边水域，造成环境污染

C. 丙企业设立审计委员会，负责监督公司内部控制的有效实施和内部控制自我评价情况

D. 丁企业的企业文化是“不惜一切代价做大市场”

67. 关于企业担保业务内部控制，下列说法正确的有（　　）。

A. 企业应当建立担保授权和审批制度，规定担保业务的授权批准方式、权限、程序、责任和相关控制措施，在授权范围内进行审批，不得超越权限审批

B. 企业应当采取合法有效的措施加强对子公司担保业务的统一监控。企业内设机构未经授权不得办理担保业务

C. 企业为关联方提供担保的，与关联方存在经济利益或近亲属关系的有关人员在评估与审批环节应当回避

D. 被担保人要求变更担保事项的，企业应当重新履行调查评估与审批程序

68. 企业在确定职权和岗位分工过程中，应当体现不相容职务相互分离

的要求。下列各项中，属于不相容职务的有(　　)。

A. 可行性研究与决策审批　　B. 执行与监督检查

C. 决策审批与执行　　D. 决策审批与监督检查

69. 关于企业预算管理内部控制，下列做法正确的有(　　)。

A. 预算管理工作机构设在财会部门

B. 在预算年度开始前完成全面预算草案的编制工作

C. 对于工程项目、对外投融资等重大预算项目，密切跟踪其实施进度和完成情况，实行严格监控

D. 为了紧密跟随市场经济环境的变化，企业批准下达的预算可以调整，不用再履行审批程序

70. 下列关于内部控制缺陷报告的时间要求，正确的有(　　)。

A. 一般缺陷、重要缺陷和重大缺陷一旦发现，应立即报告

B. 一般缺陷、重要缺陷应定期（至少每年）报告，重大缺陷应立即报告

C. 一般缺陷、重要缺陷和重大缺陷应定期（至少每年）报告

D. 一般缺陷应定期（至少每年）报告，重要缺陷和重大缺陷应立即报告

第二部分　判断题（题目叙述正确，请在括号内填“√”；否则，填“×”）

71. 企业应当编制授权的权限指引，严格禁止超出授权指引的授权行为。(　　)

72. 被审计单位进行内部控制评价时，可以利用注册会计师在内部控制审计中执行的审计程序及获取的审计证据。(　　)

73. 企业在进行工程项目招标时，在确定中标人前，为保证供求双方的充分了解，企业应同投标人就投标价格、投标方案等内容进行谈判。(　　)

74. 企业委托会计师事务所等中介机构实施内部控制评价，可以充分利用中介机构的专业知识和人才优势，并由其承担内部控制评价责任。(　　)

75. 如果被审计单位在基准日前对存在重大缺陷的内部控制进行了整改，但截止基准日新控制尚未运行足够长的时间，则注册会计师应当出具带强调事项段的内部控制审计报告。(　　)

76. 对于某一被审计单位，会计师事务所既从事财务报表审计业务，又从事内部控制审计业务，则会计师事务所应当与被审计单位签订单独的内部

控制审计业务约定书。 ( )

77. 企业应当根据市场情况和采购计划合理选择采购方式。大宗采购应当采用招标方式；一般物资或劳务等的采购可以采用询价或定向采购的方式并签订合同协议；小额零星物资或劳务等的采购可以采用直接购买等方式。 ( )

78. 2013 年 5 月，美国科索委员会（COSO）更新了《内部控制——整合框架》（1992），对原框架的许多重要原则和概念进行了革命性修正。 ( )

79. 会计师事务所的质量控制政策和程序应当要求，在出具财务报告内部控制审计报告后，完成项目质量控制复核。 ( )

80. 企业内部控制一般缺陷、重要缺陷、重大缺陷，应当由董事会最终予以认定。 ( )

81. 某企业销售部门正在开发客户管理系统，该部门负责人认为，将客户管理业务流程、关键控制点和处理规则嵌入系统程序就实现了建立该信息系统的控制目标。 ( )

82. 企业监事会负责对董事会建立与实施内部控制进行监督。 ( )

83. 甲集团对其某一子公司进行重组，需要在方案 A 和方案 B 中间选择一套执行，领导班子集体讨论确定方案 A，在实施过程中，发现重组条件发生改变，方案 B 更有利，集团董事长决定改用方案 B。 ( )

84. 国务院国资委加强对中央企业内部控制工作的监督检查。对于在监督检查中发现的重大缺陷，企业在自我评价和审计工作中未充分揭示或未及时报告的，将追究内部控制评价部门和外部中介机构的责任。 ( )

85. 某国有大型企业内部控制评价部门从机关部门和下属单位 A 公司抽调相关业务人员，组成内部控制评价工作组，对所有下属单位进行内部控制评价。 ( )

86. 企业内部控制评价报告应当先于内部控制审计报告对外披露或报送。 ( )

87. 企业董事会及战略委员会可以聘请社会专业人士担任顾问，提供专业咨询意见。 ( )

88. 企业对照内部控制各项应用指引条文，对本单位公司层面和业务层面的控制措施进行逐条核对检查，并据此修改内部控制相关制度与流程，能确保内部控制有效性。 ( )

89. 如果会计师事务所在内部成立咨询部门和审计部门，两个部门之间相互独立，人员不交叉使用，则可以为同一企业提供内部控制审计和咨询服务。 ( )

90. 在内部控制审计中，如果针对某一重要账户的某一相关认定的内部控制在以前年度审计后未发生变化，则注册会计师可以每三年对这些控制测试一次。 (　　)

91. 加强和完善企业内部控制建设可以提高企业经营管理水平和风险防范能力，从而为企业经营目标的实现提供绝对保证。 (　　)

92. 内部控制评价程序一般包括：制订评价工作方案、组成评价工作组、实施现场测试、认定控制缺陷、汇总评价结果、编报评价报告等。 (　　)

93. 内部监督是内部审计机构或经授权的其他监督机构的职责。(　　)

94. 企业应当重视风险评估，只有将风险全部规避，才能实现企业的可持续发展。 (　　)

95. 就内部控制审计而言，在判断某账户是否属于重要账户时，注册会计师应当综合考虑其固有风险和相关控制的影响。 (　　)

96. 某企业的内部评价基准日是 12 月 31 日，评价团队在对 1 月 1 日到 12 月 31 日间业务进行测试后，未发现有重大缺陷，就可以判定其内部控制有效。 (　　)

97. 对异常的或者违背内部控制要求的交易和数据，开发信息系统时应当设计由系统自动报告并设置跟踪处理机制。 (　　)

98. 如果知悉对基准日内部控制有效性有重大负面影响的期后事项，则注册会计师应当对财务报告内部控制发表否定意见。 (　　)

99. 穿行测试法是指在内部控制流程中任意选取一笔交易作为样本，追踪该交易从最初起源直到最终在财务报表或其他经营管理报告中反映出来的过程，以此测试控制措施运行的有效性。 (　　)

100. 2002 年美国颁布的《萨班斯—奥克斯斯利法案》中的 404 条款要求在美上市公司管理层就财务报告内部控制结构及程序有效性做出认定声明，并提交内部控制报告；公司审计师对公司管理层关于财务报告内部控制的评价发表鉴证意见。 (　　)

第三部分　案例分析

101. 为认真贯彻落实财政部等五部委发布的《企业内部控制基本规范》及《企业内部控制配套指引》，在境内外同时上市的 A 股份有限公司于 2010 年末召开内部控制体系建设专题会议，部署实施企业内部控制体系建设。在专题会议上，公司管理层成员发言要点如下：

董事长：内部控制对于提升企业内部管理水平和风险防范能力、促进企业持续健康发展意义重大。本公司作为首批实施内部控制规范的企业，应当树立强烈的责任感和使命感。请在座各位务必高度重视，将实现企业经济效益最大化作为内部控制体系建设的唯一目标，全力做好相关工作。

总经理：为确保公司内部控制体系建设工作顺利开展，有必要成立内部控制领导小组，建议由董事长任组长，本人担任副组长，管理层其他成员任组员，授权财务部负责内部控制体系建立与实施的全部工作。

财务总监：随着多元化战略的成功实施，本公司业务已涵盖制造、能源、金融、房地产四大板块。建议根据财政部等五部委发布的 18 项应用指引，将上述四大业务板块已有的管理制度与 18 项应用指引逐一对标，满足相应的控制要求。鉴于公司经营管理任务繁重，对 18 项应用指引没有涵盖的业务不纳入公司内部控制体系建设范畴。

投资总监：财政部等五部委发布的内部控制规范体系对企业投资行为作了严格规范。但考虑到本行业投资环境的特殊性，投资机会稍纵即逝，繁杂的投资控制程序可能降低决策效率，导致投资机会丧失。建议简化投资决策审批程序，重大投资项目经投资部论证并直接报董事长审批后即可实施。

审计委员会主席：根据监管部门要求，经理层应出具内部控制自我评价报告并聘请会计师事务所对内部控制的有效性进行审计。鉴于负责公司财务报表审计的会计师事务所熟悉本公司业务流程，且具备良好的专业能力，可以考虑将内部控制咨询和内部控制审计工作一并委托该所完成。

内审总监：内部控制评价是实施内部控制的重要环节。应当制订科学的内部控制评价方案，对公司经营面临的所有风险和所有业务单位、经济事项进行全面测试和评价。内部控制评价方案报总经理办公会批准后实施。

要求：根据《企业内部控制基本规范》和《企业内部控制配套指引》，逐项分析判断 A 股份有限公司管理层上述成员的发言存在哪些不当之处，并逐项简要说明理由。

102. 甲公司为一家从事服装生产和销售的国有控股主板上市公司。根据财政部和证监会有关主板上市公司分类分批实施企业内部控制规范体系的通知，甲公司从 2012 年起，围绕内部控制五要素全面启动内部控制体系建设。2012 年有关工作要点如下：

（1）关于内部环境。董事会对内部控制的建立和健全和有效实施负责：董事会委托 A 咨询公司为公司内部控制体系建设提供咨询服务，选聘 B 会计师事务所对内部控制有效性实施审计。A 咨询公司为 B 会计师事务所联盟成员单位，具有独立法人资格。

（2）关于风险评估。受国际金融危机的持续影响，甲公司境外市场销售额和利润额急剧下降，董事会经审慎研究、集体决策并报股东大会审议通过后，决定调整发展战略，迅速启动“出口转内销”战略。由于国内信用环境尚不成熟，战略调整后可能导致销售账款无法收回的风险明显增大，财务部门提议将销售方式由赊账改为现销，并在批准后实施。

（3）关于控制活动。甲公司在对企业层面和业务层面控制活动进行全面控制的基础上，重点对资金活动、采购业务、销售业务等实施控制。一是实施货币资金支付审批分级管理。单笔付款金额5万元及5万元以下的，由财务部经理审批；5万元以上、20万元及20万元以下的，由总会计师审批；20万元以上的由总经理审批。二是强化采购申请制度，明确相关部分或人员的职责权限及相应的请购和审批程序。对于超预算外采购项目，无论金额大小，均应在办理请购手续后，按程序报请具有审批权限的部门或人员审批。三是建立信用调查制度。销售经理应对客户的信用状况作充分评估，并在确认符合条件后经审批签订销售合同。

（4）关于信息沟通。甲公司在已经建立管理信息系统和业务信息系统的基础上，充分利用信息系统之间的可集成性。将内部控制措施嵌入公司经营管理和业务流程中，初步实现了自动控制。

（5）关于内部监督。内部审计部门经董事会授权开展内部控制监督和评价，检查发现内部控制缺陷，督促缺陷整改。甲公司内部审计部门和财务部门均由总会计师分管。

（6）关于外部审计。B会计师事务所在执行内部控制审计时，发现甲公司财务管理信息系统存在设计漏洞，导致公司成本和利润发生重大错报。甲公司技术人员于2012年12月30日完成对系统的修复后，成本和利润数据得以修正。B会计师事务所据此认为上述内部控制缺陷已得到整改，不影响会计师事务所出具2012年度内部控制审计报告的类型。

要求：

1. 根据《企业内部控制基本规范》及其配套指引等有关规定的要求，逐项判断资料（1）、（3）、（4）、（5）、（6）项内容是否存在不当之处，分别指出不当之处，并逐项说明理由。

2. 根据材料（2），说明财务部门提议采用的风险应对策略类型及其优点和缺点。

（资料来源：1. 2011年高级会计师考试试题；2. 2011年注会《公司战略与风险管理》考试试题；3. 2012年高级会计师试题；4. 2013年高级会计师考试真题；5. 财政部2013年企业内部控制知识竞赛试题）

参考答案

第一部分：选择题

1. BC　2. ABCD　3. ABD　4. BCD　5. ACD　6. B　7. ABCD　8. BCD

9. ABCD　10. ABCD　11. B　12. ABCD　13. A　14. ABC　15. A　16. AC　17. ABCD　18. AB　19. ABCD　20. ABC　21. BCD　22. D　23. ABC　24. ACD　25. C　26. B　27. C　28. AD　29. ABC　30. ABC　31. B　32. ABCD　33. ABCD　34. AD　35. BCD　36. ACD　37. AC　38. ABCD　39. ABD　40. BCD　41. CD　42. ACD　43. BC　44. ABD　45. ABCD　46. BD　47. ABCD　48. AB　49. AD　50. B　51. ABCD　52. ACD　53. ACD　54. B　55. ABCD　56. ABCD　57. ABCD　58. ABCD　59. BCD　60. ABD　61. ABC　62. AC　63. ACD　64. ABD　65. ABCD　66. ABD　67. ABCD　68. ABCD　69. ABC　70. B

第二部分：判断题

71. √　72. ×　73. ×　74. ×　75. ×　76. √　77. √　78. ×　79. ×　80. ×　81. ×　82. √　83. ×　84. √　85. ×　86. ×　87. √　88. ×　89. ×　90. ×　91. ×　92. √　93. ×　94. ×　95. ×　96. ×　97. √　98. √　99. ×　100. √

第三部分：案例分析

101. 【答案与提示】

(1) 董事长的“将实现企业经济效益最大化作为内部控制体系建设的唯一目标”的观点不当。

理由：内部控制的目标是合理保证企业经营管理合法合规、资产安全、财务报告及相关信息真实完整，提高经营效率和效果，促进企业实现发展战略，而不仅仅是实现企业经济效益最大化。

或：内部控制的目标包括合规、资产安全、报告、经营和战略目标。

评分说明：上述5目标，缺少任何一项均不得分。

(2) 总经理的“授权财务部负责内部控制体系建立与实施的全部工作”的观点不当。

理由：内部控制建设是一项系统工程，需要企业董事会、监事会、经理层及内部各职能部门共同参与（或：需要企业全体员工共同参与）并承担相应职责，而非仅仅一个财务部就能完成此项工作。

(3) 财务总监的“18项应用指引没有涵盖的业务不纳入公司内部控制体系建设范畴”的观点不当。

理由：不符合全面性和重要性原则。

或：企业应当根据自身业务的实际情况，针对所有重要业务或事项实施控制，不仅仅局限于18项应用指引涵盖的业务。

(4) 投资总监的“建议简化投资审批程序，重大投资项目经投资部门论证并直接报董事长审批后即可实施”的观点不当。

理由：重大投资项目，应当按照规定的权限和程序实行集体决策（或：

实行联签制度)。

(5) 审计委员会主席的“经理层应出具内部控制自我评价报告”和“将内部控制咨询和审计工作一并委托该所完成”的观点不当。

理由：董事会应当定期对内部控制的有效性进行全面评价、形成评价结论、出具内部控制评价报告，而非由经理层出具内部控制评价报告。另外，为企业提供内部控制审计服务的会计师事务所，不得同时为同一企业提供内部控制咨询服务。

(6) 内审总监的“对公司经营面临的所有风险和所有业务单位、经济事项进行全面测试和评价”和“内部控制评价方案应报总经理办公室批准后实施”的观点不当。

理由：不符合重要性原则。

或：企业应在风险评估的基础上，侧重对高风险领域和重要业务单位、重要业务事项进行评价。内部控制评价方案应报董事会批准后方可实施。

102.

(1)【答案与提示】

资料 (1) 存在不当之处。

不当之处：董事会委托 A 咨询公司为公司内部控制体系建设提供咨询服务，选聘 B 会计师事务所对内部控制有效性实施审计。A 咨询公司为 B 会计师事务所联盟的成员单位，具有独立法人资格。

理由：会计师事务所新设立了具有法人资格的咨询机构，如果新设立的咨询机构与原事务所构成网络关系，则违反独立性原则，也不能同时为同一家企业提供内控咨询和审计服务。

资料 (3) 存在不当之处。

(1) 不当之处一：20 万元以上的资金支付由总经理审批。

理由：属于授权不当。企业的大额资金支付业务等，应当按照规定的权限和程序实行集体决策或者联签制度，任何个人不得单独进行决策。

(2) 不当之处二：对于超预算和预算外采购项目，无论金额大小，均应在办理请购手续后，按程序报请具有审批权限的部门或人员审批。

理由：对于超预算和预算外采购项目，应先履行预算调整程序，由具备相应审批权限的部门或人员审批后，再行办理请购手续。

(3) 不当之处三：销售经理应对客户的信用状况作充分评估，并在确认符合条件后经审批签订销售合同。

理由：不符合制衡性原则。客户的信用管理应由独立于销售部门以外的信用管理部门进行。企业在销售合同订立之前，应当与客户进行业务谈判，关注客户信用状况、销售定价、结算方式等相关内容。

资料（4）不存在不当之处

资料（5）存在不当之处

不当之处：甲公司内部审计部门和财务部门均由总会计师分管。

理由：不符合独立性原则。甲公司内部审计部门和财务部门均由总会计师分管违背了内部审计机构设置、人员配备和工作的独立性。

资料（6）存在不当之处

不当之处：B 会计师事务所据此认为上述内部控制缺陷已得到整改，不影响会计师事务所出具 2012 年度内部控制审计报告的类型。

理由：对于认定为存在缺陷的业务，如果企业在基准日前对其进行了整改，但整改后的业务控制尚未运行足够长的时间，则注册会计师应当将其认定为内部控制在审计基准日存在缺陷。所以会影响会计师事务所出具 2012 年度内部控制审计报告的类型。

（2）【答案与提示】

财务部门提议采用的风险应对策略的类型属于风险规避。

优点：风险规避是控制风险的一种最彻底的措施，是在风险事故发生之前将所有风险因素完全消除，从而彻底排除某一特定风险发生的可能性。

缺点：风险规避策略是相对消极的风险应对策略，选择这一策略意味着放弃可能从风险中获得的收益，同时企业在该业务或事项的前期投入也将成为沉没成本，因此，企业应当谨慎选择风险规避的策略。

第二节　模拟试题

一、选择题（第 1 ~ 35 题。请在备选答案中选择 1 个或 1 个以上正确答案，选出全部正确选项得 2 分，错选、少选、多选、不选均不得分。共计 70 分）

1. 在我国颁布的内部控制基本规范中，被称为企业实施内部控制的基础，是其他内部因素根基的要素是(　　)。

A. 信息与沟通　　B. 内部监督

C. 内部环境　　D. 控制活动

2. 财政部等五部委联合发布实施的《企业内部控制基本规范》将在大中型企业中执行，同时鼓励(　　)执行。

A. 所有企业　　B. 小企业

C. 工业企业　　D. 国有企业

3. 在 COSO 内部控制框架中，内部控制的目标可分为(　　)。

A. 运营、财务报告及合规三个目标

B. 运营、信息及合规三个目标

C. 信息、财务报告及监督三个目标

D. 运营、信息及监督三个目标

4. 下列有关风险管理技术与方法适用性的说法中，正确的有(　　)。

A. 头脑风暴法适用于充分发挥专家意见，在风险识别阶段进行定量分析

B. 德尔菲法适用于在专家一致性意见的基础上，在风险识别阶段进行定性分析

C. 马尔科夫分析法适用于对复杂系统中不确定性事件及其状态改变的定性分析

D. 蒙特卡洛随机模拟法适用于较为复杂的大中型项目风险管理

5. 甲公司管理层为了改进完善内部控制，正在重新检查本公司现有的职责、岗位设置的合理性。下列各项中，不属于兼任不相容岗位的情况有(　　)。

A. 财务部主任同时担任采购部的审批主管

B. 记录存货明细账的会计人员同时负责存货的实物管理

C. 行政部经理兼任工会主席

D. 销售部经理同时负责客户信用的调查评估与销售合同的审批签订

6. 下列不属于销售业务需要关注的风险的是(　　)。

A. 客户信用管理不到位

B. 销售政策和策略不当，市场预测不准确

C. 销售过程存在舞弊行为

D. 产品存在质量问题

7. 下列各项中，不属于审计委员会职责的是(　　)。

A. 批准年报中有关内部控制和风险管理的陈述

B. 核查对外报告规定的遵守情况

C. 复核和监察管理层对内部审计的调查结果的反应

D. 在内部审计完成后，依据有关工作目标、已实施审计程序、意见及建议编制审计报告

8. 下列属于企业风险管理第一道防线的是(　　)。

A. 董事会

B. 风险管理职能部门

C. 内部审计部门

D. 各有关职能部门和业务单位

9. 我国内部控制规范体系规定，在全面控制的基础上，内部控制应该关注重要业务事项和高风险领域。这表明企业在进行内部控制时应遵循(　　)。

A. 全面性原则　　B. 制衡性原则

C. 重要性原则　　D. 风险性原则

10. 作为上市公司，及时且公正地披露信息的主要方法之一是(　　)。

A. 召开记者会　　B. 年度报告

C. 领导汇报　　D. 设立企业公开日

11. 某公司正在进行组织架构的重组工作，其中设立审计委员会是一项重要的新工作。在选拔审计委员会成员时，公司拟定以下的候选人员，其中最有可能符合公司审计委员会委员任职资格的是(　　)。

A. 公司的执行董事　　C. 公司的总会计师

B. 公司的财务总监　　D. 公司的独立、非行政董事

12. 内部控制的最高目标，也是最终目标是(　　)。

A. 资产安全目标　　B. 报告目标

C. 经营目标　　D. 战略目标

13. 下列选项中，属于注册会计师责任的是(　　)。

A. 建立、健全和有效实施内部控制

B. 评价内部控制的有效性

C. 对内部控制的有效性发表意见并提供合理保证

D. 协助企业建立内审部门

14. 下列(　　)属于控制手段类的应用指引。

A. 社会责任　　B 业务外包

C. 合同管理　　D. 资产管理

15. 《中央企业全面风险管理指引》把风险分为(　　)。

A. 战略风险　　B. 运营风险

C. 市场风险　　D. 财务风险

16. 下列有关企业内部控制的表述中，错误的有(　　)。

A. 内部控制是一个过程

B. 内部控制是由企业的董事会和管理层实施的

C. 有效的内部控制可以绝对保证控制目标的实现

D. 内部控制不单单是制度和手册，它是渗透到企业活动之中的一系列行为

17. 评价工作组可综合运用不同评价方法收集被评价单位内部控制设计与运行是否有效的证据，按照要求填写工作底稿、记录有关测试结果。下列

选项中，多用于企业层面评价的方法是(　　)。

A. 调查问卷　　C. 审阅与检查

B. 实地查验　　D. 个别访谈

18. 甲公司是一家食品企业，在国家有关部门的检查中被发现产品中存在对人体有害的元素。调查表明，这是由于该公司疏于对原材料质量的检验，导致产品质量存在问题。根据以上信息可以判断，该事例反映的是内部环境中的(　　)。

A. 社会责任　　C. 组织结构

B. 权利和责任的分配　　D. 管理哲学

19.《企业内部控制应用指引第 7 号——采购业务》中，如果采购流程不完善，将会面临的风险有(　　)。

A. 库存短缺或积压

C. 资金损失

B. 采购物资质次价高，出现舞弊或遭受欺诈

D. 信用受损

20. 甲公司董事长为李某，总经理为王某，财务总监为张某，三名独立董事为赵某、辛某和侯某。则该公司董事会在设立审计委员会时，最佳的人选是(　　)。

A. 李某、王某、张某

B. 赵某、辛某、侯某

C. 李某、张某、赵某

D. 王某、张某、侯某

21. 甲公司是一家新设立的股份公司。为了更好地履行董事会的责任，该公司决定对董事会和经理层的责任进行明确划分。下列选项中，属于董事会应当承担的责任包括(　　)。

A. 设立战略委员会

B. 主持企业的生产经营管理工作

C. 企业经营方针的表决权

D. 明确审计委员会的职责权限

22. 企业组织开展内部环境评价，应当以相关指引为依据，结合本企业的内部控制制度，对内部环境的设计与实际运行情况进行认定和评价。下列属于内部环境评价依据的是(　　)。

A. 组织架构　　C. 财务报告

B. 发展战略　　D. 企业文化

23. 下列选项中，属于不相容职务分离控制的活动包括(　　)。

A. 董事长与总经理分别由不同的人担任

B. 比较总账的现金金额与银行对账单的现金余额

C. 每日经营现金收入尽快存入银行

D. 采购合同的订立人员不负责相关的审批工作

24. 甲公司是一家大型国企，已经按照相关规定建设了自身的内部控制体系，并开始运行。公司董事会为了了解内部控制系统的表现，需要对其进行评估。下列选项中，该公司董事会可以选择的内部控制监督方法包括(　　)。

A. 事后监督　　　　C. 专项监督

B. 横向监督　　　　D. 日常监督

25. 根据《企业内部控制应用指引》，全面预算面临的风险有(　　)。

A. 全面预算方法的选择所带来的风险

B. 不编制预算或预算不健全而导致企业经营缺乏约束或盲目经营

C. 预算目标不合理、编制不科学导致企业资源浪费或发展战略难以实现

D. 预算缺乏刚性、执行不力、考核不严，导致预算管理流于形式

26. 按照内部控制缺陷的本质分类，可以把内部控制缺陷分为(　　)。

A. 设计缺陷　　　　C. 重大缺陷

B. 运行缺陷　　　　D. 重要缺陷

27. 下列说法中，属于审计委员会对内部审计进行复核时应选择的方面有(　　)。

A. 内部审计部门在组织中的地位

B. 内部审计部门的职能范围

C. 内部审计的技术才能要求

D. 内部审计的专业应尽义务

28. 甲会计师事务所在对乙公司进行审计时，发现该公司存在以下做法，其中违反了国家对资金控制活动相关要求的行为包括(　　)。

A. 财务专用章与企业法人章由财务经理保管

B. 未设立请购制度

C. 各部门负责本部门票据的印刷

D. 出纳根据审核后的相关收款原始凭证进行收款或付款，并加盖印章进行确认

29. 下面有关内部控制的说法中错误的有(　　)。

A. 企业在处理“三重一大”问题上应当按照规定的权限和程序实行集体决策审批或者联签制度

B. 董事会应下设审计委员会负责发展战略的管理工作

C. 企业足额缴纳社会保险费是企业承担社会责任的一种表现

D. 风险评估的第一步是采用定量方法评估风险发生的可能性或频率

30. 下列选项中，属于销售业务内部控制不严格导致的风险有(　　)。

A. 市场预测失误，导致存货增加

B. 销售业务员挪用货款

C. 销售业务员与客户勾结，提高价格以获取回扣

D. 销售合同内容存在重大疏漏和欺诈

31. 乙公司是一家上市公司，按规定需要进行信息披露。下列各项中，该公司应该进行披露的信息包括(　　)。

A. 财务会计信息　　　　C. 审计信息

B. 非财务会计信息　　　　D. 经营信息

32. 甲会计师事务所历来特别重视对客户资料的保密工作，除了要求员工恪守职业道德外，甲会计师事务所还在信息系统中加强了控制和管理。当甲会计师事务所员工利用电邮系统与客户沟通时，有关信息与数据在传输前将被转化成非可读格式。甲会计师事务所电邮系统所实施的控制类别属于(　　)。

A. 输入控制　　　　C. 设备控制

B. 一般控制　　　　D. 网络控制

33. 企业下列各项活动中，属于内部控制活动的有(　　)。

A. 办公楼设置门禁系统

B. 人力资源部门安排员工年度考核评价

C. 员工如请事假，需向部门经理申请并获得批准

D. 复核行政部门向贵州捐款建设希望小学是否符合预算

34. 下列各项中，属于上市公司审计委员会应履行的职责的有(　　)。

A. 确保公司内部审计部门能直接与董事长接触

B. 批准年度报告中有关内部控制和风险管理的陈述

C. 就任命、重新任命或解聘会计师事务所做出决定

D. 针对管理层做出的企业内部控制情况汇报做出复核

35. 下列关于风险管理的表述中，正确的有(　　)。

A. 有效的风险管理有助于节约筹资成本

B. 有效的风险管理可以帮助管理层减少危机管理

C. 企业的成功可以归结为识别和管理伴随着机会和收益的可能风险

D. 风险评估技术中，敏感性分析确定的关键因素是外生的非可控因素

二、判断题（第36~50题。本题型共15题，每题2分。题目叙述正确，在相应括号内填“√”；否则填“×”。判断正确得分，判断错误不得分。共计30分）

36. 具体规范规定内部控制的基本目标、基本要素、基本原则和总体要求，是制定基本规范和应用指南的基本依据。（　　）

37. 应用指南是根据基本规范和相关具体规范制定的详细解释和说明，主要是为某些特殊行业、特殊企业、特定内控程序提供操作性强的指引。（　　）

38. 内部牵制主要包括体制牵制、簿记牵制和价值牵制。（　　）

39. 货币资金监督检查的重点内容包括是否存在将办理付款业务所需的全部印章交由一人保管的现象。（　　）

40. 核销对外投资，应取得因被投资单位破产等原因不能收回投资的法律文书和证明文件。（　　）

41. 工程项目的项目评估必须在开展可行性研究前进行。（　　）

42. 竣工决算的内容包括工程项目从工程动工开始到竣工为止，全部建设过程中所支付的费用。（　　）

43. 施工图预算是项目投资者和施工单位估算工程费用、实行工程招标、发包、计算标底的依据。（　　）

44. 有些项目不经过初步可行性研究就可直接做可行性研究。（　　）

45. 企业可以允许由付款审批人和付款执行人单独完成询价与确定供应商的工作。（　　）

46. 企业所有的采购必须由企业管理层集体决定审批，再交予采购部门执行。（　　）

47. 企业对信用管理岗位与销售业务岗位应当分别进行设立。（　　）

48. 成本费用预算是以企业生产预算为基础，由成本费用消耗部门根据成本费用预测结果进行编制的。（　　）

49. 为减少发放股利时发生欺诈舞弊或错误的可能性，公司股利的支付业务可委托代理机构办理。（　　）

50. 企业实施内部控制评价，应当遵循风险导向原则、一致性原则、公允性原则、独立性原则、成本效益原则。（　　）

参考答案

一、选择题

1. C　2. B　3. A　4. BD　5. C　6. D　7. D　8. D　9. C　10. B　11. D

12. D 13. C 14. C 15. ABCD 16. BC 17. A 18. A 19. ABCD 20. B 21. AD 22. ABD 23. AD 24. CD 25. BCD 26. AB 27. ABCD 28. AC 29. BD 30. ABC 31. ABC 32. D 33. ABCD 34. ABCD 35. ABCD

二、判断题

36. × 37. √ 38. × 39. √ 40. √ 41. × 42. × 43. √ 44. √ 45. × 46. × 47. √ 48. × 49. √ 50. √